btb
Aus Freude am Lesen

btb

Buch

Wohin sind die Zeiten, da eine Zigarette den männlichen Charme des Rauchers unterstreichen oder die sinnliche Ausstrahlung einer Raucherin mit einem ebenso anrüchigen wie anregenden Akzent versehen konnte? Statt dessen ist Rauchen heute auf dem besten Wege, zum einsamen, aus der Öffentlichkeit strikt verbannten Laster zu verkommen. Dem setzt Richard Klein eine Betrachtung entgegen, die die Rolle der Zigarette in unserer Kultur ohne Ressentiment in den Blick nimmt.

Schöner blauer Dunst ist ein elegischer Rückblick auf die symbolischen Funktionen der Zigarette: die zigarettenrauchende »femme fatale« Carmen tritt in ihm ebenso auf wie der kettenrauchende Jean-Paul Sartre, vom Zigarettenrauch inspirierte Dichter figurieren ebenso wie der legendäre Humphrey Bogart. So erfaßt er eine reiche und verblüffende Fülle von kulturellen Bedeutungen und Ausdrucksmöglichkeiten, die mit dem Ende des Zigarettenrauchens endgültig verschwinden werden.

Kleins Buch ist eine Einladung an den Leser, den Abschied von der Zigarette – wenn er denn notwendig sein sollte – nicht im banausenhaften Hochgefühl endlicher Befreiung von einem Laster zu vollziehen, sondern mit angemessener Trauer über den Verlust einer reichen kulturellen Praxis.

Autor

Richard Klein, geboren 1941, lehrt Französische Literaturgeschichte an der Cornell University in den USA. Der Autor ist passionierter Raucher und hegt den dringenden Wunsch, wie alle passionierten Raucher, endlich das Rauchen aufzugeben.

Richard Klein

Schöner blauer Dunst

Ein Lob der Zigarette

Deutsch von Michael Müller

btb

Die amerikanische Originalausgabe erschien
1993 unter dem Titel »Cigarettes are sublime«
bei Duke University Press, Durham und London

Umwelthinweis:
Alle bedruckten Materialien dieses Taschenbuches
sind chlorfrei und umweltschonend.

btb Taschenbücher erscheinen im Goldmann Verlag,
einem Unternehmen der Verlagsgruppe Bertelsmann.

1. Auflage
Genehmigte Taschenbuchausgabe Juli 1997

Umschlaggestaltung: Design Team München
Umschlagmotiv: AKG, Berlin
Satz: IBV Satz- und Datentechnik GmbH, Berlin
T.T. · Herstellung: Augustin Wiesbeck
Made in Germany
ISBN 3-442-72122-9

Inhalt

Vorwort

Die Motive, die mich dazu veranlaßt haben, dieses Buch zu schreiben, sind vielfältig. Ausschlaggebend war aber mit Sicherheit mein dringender Wunsch, mit dem Rauchen aufzuhören. Ich hatte das Gefühl, daß es notwendig sei, die besondere Natur und die Ursachen meiner Sucht zu verstehen, um mich von ihr befreien zu können. Dies führte mich zu der Frage, welche die Konzeption dieses Buches entscheidend beeinflußte: Was veranlaßt fast eine Milliarde Menschen auf der ganzen Welt dazu, sich jeden Tag Zigaretten anzuzünden und Rauch zu inhalieren, wenn sie wissen, daß es schlecht für ihre Gesundheit ist? Daß sie rauchen, weil sie die Gefahren nicht kennen, das ist heute keine glaubwürdige Antwort mehr – wenn sie es überhaupt jemals war. Jeden Tag erscheinen neue Studien, in denen nachgewiesen wird, in welch umfassenden Ausmaß Zigaretten den Menschen, die ihren Giftstoffen auf irgendeine Weise ausgesetzt sind, Schaden zufügen können. Die Feststellung, daß Raucher süchtig sind, hilft bei der Beantwortung der Frage auch nicht weiter; sie erklärt für sich genommen nichts, denn schließlich gibt es auch Millionen von Menschen, die sich dafür entscheiden, mit dem Rauchen aufzuhören oder nie damit anzufangen. Wenn viele von der Droge Tabak abhängig werden und weiterhin rauchen, dann doch wohl nur, weil sie das Gefühl haben, daß ihnen daraus irgendein Nutzen erwächst, oder weil es ihnen schlichtweg Vergnügen bereitet – in dem derzeitigen tabakfeindlichen Klima kann man sich aber kaum vorstellen, wie dies möglich sein soll.

Was für einen Gewinn oder Vorteil könnte es bringen, eine Substanz in sich aufzunehmen, die wegen ihrer gesundheitsschädlichen Wirkung zu Recht verteufelt worden ist? Was für ein Vergnügen könnte es bereiten, etwas zu sich zu nehmen, das so abscheulich schmeckt, daß jedem beim ersten Mal davon übel wird und oft auch noch später, ja eigentlich jeden Tag? Ich wollte ein Buch schreiben, das der derzeitigen Stimmung zum Trotz offenlegen sollte, welcher Art diese Vorteile sind und auf welche Weise Zigaretten Befriedigung bieten können, um selbst eine neue Sichtweise auf das Rauchen zu gewinnen; ich sah darin den ersten, vielleicht unentbehrlichen Schritt, um mich von meinem Laster lossagen zu können.

Es ist von anderer Seite darauf verwiesen worden, daß das Wort »Droge« heutzutage in sehr undifferenzierter Weise verwendet wird und daß man es für sehr viele verschiedene Dinge mit ganz unterschiedlichen Wirkungen gebraucht, wobei es sogar eine gewohnheitsmäßig vollzogene Handlung bezeichnen kann, die nicht nur unschädlich, sondern wirklich gesund ist – wie zum Beispiel sportliche Betätigung. Daß man das Wort »Droge« benutzt, um Aktivitäten wie Joggen, Aerobic usw. zu charakterisieren, mag ein Zeichen dafür sein, daß es dabei ist, seine konventionelle Bedeutung und vielleicht sogar seine pejorative Konnotation zu verlieren. Irgendwann wird ein anderer, präziserer Ausdruck notwendig sein, um den Erreger dessen, war wir Sucht nennen, zu bezeichnen. Aber bevor man einen solchen neuen Ausdruck prägt, wird man sorgfältiger zwischen den verschiedenen Arten von Drogen unterscheiden müssen; man muß jeweils bestimmen, wodurch sie zur Sucht führen, und die Mechanismen analysieren, nach denen der Gewöhnungsprozeß abläuft. Erst wenn wir mehr über die vielfältige und komplizierte Art und Weise wissen, in der verschiedene Substanzen oder Aktivitäten den einzelnen Menschen oder eine ganze gesellschaftliche Gruppe zum Mißbrauch verführen, können wir ansatzweise die Rolle verstehen, die ihnen in der Gesellschaft und der Kultur zukommt. Erst wenn wir eine neue Vorstellung oder auch einen umfassenderen Begriff von dem entwickelt haben, was wir heute global als Drogen bezeichnen, werden wir wohl erfolgreiche Strategien und Therapien zu ihrer Bekämpfung entwickeln können.

Bei meinem eigenen Kampf gegen die Sucht war die Begegnung mit Italo Svevos Werk *Zeno Cosini*, für viele einer der größten Romane des zwanzigsten Jahrhunderts, von entscheidender Bedeutung. Es handelt sich dabei um die fiktiven Memoiren eines Mannes, welcher sein ganzes Leben lang vergeblich versucht hat, mit dem Rauchen aufzuhören, und dem dies erst gelingt, als er schon sehr alt ist und zu dem Schluß kommt, daß unaufhörlich mit dem Rauchen aufzuhören auch eine Art darstellt, sein Leben zu verbringen, nicht besser und nicht schlechter als alle anderen. Von diesem Augenblick an verliert er jedes Interesse am Rauchen und daran, mit ihm aufzuhören. Ich war merkwürdig berührt von dem Dandyismus dieser Existenz, die aus wenig mehr bestand, als immer wieder einen neuen Versuch zu unternehmen, sich von einer nutzlosen Gewohnheit zu befreien – und immer wieder zu scheitern. Mir kam erstmals in den Sinn, daß rauchen – oder dem Rauchen abzuschwören – eine Form der Meditation ist, daß man dabei eine Art Mandala zwischen den Fingerspitzen hat, kontrolliert ein- und ausatmet und ein Sakrament empfängt, indem man es zu sich nimmt.

Dann begann mein Interesse für den Heroismus jener Personen zu erwachen, für die Theodore de Banville im neunzehnten Jahrhundert den Ausdruck »Zigaretten-Dandy« geprägt hat – ein aristokratischer Typus, der sich ganz und gar der Aufgabe widmet, sechzig Zigaretten am Tag zu drehen und zu rauchen. Das ließ mich voller Sympathie an all die großen Männer und Frauen denken, die wie besessen rauchten und frühzeitig starben, weil sie sich nicht von ihrer Sucht zu befreien vermochten. Das Kopfschütteln, das ihr »Beispiel« auslöst, die Mißbilligung, mit der man in einer Kultur, für welche Langlebigkeit ein unumstößlicher Wert ist, auf ihr Verhalten herabschaut, läßt die Möglichkeit außer acht, daß die Zigaretten auf irgendeine für uns nicht ganz verständliche Weise zu ihrer Größe, die wir so sehr bewundern, beigetragen haben könnten. Für diese Menschen stellte es vielleicht eine Art von Opfer dar, Zigaretten zu rauchen, und wir sollten sie dafür in Ehren halten. Schließlich wird das Rauchen ja auch im Krieg als etwas Ehrenvolles angesehen, unter Bedingungen, da es kaum mehr um Langlebigkeit gehen kann. Im Krieg wird das Zigarettenrauchen nicht nur toleriert, sondern als ein äußerst wirksames Mittel begrüßt, Spannungen und Ängste abzubauen. Unter anderem wegen ihrer spezifischen physiologischen Effekte sind Zigaretten für Soldaten im Einsatz häufig unverzichtbare Gefährtinnen, die ihnen in Extremsituationen den Mut und die Kraft verleihen durchzuhalten.

Ich kam aber am Ende zu dem Ergebnis, daß die Macht der Zigaretten, sich der unverbrüchlichen Gefolgstreue von Milliarden früher oder später todgeweihter Menschen zu versichern, nicht in ihrer Nützlichkeit begründet liegt, wie groß diese auch immer sein mag. Ihre enorme Verführungskraft scheint vielmehr auf die spezifischen Formen von Schönheit zurückzuführen zu sein, die sie schaffen. Diese Schönheit ist nie als etwas uneingeschränkt Positives aufgefaßt oder dargestellt worden; seit das Rauchen von Zigaretten im neunzehnten Jahrhundert aufkam, ist es mit Ekel, Übertretung und Tod assoziiert worden. Kant nennt jene Form ästhetischer Befriedigung »erhaben«, die auch eine negative Erfahrung, einen

Schock, ein Gehemmtwerden beinhaltet und eine Ahnung des Todes vermittelt. Wenn man Kants Definition des Wortes zugrunde legt, kann man auch die Schönheit von Zigaretten als »erhaben« bezeichnen. Aufgrund dieser Erkenntnis schien es mir möglich, einige der verwirrenden Anomalien oder Paradoxien, die dem Zigarettenkonsum des einzelnen und dem Urteil der Gesellschaft innewohnen, besser zu verstehen. Die erhabene Schönheit erklärt, warum so viele Menschen das lieben, was unangenehm schmeckt und sie krank macht; sie erhellt auch die widersprüchliche Politik von Regierungen wie der amerikanischen, die eine Kampagne gegen das Rauchen führt und gleichzeitig den Tabakanbau großzügig subventioniert.

Schließlich nahm mich die besondere Kultur gefangen, welche sich um die Zigarette herum ausgebildet hat: In sehr vielen bedeutenden Werken der modernen Philosophie und der erzählenden Literatur, in Gedichten, aber auch in Kinofilmen sind Zigaretten ein oder *das* Thema. Ich kam zu der Überzeugung, daß Zigaretten eine entscheidende Komponente unserer Modernität darstellen und daß ihre kulturelle Bedeutung durch die vehementen, oft von Fanatismus oder Aberglauben beflügelten und häufig suspekten Angriffe, denen sie heute ausgesetzt sind, in Vergessenheit zu geraten droht. Manchmal mögen die Angreifer die besten Absichten verfolgen, manchmal riechen die Attacken aber auch geradezu nach einem gewissen amerikanischen Puritanismus, der sich generell gegen jede Form des Vergnügens richtet, vor allem aber dagegen, daß immer mehr Frauen Gefallen am Rauchen finden, nachdem es über viele Generationen hinweg für sie tabuisiert war. In einigen Fällen scheinen die Angriffe auch den Interessen von Politikern zu dienen; es kommt ihnen gelegen, den privaten Rauchausstoß anprangern zu können, statt etwas gegen die Luftverschmutzung durch die Industrie zu tun, wofür sie eigentlich zuständig wären.

Durch den konzentrierten Ansturm der übermächtigen sogenannten Gesundheitsindustrie und ihrer Verbündeten in der Regierung kann die ganze wunderschöne Kultur der Zigarette in kurzer Zeit ausgelöscht werden – für einige kann dies gar nicht früh genug geschehen. »Bald«, schrieb Banville gegen Ende des neunzehnten Jahrhunderts, »wird es keine wahren Zigarettenraucher mehr geben.« Da täuschte er sich freilich gewaltig: Im zwanzigsten Jahrhundert wurde das Zigarettenrauchen zu einem universellen Vergnügen. Hundert Jahre später sind wir jedoch an einem Punkt angekommen, an dem sich Banvilles Prognose bald bewahrheiten könnte. Wenn die Zigarette, diese am leichtesten entzündliche aller Tabakwaren, tatsächlich eines Tages in Rauch aufgegangen ist, werden wir dann etwas verloren haben? Gibt es einen Grund dafür, den Untergang der Kultur der Zigarette zu beklagen?

Dieses Buch versteht sich gleichzeitig als literaturkritische Untersuchung, als Analyse populärer Kultur, als politischer Appell, als theoretische Übung und als eine Ode an die Zigarette. Es will sich, ohne den Eindruck von Eklektizismus zu erwecken, der Zuordnung zu einem der herkömmlichen Genres entziehen, um sich mit seinem Gegenstand in etwas anregenderer – und angeregterer – Weise, als dies gewöhnlich geschieht, auseinanderzusetzen. Um keine Langeweile aufkommen zu lassen, nimmt der Autor manchmal in Kauf, etwas zu behaupten, was vielleicht nicht ganz stichhaltig oder sogar unverantwortlich ist, gelegentlich gerät er auch ins Fabulieren oder provoziert um der Provokation willen. Theoretisch sollte das Folgende irgendwo in der Mitte zwischen literaturwissenschaftlicher Untersuchung und politischer Diskussion angesiedelt sein, letztendlich mag es jedoch weder als das eine noch als das andere erfolgreich sein, weil seine Zwischenstellung das verhindert. Trotzdem strebt es danach, beides zu sein und noch etwas anderes, viel Anmaßenderes: ein gutes Beispiel für ein schlechtes Beispiel kritischer Literatur. Es will zeigen, wie die Ergebnisse einer Textinterpretation frivolerweise für die Lösung dringender gesellschaftlicher Probleme fruchtbar gemacht werden können.

Die Zigarette wird im folgenden irgendwo zwischen der populären und der hohen Kultur lokalisiert, sie wird zum Gegenstand der Literaturkritik wie auch der sogenannten Kulturkritik. Dabei wird davon ausgegangen, daß der Erfolg der Zigarette nicht weniger auf ihren mythischen Identifikationsangeboten beruht als auf ihren vielfältigen Verwendungsmöglichkeiten in der Gesellschaft und nicht weniger auf ihrem ästhetischen Reiz als auf ihrer geschickten Vermarktung. In diesem Buch wird der Zigarette eine gewisse philosophische Dignität verliehen, die sich daraus ergibt, daß sie als ein symbolisches Instrument angesehen wird. Sie erhält auch die poetischen Eigenschaften eines geheiligten oder erotischen Objekts, von dem magische Kräfte und ein verführerischer Zauber ausgehen, um das sich Tabus ausbilden und das einen Hauch von Gefahr ausstrahlt, das verbotene Freuden spendet, die Verbindung mit dem Transzendenten herstellt – und zur Unterdrükkung anstachelt.

In sechs Kapiteln wird die Kulturgeschichte der Zigarette nachgezeichnet, es wird untersucht, wie sie in philosophischen Werken, in Romanen, Gedichten, Filmen und auf Photos dargestellt wird; am Ende soll dann über die Gründe für ihre derzeitige Dämonisierung spekuliert werden.

Dem Leser werden auf den folgenden Seiten bestimmte Wiederholungen oder Anklänge an bereits Gesagtes nicht entgehen. Aber schließlich handeln diese Seiten ausschließlich von Zigaretten – und alles wird ausschließlich im Hinblick auf die Zigarette behandelt. Und die Wiederholung gehört zum Wesen der Zigarette: Jede Zigarette rekapituliert die unzähligen, die man schon geraucht hat und die man noch rauchen wird. Wenn man sie zum Gegenstand einer gedanklichen Betrachtung macht, dann bewirken Zigaretten automatisch die Wiederkehr des Gleichen – wie Rauchringe, die vor einem kreisen, bis sie schließlich verschwinden.

Einleitung

La vida es un cigarrillo
Hierno, ceniza y candela
Unos la fuman de prisa
Y algunos la saborean.

Manuel Machado, *Chants andalous*

Das vorliegende Buch ist eine Hymne an die Zigarette. Keinesfalls aber hat es das Ziel, jemanden zum Rauchen zu ermuntern. Ich will jedoch auch nicht versuchen, jemanden davon abzubringen. Wenn das meine Absicht gewesen wäre, hätte ich sie nicht so offen bekundet (das heißt, ich hätte nicht ausdrücklich gesagt, daß ich vom Rauchen abraten will), und zwar ganz einfach deswegen, weil – wie in diesem Buch gezeigt werden soll – eine öffentliche Anprangerung des Zigarettenrauchens häufig nicht den gewünschten Effekt hat. Im Gegenteil – sie kann die Gewohnheit manchmal eher verfestigen oder sogar erst initiieren. Wenn man gegen Zigaretten wettert, erreicht man bei vielen Menschen damit nur, daß sie erst recht weiterrauchen. Andere mag man auf diese Weise auch dazu bringen, es einmal zu probieren.

Aus dieser Erkenntnis leitet sich eine weitere ab: daß es

nicht genügt, zu wissen, wie schlecht Zigaretten für die Gesundheit sind, um den Entschluß zu fassen, nicht (mehr) zu rauchen. Die schädlichen Auswirkungen des Tabaks sind seit seiner Einführung in Europa gegen Ende des sechzehnten Jahrhunderts registriert worden. Schon im frühen neunzehnten Jahrhundert hat man festgestellt, daß winzige Mengen des Alkaloids Nikotin in seiner reinen Form ausreichten, Ratten sofort zu töten. Niemand, der raucht, vermag nach einer gewissen Zeit die Notsignale zu überhören, die sein Körper aussendet und die immer dringlicher werden, je älter er wird. Jeder Raucher hat wohl das Gift von jenem Augenblick an, als er die vehementen Auswirkungen seiner allerersten Zigarette bemerkte, intuitiv gespürt und bestätigt wahrscheinlich diese Erfahrung jeden Tag aufs neue mit den ersten Zügen aus der ersten Zigarette. Die schädlichen Folgeerscheinungen des Rauchens zu kennen ist aber gewöhnlich kein hinreichender Grund dafür, aufzuhören oder sich davon abhalten zu lassen, damit anzufangen. Im Gegenteil: Zu wissen, wie ungesund es ist, scheint eine unabdingbare Voraussetzung dafür zu sein, daß man sich die Gewohnheit zulegt und an ihr festhält. Man könnte sogar behaupten, daß wohl nur wenige Menschen rauchten, wenn Zigaretten gesund wären. Die logische Folgerung daraus lautet: Wenn Zigaretten gesund wären, erschienen sie uns nicht so *erhaben.*

Zigaretten sind nicht eigentlich schön, sondern erhaben, aufgrund ihrer magischen Kraft, etwas hervorzubringen, was Kant ein »negatives Vergnügen« nennen würde, ein düsterschönes, unvermeidlich schmerzliches Vergnügen, das daraus entsteht, daß es eine Ahnung der Ewigkeit gewährt: Der Vorgeschmack von Unendlichkeit, den eine Zigarette vermittelt, ist genau in jenem »schlechten« Geschmack lokalisiert, den der Raucher so schnell lieben lernt. Weil sie erhaben sind, halten Zigaretten prinzipiell allen Argumenten stand, die unter dem Gesichtspunkt der Gesundheit oder der Nützlichkeit gegen sie vorgebracht werden. An Gewohnheitsraucher oder Anfänger gerichtete Warnungen vor den Gefähren des Rauchens ziehen diese nur stärker zum Rand des Abgrunds hin, wo sie dann stehen und sich von der großartigen Aussicht auf die eigene Sterblichkeit durchschauern lassen; jeder kleine Zug aus ihrer Zigarette eröffnet ihnen leise mahnend diesen Anblick. Zigaretten sind schlecht. Aus diesem Grund sind sie gut – nicht gesund, nicht schön, aber erhaben.

Die »Anonymen Alkoholiker« wissen schon seit langem, daß ein einfacher Willensakt, zu dem man durch einen strikten Befehl des eigenen Selbst oder irgendeiner äußeren Autorität gebracht wird, nur selten ausreicht, einen Alkoholiker mit dem Trinken aufhören zu lassen. Die Vorstellung, daß man »einfach nein sagen« könne, erhält die Illusion am Leben, die den Süchtigen vorantreibt. Jede Gewohnheit schließt die unaufhörlich zum Ausdruck gebrachte Überzeugung ein, daß man über genügend Selbstkontrolle verfüge, um aufhören zu können, schlagartig, jederzeit: Zu glauben, daß man aufhören kann, ist die Hauptvoraussetzung dafür, daß man weitermacht.[1]

Nein zu sagen, immer und immer wieder, und dabei weiterzurauchen, wird zum motivierenden Ziel, zur vereinnahmenden lustvollen Pein Zeno Cosinis, des Helden von Italo Svevos gleichnamigen Roman. Er hängt dem trügerischen Glauben an, daß er »die letzte Zigarette« rauchen kann, und versucht sein ganzes Leben lang, dies in die Tat umzusetzen. Aber es stellt sich immer wieder heraus, daß die »letzte« nur eine weitere in der langen Reihe von letzten Zigaretten ist. Alle zusammengenommen, erzählen sie die Geschichte von Zenos paradoxer Existenz; sie dienen als Meilensteine, die das Verstreichen der Zeit markieren und die Abfolge der einzelnen Stadien seines unheroischen, aber merkwürdig tapferen Lebens. Der unaufhörliche Versuch, mit dem Rauchen aufzuhören, führt dazu, daß Zeno sein Leben mit nichts anderem als Rauchen verbringt – bis er, im letzten Kapitel, als alter Mann das geniale Mittel entdeckt, das Abhilfe schafft.

Um den Teufelskreis zu durchbrechen, muß man eine andere – eine paradoxere und hypokritischere – Strategie entwikkeln: nicht darauf abzielen, jemanden vom Rauchen abzubringen, um ihn davon abzubringen. Da dieses Buch nicht das Rauchen verdammt, mag es womöglich einen positiven – das heißt einen negativen – Effekt haben. Es könnte sein, daß sich durch die Lektüre dieses Buches, in dem Zigaretten wegen ihres gesellschaftlichen und kulturellen Nutzens gerühmt werden, wegen ihres Beitrags zur Arbeit und zur Freiheit, wegen des Trosts, den sie spenden, der Leistungssteigerung, die sie bewirken, und wegen der düsteren Schönheit, die sie dem Leben der Raucher verleihen, manchen Rauchern eine neue Sicht auf ihre Gewohnheit eröffnet. Ein Wechsel der Perspektive gibt manchmal den Anstoß zum ersten Schritt in Richtung auf einen endgültigen Bruch mit einer alten Gewohnheit – vielleicht ist er sogar eine unabdingbare Voraussetzung.

Es bedarf aber wohl mehr als einer neuen Sichtweise, um sich von Zigaretten lossagen zu können: Man muß sich aktiv mit ihnen auseinandersetzen, man muß sie in sein Herz schließen. Vielleicht hört man erst dann mit dem Rauchen auf, daß man endlich anfängt zu begreifen, wieviel man verliert, wenn man Zigaretten zu lieben beginnt, wenn einen ihr Zauber so entflammt und ihre Vorzüge so dankbar machen, wenn man sie aufgibt, und wie dringend es ist, sich Ersatz für manche ihrer Reize und Kräfte zu verschaffen, die sie in sich vereinen.

Dieses Buch geht von der Prämisse aus, daß die Zigarette trotz ihrer gesundheitsschädlichen Wirkungen ein großartiges und wunderbares Hilfsmittel der Zivilisation und als solches eine der bedeutendsten Gaben Amerikas an den Rest der Welt darstellt. Insofern sollte man den Akt des Verzichts auf Zigaretten vielleicht nicht nur als Hinwendung zum Leben werten, sondern, da Leben mehr ist als bloßes Existieren, darin auch einen Anlaß zum Trauern sehen. Wenn man zu rauchen aufhört, muß man den Verlust von etwas – oder jemand! – ungeheuer und überwältigend Schönem, das Erlöschen eines Sterns beklagen. Dieses Buch zu schreiben, in dem das Lob der Zigarette gesungen wird, war die Strategie, die ich für mich persönlich ersann, um mit dem Rauchen aufzuhören – was mir gelungen ist, definitiv! Es ist daher gleichzeitig eine Ode und eine Elegie.

Es ist kein leichtes Unterfangen, im heutigen Amerika das Lob der Zigarette zu verkünden, denn wir befinden uns mitten in einer jener Phasen der Repression, wie sie in Amerika periodisch wiederkehren. Ein von den Puritanern auf uns gekommenes Denken macht sich wieder geltend und verfolgt uns mit hysterischen Schreckensvisionen und Appellen an unser Schuldbewußtsein. Unter dem Vorwand, im Interesse der öffentlichen Gesundheit zu agieren, erhebt man moralische Urteile zu Gesetzen und weitet unterdessen die Macht aus, uns zu kontrollieren und in unser Leben einzugreifen, um so eine allgemeine Einschränkung der Freiheit zu erreichen. Die derzeitige hysterische Diffamierung von Zigaretten läßt sich mit früheren Ausbrüchen von Antitabakismus in diesem Land vergleichen; sie kontrastiert aufs schärfste mit der Einstellung zum Rauchen, wie sie immer dann in der amerikanischen Geschichte herrschte, wenn eine umfassende Mobilisierung der Menschen nötig war – zum Beispiel in Kriegszeiten, in denen man Zigaretten nicht nur für notwendig hielt, um zu überleben, sondern auch um zu leben, während man überlebte, da das Überleben vielleicht nur von kurzer Dauer sein würde. Während eines Krieges oder einer wirtschaftlichen Depression wurde Zigarettenrauchen nicht nur als Vergnügen gebilligt, sondern man sah es geradezu als Pflicht an, sich angesichts einer drohenden Katastrophe Trost zu verschaffen, auch aus Gründen der Kameradschaftlichkeit. Es galt gleichzeitig als Indiz dafür, ob man schon erwachsen und insofern ein zuverlässiger Mensch war. In solchen Zeiten wurde das Rauchen verherrlicht und gerühmt. Immer wenn die Gesellschaft mehr »Soldaten« brauchte (sowohl Zivilisten als auch Militärs, Männer als auch Frauen), erhielt das Zigarettenrauchen einen besonderen Stellenwert und wurde nicht nur zu einer respektablen, sondern zu einer patriotischen Sache. Als 1920, kurz nach dem Ersten Weltkrieg, in Indiana einige Streiter gegen den Tabak wieder mutig aus der Versenkung auftauchten, um eine neue Kampagne zu starten (es waren dieselben Gruppierungen, die in den neunziger Jahren erreicht hatten, daß in sechsundzwanzig Staaten das Rauchen in der Öffentlichkeit verboten wurde), wurden sie unter Anklage gestellt – und zwar wegen Landesverrat!

Diese Geschichte von Amerikas großer Liebesaffäre mit der Zigarette wird derzeit völlig verdrängt oder totgeschwiegen. Der einst oft zitierte Slogan »Tobacco is American« droht nun ausgerechnet in dem Land, das diesem Kraut soviel verdankt, in Vergessenheit zu geraten. Schon lange bevor Kolumbus ihn den begeisterten Europäern brachte, hatte der Tabak diesem Kontinent sehr viel eingebracht; und es waren die Vereinigten Staaten von Amerika, die, vertreten durch James B. Duke aus Durham, das Zigarettenrauchen zu einer universalen Angelegenheit machten und der ganzen Welt etwas schenkten, was zunächst das Privileg der oberen Klassen gewesen war. Pierre Louÿs hat das Zigarettenrauchen 1896 eine *volupté nouvelle* genannt; für ihn war es der einzig entscheidende Fortschritt im Bereich der Sinnenfreuden, den die moderne europäische Kultur seit der Antike erzielt hatte.

Allein schon eine gewisse intellektuelle Aufrichtigkeit

würde es erfordern, daß wir die Quellen aufzuspüren versuchen, aus denen all das entspringt, was Jean Cocteau die *charmes puissants* einer Schachtel Zigaretten genannt hat. Cocteau, der selber eine Art Zauberkünstler war, meint in den sich dahinkräuselnden Sätzen eines rauchig-nebulösen Vorworts: »Man darf nicht vergessen, daß Zigaretten, das Zeremoniell, mit denen man sie aus der Schachtel herauszieht und mit dem Feuerzeug anzündet, und jene seltsame Wolke, die dann in uns eindringt und die wir durch unsere Nüstern ziehen, mit ihren *großen Zauberkräften* die Welt verführt und erobert haben.«[2] Cocteau spielt hier auf die geheimnisvolle Verführungskraft der Zigarette an, die überall, in jeder Gesellschaftsschicht, in jedem Milieu ihre Wirkung zeigt; es gibt keine Gesellschaft – mag sie in ihren Wertvorstellungen auch noch so fanatisch sein oder noch so exotische Bräuche pflegen –, die nicht dem Reiz der Zigarette, ihrer glühend gefährlichen Schönheit erlegen ist. Es gibt keinen Ort auf der Welt, an dem die Leute nicht rauchen – wenn man es ihnen erlaubt.

Es scheint momentan durchaus denkbar, daß Amerika als das Land, welches der Welt den Tabak und die Zigarette schenkte, auch das erste Land sein könnte, das beide verbietet – wenn auch nicht das erste, das dies je versucht hat.

Man hat jedoch schon kurz vor der Jahrhundertwende das unmittelbar bevorstehende Ende des Zigarettenrauchens vorhergesagt, sollte sich also auch heute vor einer voreiligen Prognose hüten. Es ist sehr viel wahrscheinlicher, daß wir uns wieder auf dem Höhepunkt eines Zyklus befinden, der von der Repression zur Freiheit führt und umgekehrt. Diese Entwicklung haben wir im zwanzigsten Jahrhundert in Amerika schon mehrfach durchlaufen. Das hieße aber, daß wir uns bald wieder in die andere Richtung bewegen werden. Der sprunghafte Anstieg des Zigarettenkonsums in bestimmten Kreisen der Bevölkerung angesichts eines allgemeinen – sich auf allen anderen Gebieten hemmend auswirkenden – wirtschaftlichen und sozialen Niedergangs gibt zu denken: Welches Schicksal würde die Antiraucherbewegung wohl im Fall einer ernsthaften ökonomischen oder sozialen Krise erleiden?

Aber den – natürlich unwahrscheinlichen – Fall einmal angenommen, das Zigarettenrauchen würde in Amerika ganz und gar aussterben – würde damit etwas verlorengehen? Wenn Millionen von Menschen in einem Zeitraum von fast einhundert Jahren unzählige Züge aus Milliarden von Zigaretten getan haben, dann muß das Rauchen irgendeinen – wenn auch vielleicht nur vermeintlichen – Wert haben. Wenn es von morgen an keine Zigarette mehr gäbe, würden wir nicht nur etwas Nützliches einbüßen – was allerdings durch den enormen Zugewinn für die allgemeine Gesundheit wettgemacht würde –, sondern es würde auch eine bestimmte Art des Erlebens, die das Rauchen hervorbringt, für immer erlöschen. Vielleicht sind wir erst in dem Augenblick, in dem das Rauchen nicht mehr existiert, in der Lage, zu begreifen, welche Stellung es in unserer kollektiven Vorstellungswelt einnahm – mit allen Mythen und Träumen, Tröstungen und gesteigerten Empfindungen, mit den Intuitionen und Reizen, die es auslöste.

Um auf Cocteaus Formulierung zurückzukommen: die Rituale des Rauchens haben mit ihren Zauberkräften »die Welt erobert«. In dieser militärischen Metapher, in der zugleich die Vorstellung von »Verführung« mitschwingt, werden die beiden Hauptaspekte des Rauchens miteinander verschmolzen, deren enge Zusammengehörigkeit durch die zwei beliebtesten Zigarettenmarken Frankreichs, *Gauloises* und *Gitanes*, unmittelbar vor Augen geführt wird: Soldat und Zigeunerin finden sich als Embleme für Gefahr und Schönheit auf den Schachteln – und von dem einen wie dem anderen gehen »große Zauberkräfte« aus. Der Ausdruck *charmes puissant* ruft einem Franzosen unweigerlich jenes *puissant dictame* in

Erinnerung, das in Charles Baudelaires berühmtem Gedicht *La Pipe* aus der Pfeife herausströmt, der Pfeife, die »das Herz [des Rauchers] verzaubert und seinen Geist von der Erschöpfung befreit«. Für Baudelaire ging vom Rauchen eine ähnliche poetische Zauberkraft aus, wie sie Frauen besaßen: Indem sie das Herz trösten und entzücken, beleben sie auch den Geist aufs neue und machen ihm Mut. Paul Valéry gab einem Band seiner Gedichte den Titel *Charmes*, weil er diese mit magischen Kräften erfüllen wollte, das heißt mit seinen Texten über die Entfernung hinweg materielle Veränderungen bewirken wollte. Er wollte mit dem Titel aber auch das lateinische Wort *carmen* evozieren, das ein Gedicht, vor allem ein gesungenes Gedicht, bezeichnet. Valéry, ein Mann, der in Zigaretten wahrhaftig verliebt war – er rauchte nicht weniger als sechzig am Tag –, mag auch an die Verführungskraft der Zigeunerin Carmen gedacht haben, der ersten literarischen Gestalt, die mit Zigaretten identifiziert wird.

Als George Bizets Heldin ihren Liebhaber, den Soldaten Don José, kennenlernt, ist sie eins der vielen jungen Mädchen, der *cigarières*, die sich ihren Lebensunterhalt damit verdienen, daß sie in der Tabakfabrik von Sevilla Zigaretten drehen. Sevilla war tatsächlich im neunzehnten Jahrhundert das Zentrum – und vermutlich der Ursprungsort – der europäischen Zigarettenmanufaktur. Die Stadt war berühmt für ihre riesigen Fabriken, in denen Tausende von Frauen, viele von ihnen jung und nur sehr spärlich bekleidet, in der heißen, stickigen und vom Geruch des Tabaks und menschlichem Schweiß verpesteten Luft mit matten Bewegungen Zigarren und Zigaretten fertigten, bis sie von den starken Ausdünstungen, die aus den Tabakblättern und den Körpern aufstiegen, und vom eigenen ununterbrochenen Rauchen wie berauscht waren; ihre Haut war in unterschiedlichen Schattierungen nußbraun getönt, was sie ebenso mitreißend wie mitgenommen aussehen ließ.

In Prosper Mérimées *Carmen*, der Novelle, auf der Bizets Libretto basiert, beginnt Don José die Erzählung von seiner ersten Begegnung mit Carmen, indem er die Fabrik in Sevilla beschreibt:

»Wie Ihr wohl wißt, Señor, sind in der Manufaktur an die vier- bis fünfhundert Frauen beschäftigt. Sie wickeln Zigarren in einem riesigen Saal, in den Männer ohne den Erlaubnisschein der ›Vierundzwanziger‹ [der mit der Polizeiaufsicht und der Stadtverwaltung beauftragten Obrigkeit] nicht hineindürfen, weil die Frauen, vor allem die jungen, sich's bequem machen, wenn's heiß ist. Um die Zeit, wo die Arbeiterinnen nach dem Essen wieder hineingehen, finden sich viele junge Männer dort ein, um sie an sich vorüberziehen zu lassen und ihnen allerlei vorzuschwatzen. Da sind wenige unter diesen Mädchen, die eine taftseidene Mantilla fahrenlassen, und wer Lust hat, sich was aufzufischen, braucht sich bloß zu bücken und hat einen mehr oder weniger leckeren Fisch schon in der Hand.«[3]

Im ersten Akt der Oper erscheinen die von ihrer Arbeit kommenden *cigarières* auf der Bühne, »zigarettenrauchend schreiten sie langsam auf den Platz«. Mit ihrem Gesang huldigen sie dem duftenden, sanft aufsteigenden Rauch, der mit Zeichen aus ineinander verschlungenen Kringeln auf beredte Art unablässig Vorstellungen von Liebe heraufbeschwört. Die Zigarette wird zum Liebesgedicht, an dem die Mädchen stetig weiterschreiben und das sich den ganzen Tag lang selbst schreibt. Dieses Gedicht findet in der träumerischen Melodie, die sie singen, seine Entsprechung:

Le doux parler des amants
  c'est fumée!
Leurs transports, leurs transports est leurs serments

c'est fumée!
Dans l'air nous suivons des yeux
La fumée
La fumée
La fumée
La fumée

Die süßen Worte, die Verliebte tauschen,
es ist alles Rauch!
Ihre Verzückungen, ihre Verzückungen und ihre Schwüre,
es ist alles Rauch!
Mit den Augen verfolgen wir in der Luft
den Rauch
den Rauch
den Rauch
den Rauch

Eine der ersten Erwähnungen des Wortes *cigarette* in der französischen Literatur finden wir in Baudelaires *Les Salons de 1848.* Durch das Suffix »-ette« entsteht eine feminine Verkleinerungsform des maskulinen Substantivs *le cigare.* Das Wort begegnet in Baudelaires Text, ebenso wie das Objekt, das es bezeichnet, zwischen den schlaffen Fingern von *lorettes,* den Prostituierten niedrigster Kategorie, die mit der Gegend um Notre-Dame de Lorettes im Neunten Arrondissement in Zusammenhang gebracht wurden. Auf einem seiner Streifzüge beobachtete Baudelaire diese Frauen und die Posen, die sie einnahmen: »Dann wieder zeigen sie sich ermattet, in verzweifelten Haltungen der Langeweile, träge mit männlichem Zynismus Zigaretten rauchend, um die Zeit totzuschlagen…« Die Zigarette tötet die Zeit, die chronometrische Zeit, jenes öde, mechanische Messen der begrenzten Lebenszeit, das mit seinem erbarmungslosen Ticktack, mit seinen geflüsterten Hinweisen auf die Sterblichkeit Baudelaire in seinem Gedicht *L'horloge* so mit Schrecken erfüllt. Die Uhr registriert nicht nur eine Abfolge von Augenblicken des »Jetzt«, sondern sie ist ein Memento mori, das die Zahl der Sekunden, die einem bis zum Tode bleiben, ständig verringert. Die Zigarette jedoch hält diesen Prozeß des Untergangs an und verkehrt ihn sogar ins Gegenteil; durch einen revolutionären Akt setzt sie die chronometrische Zeit vorübergehend außer Kraft. Baudelaire berichtet, daß er in den Junitagen des Jahres 1848 Revolutionäre – er hätte einer von ihnen sein können – mit Gewehren durch die Straßen von Paris ziehen und alle Uhren zerschießen sah. Wie spätere Kapitel zeigen werden, verbindet sich für viele Dichter mit dem Zigarettenrauchen immer die faszinierende Vorstellung, das Verstreichen der gewöhnlichen Zeit aufheben und eine andere Art des Vergehens von Zeit an seine Stelle setzen zu können, die eindringlicher ist, die man mit Indifferenz oder schwelgerischer Resignation genießen kann.

Die Zigarette verrät etwas über den Raucher oder die Raucherin, so wie ein Gedicht etwas über den Dichter verrät. Es ist, als führte die Raucherin ein lyrisches Zwiegespräch mit der Zigarette, wobei sie sich einer Syntax und eines Wortschatzes bedient, die beide durch einen weithin anerkannten kulturellen Code des Rauchens determiniert sind. Mit einer Zigarette eröffnet die Raucherin einen Dialog oder eine subtile Choreographie, die jede Geste und jedes Wort begleiten. Wenn sie aus ihrer Schachtel gezogen und angezündet wird, schreibt, singt oder tanzt die Zigarette in und durch die Luft und erzählt mit ihren Rauchzeichen eine Geschichte. In ihrem adretten Papierkleid ist die Zigarette feiner, bescheidener und unauffälliger als die nackte Zigarre, der rauhe, draufgängerische Männer – und die Psychoanalytiker – den Vorzug geben. Ohne daß es ihr bewußt wird, führt die Raucherin einen Tango mit der Zigarette auf, deren Schönheit und Kraft sich auf sie (ihn?) überträgt. Die Zigarette entspricht dem, was Linguisten einen *shifter* nennen, wie zum Beispiel das Wort »ich«; was zunächst die Besonderheit meines ureigenen Selbst zum Ausdruck bringen soll, steht allen Sprechenden zur Verfügung und ist somit das am wenigsten eigentümliche Ding auf der ganzen Welt. Der Raucher setzt die Zigarette ein wie das Wort »ich«, um sich selbst oder jemand anders etwas über sich selbst zu erzählen.

Viele Autoren haben erkannt, daß die Zigarette in vielfältiger Weise als Kommunikationsmittel dient. Beim Zigarettenrauchen bildet sich eine Gebärden- und Zeichensprache aus, die wir alle unbewußt zu übersetzen gelernt haben und die zum Beispiel Filmregisseure geschickt einsetzen, um etwa eine Figur zu charakterisieren oder die Handlung voranzutreiben. Aufmerksame Zuschauer haben schon längst bemerkt, daß man in Filmen Zigaretten nicht nur sehen, sondern wie Untertitel *lesen* kann. Sie übersetzen die Handlung auf der Leinwand in eine andere Sprache, die die Kamera aufzeichnet, aber kaum je in den Vordergrund rückt – ein selten beachteter Hinweis auf die Ausdrucksvielfalt dieses Mediums. Die Zigarette dient als Unter- beziehungsweise Zwischentitel, manchmal stützt ihre Botschaft die expliziten Aussagen der Handlung oder die offenkundige Bedeutung anderer Zeichen, manchmal widerspricht sie ihnen oder lenkt von ihnen ab. Ihre Rolle im Film ist aber noch komplexer, wenn man sie nicht nur als Requisit, sondern als handelnde Person oder gar als Hauptfigur versteht. In einigen Filmen treten Zigaretten so beharrlich in Erscheinung, daß sie eine eigenständige Rolle, vielleicht sogar die Hauptrolle zu spielen scheinen, mit eigenem Ausdruck und einer eigenen Persönlichkeit – ja sogar einer eigenen Stimme. Daß eine solche Form von »Zigarettismus« möglich ist, soll im Kapitel über *Casablanca* gezeigt werden, einen Film, in dem jeder – mit Ausnahme Ingrid Bergmanns – unaufhörlich, leidenschaftlich und auf vielsagende Weise raucht.

Jacques-Henri Lartigue, dessen Bildband *Les femmes aux cigarettes* 1930 erschien, hat mit dem Objektiv seiner Kamera ganz offensichtlich den Dialog zwischen seinen Modellen und ihren Zigaretten einzufangen versucht. Die witzige, anrührende, schöne Sprache der Zigaretten hängt unmittelbar mit der Pose der abgebildeten Frau zusammen, mit der Ausstrahlung, die von ihr ausgeht. Die verglühende Asche an der Zigarettenspitze ist auf den Photos jener unsichtbare Geist, die Seele, ein anderes »Leben«, auf das hin die posierende Frau ihre Haltung ausrichtet – sie spricht mit der Zigarette in der Sprache ihres Körpers, indem dieser sich in Beziehung zu dem glühenden Punkt setzt, sich ihm gegenüber in einer bestimmten Weise hält. Die Geschichten, die eine Zigarette erzählt, können voll und ganz damit übereinstimmen, was die Raucherin ansonsten zum Ausdruck bringt, sie können aber auch als Maske dienen, sie können sie verraten, Dinge mitteilen und Motive aufdecken, von denen sie selbst kaum eine Ahnung hat. Lartigue ist vielleicht der erste gewesen, der die Parameter eines ganzen Repertoires von Gesten rauchender Frauen abgesteckt hat, ein Idiom und eine Syntax, die einen impliziten, aber allgemeinverständlichen Code determinieren, um das zu vermitteln, was ich im letzten Kapitel als *l'air du temps* bezeichne.

Aber eine Zigarette ist mehr als ein Spiegel, der das innerste Wesen des Rauchers reflektiert. Sie ist nicht nur ein Objekt, das man in der Hand hält, sondern auch ein Subjekt, ein lebendiges Wesen mit Körper und Geist. Sie ist nicht nur ein Gedicht, sondern eine Dichterin, und die glühende Asche ist das Herz dieses verweiblichten oder vielleicht tatsächlich weiblichen Wesens, das soviel Verführungskraft besitzt und das Denken auf verschiedene Weise gefangennimmt. Es ist keineswegs übertrieben, die Zigarette als Dämonin anzusehen, als kleine Gottheit, als *déesse* oder *déette*: Bei den Indianern Amerikas, von den Irokesen bis zu den Azteken, galt der Tabak allgemein als ein Gott. Paul Valéry mutmaßt, daß die Römer mit ihrem riesigen Pantheon wohl aus der ersten Morgenzigarette eine kleine Göttin gemacht hätten: »Wenn sie sie gekannt hätten, hätten sie sie ›Fumata Matutina‹ genannt.«[4] Bedauerlicherweise – für sie – war »Tabak das einzige Vergnügen [*volupté*], das den Römern unbekannt war«.[5]

Wie läßt sich die Göttlichkeit der Zigarette mit ihrer Dämonisierung durch die gegnerischen Kräfte in Einklang bringen? »Lady Nicotine« sei eben keine Lady, sondern ein »kleiner weißer Teufel«, der aus einer »dämonischen Pflanze« hergestellt werde, schrieb Reverend George Trask, der Begründer der Anti-Tabak-Liga von Massachusetts, dem es vor dem Bürgerkrieg gelang, in Boston ein Verbot des öffentlichen Tabakrauchens durchzusetzen.[6] Tatsächlich muß man sich fragen, wie man so beharrlich von der Schönheit der Zigaretten reden kann, wenn beispielsweise der ehemalige Leiter der US-Gesundheitsbehörde Everett Koop ihre Ausfuhr anprangert, weil sie einem »Export von Krankheit, Siechtum und Tod« gleichkomme.[7] Jedes Kind weiß, daß keinem Menschen die erste Zigarette wirklich schmeckt, und niemand hat jemals behauptet, Tabak sei gesund – jedenfalls nicht mehr seit dem sechzehnten Jahrhundert, als die Ärzte, die bekanntlich jedem Irrglauben anhingen, den Tabak eine Zeitlang für ein Allheilmittel hielten, eine Art pharmazeutisches Äquivalent des Steins der Weisen.

Die Historiker des Tabaks haben festgestellt, daß die Antitabakbewegung gleichzeitig mit der Einführung des Tabaks in die westliche Welt aufkam, also schon mit seiner allgemeinen Verbreitung einherging. Natürlich waren die Einwände zunächst eher moralischer als medizinischer Natur: Die Geistlichkeit begriff sofort, daß sie es mit einer bewußtseinsverändernden Droge zu tun hatte, einer machtvollen Quelle des Vergnügens und des Trostes, die in Konkurrenz zu ihren eigenen

Betäubungsmethoden und Patentrezepten zu treten drohte. Von den Indianern wurde der Tabak wie ein Gott verehrt; sie machten die Spanier mit dem Rauchen bekannt. Doch dem christlichen Geist stellte sich das Rauchen sofort als Teufelswerk, als eine Form von Götzendienst dar.

Bartolomé de Las Casas, der Kolumbus 1498 und 1502 auf seinen Reisen begleitete, war einer der ersten frommen Christen, die dem Tabak und seinen Auswirkungen Aufmerksamkeit schenkten. In seiner *Historia de las Indias* liefert er den ersten schriftlichen Beleg für die Existenz von Zigaretten und nimmt bereits die hauptsächlichen moralischen Bedenken vorweg, die dann in den folgenden vierhundert Jahren im Namen der »öffentlichen Hygiene« gegen die Zigarette vorgebracht werden sollten. Las Casas schreibt:

»Es gibt getrocknete Kräuter, die in bestimmte, ebenfalls getrocknete Blätter eingewickelt werden, so daß Gebilde wie jene Feuerwerkskörper entstehen, die die Knaben zu Pfingsten anfertigen. Das eine Ende wird angezündet, und an dem anderen wird gesaugt, oder sie ziehen ihn ein oder nehmen ihn mit ihrem Atem in ihr Inneres auf, diesen Rauch nämlich, mit dem sie ihr Fleisch betäuben und der sie fast trunken macht, so daß sie, wie sie sagen, keine Erschöpfung verspüren. Diese Feuerwerkskörper, oder wie immer wir sie nennen wollen, nennen sie *tabacs.* Ich habe Spanier auf Española [Santo Domingo/Haiti] kennengelernt, die sich daran gewöhnt haben, sie zu sich zu nehmen, und die, nachdem ich sie getadelt hatte und ihnen vorgehalten hatte, es sei ein Laster, antworteten, daß sie unfähig seien, damit aufzuhören. Ich weiß nicht, welchen Geschmack oder Gefallen sie daran finden.«[8]

Da er sich selbst das Rauchen nicht angewöhnt hatte, ist es auch nicht weiter verwunderlich, daß Las Casas den Reizen des Tabaks nicht erlag. Der Moralist zieht den voreiligen Schluß, daß Rauchen wie alles, was einen nicht wieder losläßt, was betäubt und berauscht und Schmerz und Ermüdung wie durch Zauber verfliegen läßt, Teufelszeug sein muß. Da er aber auch Philosoph ist, probiert er es selbst aus und gibt kund, daß es noch nicht einmal gut schmecke. Der große moderne Historiker des Tabaks Ned Rival bestätigt, daß es keine Texte gibt, in denen der Geschmack der Zigarette gerühmt wird. Er schreibt: »Bemerkenswerterweise wird in der Frühgeschichte des Tabaks das Rauchen nur selten als Vergnügen oder als Mittel zur Entspannung genannt. Die Chronisten heben allenfalls den Umstand hervor, daß Tabak Hunger stillt, Müdigkeit vergehen läßt und rauschhafte Zustände hervorruft [...] nirgendwo schreiben sie aber, daß er angenehm riecht oder schmeckt.«[9]

König Jakob 1. verfaßte 1604 auf lateinisch die Schrift *Misocapnus sive De abusu tobacci,* in der er scharfe Angriffe gegen jene verabscheuungswürdige neue Sitte richtete, die sich seine Untertanen so freudig zu eigen machten. »Die Gewohnheit des Rauchens«, schreibt der König, »ist abscheulich für das Auge, abstoßend für die Nase, gefährlich für das Hirn, schädlich für die Lunge und verbreitet um den Raucher herum Dämpfe, die so pestilenzialisch sind wie jene, die aus der Hölle aufsteigen.«[10] Der König wetzte mit dieser Schrift auch die Klinge gegen Sir Walter Raleigh, den er später wegen des völlig aus der Luft gegriffenen Verdachts auf Hochverrat hinrichten ließ – jenen noblen Piraten, der den Spaniern in den von ihnen beherrschten Gewässern vor den Küsten Südamerikas zusetzte, den Mann, der den Tabak aus Virginia nach Europa brachte, einen galanten Günstling von Jakobs verhaßter Vorgängerin, zugleich eine Symbolfigur für die neuen Vergnügungen, die im Elisabethanischen England Einzug gehalten hatten, und für die neue Denkweise, die die düster-religiöse des sechzehnten Jahrhunderts abgelöst hatte.[11] Sir Walter weigerte sich, auf seine Pfeife zu verzichten, und behielt sie im Mund, bis sein Kopf fiel. Über ihn wurde geschrieben: »Kein Mensch vermag würdevoller zu sterben als Raleigh. Auf dem Weg zum Richtblock ergriff er lächelnd das Beil, ließ seine Finger über die Schneide gleiten und sagte: ›Dies ist fürwahr eine scharfe Medizin, aber sie wird alle Krankheiten heilen.‹«[12] Wie andere Despoten – Ludwig XIV., Napoleon, Hitler – verabscheute auch Jakob I. das Rauchen und dämonisierte folglich den Tabak. Daß Gewaltherrschaft unter anderem mit der Unterdrückung des Rechts einhergeht, Tabak anzupflanzen, zu verkaufen, zu verwenden oder zu rauchen, wird daran deutlich, daß gerade dieses Recht im Zuge politischer wie auch kultureller Revolutionen immer wieder energisch eingefordert wurde. Die Geschichte des Kampfes gegen die Tyrannei ist über weite Strekken mit der Geschichte des Kampfes um die Freiheit, Tabak rauchen zu dürfen, untrennbar verbunden – besonders evident ist dies im Fall der Französischen und auch der Amerikanischen Revolution. Die frühe politische Geschichte Amerikas, von den Zeiten der ersten englischen Siedler in Virginia, die vom Tabakhandel lebten, bis zur revolutionären Erhebung gegen die Engländer und ihre Steuern, steht im Zeichen des Kampfes um das Recht, ohne Auflagen von staatlicher Seite Tabak anzubauen und zu konsumieren. Immer wieder haben Regierungen versucht, die Nutzung des Tabaks zu kontrollieren. Napoleon, der als erster ein staatliches Tabakmonopol schuf, sprach von der außerordentlichen »Besteuerbarkeit« dieser Ware als eines der Luxusgüter, von denen man abhängig würde und für die sogar die Ärmsten bereitwillig zahlen. Möglicherweise spielt aber auch die Tatsache eine Rolle, daß gerade die genannten Gewaltherrscher gerne moralisierten und auf alle individuellen Äußerungen von Freiheitswillen allergisch reagierten. Napoleon wurde wie auch Ludwig XIV. und

Hitler persönlich heftig vom Tabakrauch abgestoßen. Hitler war von einem blinden Haß auf das Rauchen erfüllt; es ist belegt, daß Mussolini der einzige war, dem er es in seiner Gegenwart gestattete. Überall im Reich war – auch während des ganzen Krieges – zu lesen: »Die deutsche Frau raucht nicht.« Die Wirklichkeit sah anders aus. Es gibt keinen Ort auf der Welt, an dem die Leute nicht rauchen, wenn man es ihnen nicht ausdrücklich verbietet.

Das jüngste Beispiel für die Verbindung zwischen Rauchen und Freiheitsstreben liefert der Kampf, den die Frauen in diesem Jahrhundert um ihre Emanzipation geführt haben. Es ist bestimmt kein Zufall, daß die französischen Frauen im April 1945 das Wahlrecht erhielten – zwei Wochen nachdem sie zum ersten Mal seit der Kriegszeit Zigarettenrationen bekommen hatten. Ihnen wurde jedoch nur ein Drittel der Menge zugeteilt, die den Männern zustand – »a long way, baby«, aber du hast immer noch ein ganz schönes Stück vor dir. Im letzten Kapitel werde ich die Ergebnisse einer Gesundheitsstudie der EG analysieren, aus denen hervorgeht, daß europäische Frauen vor allem in jenen Ländern zur Zigarette greifen, wo sie sich weitestgehend von ihren traditionellen gesellschaftlichen Rollen emanzipiert haben. Diese Tatsache scheint den Verdacht zu bestätigen, daß die gegenwärtige Welle von »Antitabakismus« zum Teil auch einer gewissen Misogynie oder einem Antifeminismus entspringt.

Die Amerikaner von heute, die sich in ihre Raucherfeindlichkeit hineinsteigern, befinden sich zugleich in dem Wahn, diese erfunden zu haben. Wie immer vergessen sie ihre eigene Geschichte: Schon um die Jahrhundertwende sowie in den zwanziger und dreißiger Jahren bekämpften einflußreiche politische Kräfte das »Teufelskraut«. Damals wie heute verbargen sich hinter der vorgeblichen Sorge um die Gesundheit moralische Bedenken; ähnlich versuchen auch Zensoren ihre

Verbote zu rechtfertigen, indem sie auf den Schaden hinweisen, den eine bestimmte Meinungsäußerung oder eine Form des Vergnügens der Gesellschaft als Ganzem zufügen könnte.

In dem feindseligen Klima, das heute in Amerika herrscht, sind die Schönheit und die Vorteile der Zigarette allmählich in Vergessenheit geraten. Die generelle Ablehnung der Zigarette äußert sich auf unterschiedlichste Weise, in gesellschaftlichen Verhaltensmustern ebenso wie in Gesetzen, die etwa das Rauchen auf Inlandflügen verbieten. Letzteres zeigt, bis zu welchem gefährlichen Extrem der Haß auf das Rauchen gehen kann: Man nimmt anderen die Freiheit, in Augenblicken von Streß oder Gefahr das Gefühl von Trost und Souveränität zu genießen, das eine Zigarette verleiht. Viele Menschen, die normalerweise nicht rauchen, greifen in Zeiten einer persönlichen oder allgemeinen Krise, in Augenblicken großer Bedrängnis, wenn Selbstbeherrschung und Konzentration vonnöten sind, zur Zigarette. Heutzutage hört man keine Stimmen, die das Lob der Zigarette singen, wie man sie in Kriegszeiten oft vernimmt, Stimmen, die dann plötzlich die Zigaretten wegen ihres vielfältigen psychologischen und sozialen Nutzens rühmen, wegen ihres kulturellen Werts oder ihres ästhetischen Reizes. Aber warten wir's ab. Diesem Buch liegt eine Vorahnung zugrunde, daß sich manches ändern wird, vielleicht sehr sachte, indem sich eine neue »Mode« einschleicht – einfach weil das der Lauf der Dinge ist, das Ergebnis eines zyklischen Prozesses der Geschichte –, vielleicht aber auch sehr ungestüm unter dem Druck um sich greifender sozialer Spannungen. Es muß nicht erst eine Katastrophe gewaltigen Ausmaßes eintreten, bevor die Amerikaner den sozialen Nutzen von Zigaretten wiederentdecken oder den Beitrag schätzenlernen, den sie zum modernen Leben leisten, und bevor sie sich mit der Zigarette, dem Geschenk ihres Landes an die Welt, wieder anfreunden. Es könnte jederzeit geschehen, ganz unvermittelt, sobald nur die Situation eintritt, daß die Gesellschaft soviel kollektive Kontrolle über ihre Ängste nötig hat, wie sie nur irgendwie aufbringen kann.

Wenn wir uns eine Vorstellung davon machen wollen, wie es sich in einem weniger tabakfeindlichen Klima lebte, brauchen wir uns nur daran zu erinnern, welchen Wert eine Stange Zigaretten 1945 in Europa hatte. Die Zigarette war damals als die Hauptwährungseinheit Gold wert, wie übrigens auch schon bei den frühesten Siedlern in Virginia und später für die Forscher Lewis und Clark. George Washington schrieb an den Kontinentalkongreß: »Wenn ihr kein Geld schicken könnt – schickt Tabak.«[13] Für Lewis und Clark war die Zigarette das wichtigste Tauschobjekt bei ihren Transaktionen mit den Indianern. In dem französischen Konzentrationslager Drancy war einem Häftling, am Abend bevor er deportiert wurde, ein Zug aus einer Zigarette zehn Franc wert; zwei ganze Zigaretten kosteten hundert Franc.

Die Welt kann den Ärzten für die Gewissenhaftigkeit und Beharrlichkeit nur dankbar sein, mit der sie uns die Gefahren des Rauchens vor Augen führen – das ist ihre Aufgabe. Man kann sich jedoch des Verdachts nicht erwehren, daß die erregten Reaktionen, die diese Informationen auslösen, in keinerlei Verhältnis zu den Gefahren stehen, die das Rauchen wirklich mit sich bringt – vor allem das Rauchen anderer Leute. Zum gegenwärtigen Zeitpunkt sind Zigaretten zum Hauptangriffsziel puritanischer Unterdrückungsakte geworden, jenen nicht unähnlich, mit denen man schon in der Vergangenheit wiederholt die Freiheit einschränkte und jedes Vergnügen im Keim erstickte, immer unter dem Vorwand, allein auf das Wohl der Bürger bedacht zu sein, doch immer auch dem Verdacht ausgesetzt, daß man die staatliche Kontrolle mehren wollte oder sonstige Interessen verfolgte. Vor gar nicht langer Zeit prangerte der Minister für Gesundheitswesen die Vermarktung von

Zigaretten an – und zwar in derselben Woche, in der der Chief of staff des Weißen Hauses die Gesetzesvorlage zur Reinhaltung der Luft entschärfte. Der Übereifer, mit dem Zigaretten allerorts stigmatisiert werden, ist möglicherweise ein Symptom für noch viel gefährlichere verborgene Impulse, die unsere Freiheit unmittelbar bedrohen. Die Freiheit zu rauchen sollte als wichtiges Indiz dafür verstanden werden, daß allgemein Freiheit herrscht, und wenn die Freiheit auf diesem Gebiet bedroht wird, sollte man sich sofort danach umschauen, wo sich die Kontrolle sonst noch verschärft, welche Freiheiten insgesamt eingeschränkt werden. An der Einstellung einer Gesellschaft gegenüber der Freiheit zu rauchen läßt sich ermessen, wie sie menschliche Grundrechte versteht – denn die ganze Zeit über pafft ja ein Drittel bis die Hälfte der Erwachsenen auf der ganzen Welt fröhlich vor sich hin. Daß eine Verbindung zwischen der Freiheit zu rauchen und der allgemeinen bürgerlichen Freiheit besteht, läßt sich nur schwer nachweisen, aber dieses Buch will darauf aufmerksam machen, daß man das eine nie ohne das andere betrachten darf.

Es paßt zu den vielen Widersprüchlichkeiten, die dem Tabak als einer sowohl anregenden wie auch beruhigenden Droge innewohnen, daß der Verkauf von der amerikanischen Bundesregierung bekämpft, der Anbau aber subventioniert wird. Zur gleichen Zeit, als Jimmy Carter einer Gruppe von Tabakfarmern in North Carolina schwor, daß er eine Kürzung der Subventionen niemals zulassen werde, rief Joseph Califano, der Leiter des Departments für Gesundheit, Erziehung und Soziales eine fünfzig Millionen Dollar verschlingende Kampagne zur Bekämpfung des Rauchens ins Leben, die größte, die es jemals in der Geschichte gegeben hat. In diesem Buch soll der Zusammenhang zwischen diesen scheinbaren Widersprüchen sichtbar gemacht und ihr tieferer Sinn aufgedeckt werden, wobei uns das Konzept des »Erhabenen« helfen wird.

1856 wählte sich eine dem Rauchen gewidmete Zeitschrift mit dem Titel *Paris fumeur* den Spruch »Qui fume prie« zum Motto: Rauchen ist Beten. Viele moderne Schriftsteller teilen diese Ansicht, wie zum Beispiel Annie Leclerc, die in *Au feu du jour* schreibt: »Die Zigarette ist das Gebet unserer Zeit.«[14] In dem Augenblick, in dem man zur Zigarette greift, schafft man sich einen Freiraum im gewöhnlichen Ablauf des Erlebens, einen gesonderten »Zeit-Raum« für eine gesteigerte Wahrnehmung. Durch das Ritual mit den Elementen Feuer, Rauch und Asche werden Hände, Lungen, Atem und Mund eins, eine Verbindung mit dem Transzendenten scheint hergestellt; man verspürt einen Hauch von Unendlichkeit, der eine andere Sichtweise erahnen läßt und es einem – wenn auch nur für kurze Zeit – erlaubt, außerhalb seiner selbst zu stehen.

Gesetze gegen das Zigarettenrauchen werden in Regierungsgebäuden verabschiedet, die genau dort errichtet sind, wo vor dreihundert Jahren Indianer saßen – und rauchten. Für sie war das Tabakrauchen Teil eines Rituals, das den einzelnen mit seinem Stamm vereinte, etwa in der kollektiven Erinnerung an die Götter ihrer Ahnen, die Wächter über die identitätstiftenden Mythen. Wenn die religiöse Dignität des Rauchens nicht mehr erkannt oder anerkannt wird, ist es, als hätten wir das Recht eingebüßt, in der Öffentlichkeit zu beten. Die Freiheit zu rauchen mag durch das in der Verfassung verankerte Recht auf freie Religionsausübung nicht geschützt sein, und doch ist der Griff zu einer Zigarette – wie in diesem Buch nachgewiesen werden soll – ein ritueller, religiöser Akt.

Die Zigarettengegner besitzen wenig Gespür für die historische Ironie ihrer Position. Sie sind nicht in der Lage zu erkennen, daß sie mit ihrer Bewegung nur jene dauerhafte Allianz zwischen »pro« und »kontra« Rauchen fortführen, die seit der Verbreitung des Tabaks besteht. Es hat ganz den Anschein, als ob nicht nur die Zensoren, sondern auch die Zensierten, nicht nur die Antiraucher, sondern auch die Raucher für ihren Fortbestand auf die anhaltende Feindseligkeit des Gegners angewiesen seien.

Den raucherfeindlichen Kräften in Amerika ist es bisher nicht gelungen, ein Verbot der Zigarette zu erwirken; sie haben nur ihre Bedeutung ins Negative verkehrt. In diesem Buch soll wieder die andere, geheime Seite der Zigarette in Erinnerung gerufen werden, nachdem sie im gegenwärtigen Klima allgemeiner Mißbilligung nahezu in Vergessenheit geraten ist. Für einen Augenblick will es die Umwertung wieder umkehren und die Zigaretten würdigen, statt sie zu verwerfen – nicht etwa als Empfehlung oder zur Verharmlosung, sondern einfach um daran zu erinnern, daß sie trotz ihrer vielen Nachteile, die immer bekannt waren und auf die immer wieder hingewiesen worden ist, auch Vorteile bieten, die von der Gesellschaft früher allgemein anerkannt worden sind. Dazu gehört ihre entspannende und beruhigende Wirkung, ein Mechanismus, der einerseits dabei hilft, Ängste in den Griff zu bekommen, andererseits die soziale Interaktion fördert. Zigaretten können auch die Konzentration steigern – und ermöglichen folglich die effiziente Produktion von Werken aller Art.

Trotzdem sollen in diesem Buch Zigaretten nicht in erster Linie wegen ihrer Nützlichkeit gerühmt werden, sondern gerade wegen ihrer Nutzlosigkeit, einer Eigenschaft, die Théodore de Banville auch ihre »Futilität« genannt hat. Sie allein verleiht der Zigarette ihren besonderen ästhetischen Reiz und macht das Rauchen zu einem erhabenen und düster-schönen Vergnügen. Zigaretten zu rauchen ist ein demokratisches, volkstümliches und universelles Vergnügen; ihm wohnt eine besondere Art von Schönheit inne, die sowohl die hohe als auch die populäre Kultur seit mehr als einem Jahrhundert anerkannt und in Prosa und in Versen, auf Bildern und in Filmen explizit verherrlicht hat. Daß Zigaretten schön sind, ist so bekannt, daß man hier eher dafür plädieren muß, sie als eines der interessantesten und bedeutendsten Artefakte, die die Moderne hervorgebracht hat, auch ernst zu nehmen. Zur gleichen Erkenntnis gelangt, wie wir sehen werden, die Heldin von Pierre Louÿs' *La volupté nouvelle.* Louÿs veranlaßt den Leser dazu, die Schönheit zu erforschen, die Zigaretten auch unter bescheidensten und armseligsten Bedingungen dem Leben verleihen können – erst recht freilich bei verfeinerten, raffinierten Lebensformen. Die vielfältigen Funktionen, die sie im individuellen und im sozialen Leben erfüllen, werden zur Zeit infolge der pauschalen Negativbewertung völlig unter den Tisch gekehrt, so daß Raucher Schamgefühle entwickeln und zögern, sich Befriedigung zu verschaffen, oder dies in zunehmendem Maße heimlich tun. Während das Rauchen ursprünglich Ausdruck des Trotzes war, findet jetzt eher ein Rückzug in Schuldgefühle statt, wobei natürlich das Rauchen schon immer mit beiden Gefühlsqualitäten verbunden war, weil man meist gegen ein Tabu verstieß. Zigaretten sind immer mit etwas Verbotenem identifiziert worden; viele der Texte, die wir in diesem Buch betrachten werden, beschreiben die Umstände, unter denen jemand zu rauchen anfängt, traditionellerweise im Zusammenhang mit einem Diebstahl oder einer anderen Art von Gesetzesbruch.

Wenn man Zigaretten verherrlichen will, hat man Schwierigkeiten, den richtigen »Ton« anzuschlagen. Zigaretten sind an sich triviale, unschöne Objekte, die sich nicht für elegische Ergüsse eignen. Andererseits sind sie mittlerweile so verunglimpft und dämonisiert worden, daß es kaum mehr möglich ist, in gemessen maßvoller Weise über ihre Vor- und Nachteile zu sprechen: Ihre bloße Erwähnung ruft schon äußerst negative Konnotationen hervor. Unter diesen Umständen muß man zur Hyperbel greifen, einem rhetorischen Stilmittel, mit dem das Darzustellende weit über seine tatsächlichen Verdienste hinaus in den Himmel gehoben wird. Man will den Leser durch solche Übertreibung nicht etwa täuschen, sondern den wahren Wert des Unterbewerteten wieder hervortreten lassen. Das Prinzip ist den Scharfschützen vertraut: Zuweilen muß man so tun, als würde man über das Ziel hinausschießen, um ins Schwarze zu treffen. Man kann Zigaretten heutzutage nicht rühmen, ohne sofort als pervers zu erscheinen; man kann sie nur über den grünen Klee loben, in der Hoffnung, daß der Leser nicht einfach die übertriebene Darstellungsweise ablehnt, sondern die ebenso übertriebenen Verunglimpfungen relativiert. Der Aufwand an Einbildungskraft, den man braucht, um Zigaretten weit über ihren wirklichen Wert hinaus zu preisen, erlaubt es einem auch abzuschätzen, in welche Tiefen sie gestürzt worden sind. Die Behauptung, daß Zigaretten erhaben sind, soll einen Denkprozeß auslösen und dem Leser den Schluß nahelegen, daß sie zumindest nicht nur verwerflich sind. Erasmus von Rotterdam erfand dieses Stilmittel, als er sich hinsetzte, um sein *Lob der Torheit* zu schreiben.

Um eine solche Aufgabe zu bewältigen, bräuchte man eigentlich eine Muse, denn nichts, was man selbst ersinnen kann, wird einem den richtigen Ton eingeben, um etwas zu besingen, was überall nur verdammt und verachtet wird. Zeno, der Ich-Erzähler von Svevos Roman, sieht sich vor das gleiche Problem gestellt und beginnt seine Aufzeichnungen daher folgendermaßen: »Ich weiß nicht, wie ich beginnen soll. Alle Zigaretten, die ich je geraucht habe, mögen mir beistehen. Sie glichen alle der einen, die ich hier in der Hand halte.«[15]

Die Muse in Gestalt der Zigarette allerdings steht dem Schreibenden nicht selten bei. Autoren wie Svevos Zeno haben oft gleichzeitig Feder und Glimmstengel in der Hand, verspritzen Tinte und inhalieren dabei Rauch. In Rivals *Tabac, miroir du temps* sind alte Valentinskarten reproduziert, auf denen rauchende Männer am Schreibtisch sitzend abgebildet sind, wobei in der Rauchwolke über ihrem Kopf ein Bildnis der Geliebten zu sehen ist. Die Zigarette verschafft dem Schreibenden mit jedem Zug die Inspiration, die es ihm ermöglicht, das geliebte Bildnis heraufzubeschwören – eine neue Muse innerhalb einer Tradition, die bis Petrarca zurückreicht. Die Zigarette als Frau – das Wort und die Sache selbst sind von Anfang an mit dem Weiblichen identifiziert worden; und es mangelt nicht an Lyrikern, die Sonette oder Oden geschrieben haben, um ihrer düsteren, modernen Schönheit zu huldigen.

Heutzutage kann man sich nur schwer eine Ode an die Zigarette vorstellen, obwohl Jules Laforgue 1861 tatsächlich eine verfaßte; in seinem Gedicht *La cigarette* finden wir eine der frühesten Identifikationen von Zigaretten mit schönen, gefährlichen Frauen, mit *lorettes, grisettes* oder *Bohémiennes.* In höchsten Tönen von Zigaretten zu reden, bedeutet soviel, wie ein Bouquet aus »Blumen des Bösen« zusammenzustellen: Die Schönheit, die man verherrlicht, verschafft nicht die übliche harmonisierende ästhetische Befriedigung, sondern im Gegenteil einen beunruhigenden und bedrohlichen Genuß. Etwas, was eigentlich nicht erhöht werden sollte, wird erhoben. Es ist in jedem Fall eine hypokritische Strategie zur Umgehung der Hypokrisie des Lesers, dessen zur Schau getragenes gutes Gewissen die Tatsache verschleiert, daß er den perversen Zauber des Gefährlichen, Häßlichen, Beschämenden nur allzugut kennt. Im ersten Kapitel dieses Buches, »Was ist eine Zigarette?«, soll der Begriff der Zigarette in Anlehnung an einen Philosophen und an einen Dichter definiert werden, das heißt mit Hilfe von Sartres Reflexionen über die Zigarette in *L'être et le néant* und von Théodore de Banvilles *Cigarettes*, einem der Texte, die der Dichter (gegen Ende eines Lebens, das der »reinen Poesie« gewidmet war) 1890 in den Band *L'âme de Paris* aufnahm. Im zweiten Kapitel, »Zigaretten sind erhaben«, soll die besondere Art ihrer Schönheit anhand von Gedichten verdeutlicht werden, in denen ihr erhabenes Wesen gepriesen und mit ähnlichen Begriffen beschrieben wird, wie sie Kant in seiner »Analytik des Erhabenen« verwendet.

Das dritte Kapitel, »Zenos Paradox«, beginnt mit einer genauen Untersuchung des Einleitungskapitels »Il fumo« (»Der Rauch«) von Italo Svevos großem Roman. Der Roman ist als Fallgeschichte eines Rauchers konzipiert, die von diesem zu therapeutischen Zwecken, im Sinne einer Selbst-Analyse zu Papier gebracht wurde. Aber statt sich seine früheste Kindheit in Erinnerung zu rufen, beginnt Zeno damit, von seiner ersten Zigarette zu erzählen, und leitet auf diese Weise einen Prozeß ein, den er »Fumo-Analyse« nennt. Zenos Schreibkur wirft in besonders eindringlicher Weise die Frage nach unserem Begriff von Gesundheit auf, nach der Bedeutung eines Wortes, die so festzustehen scheint, daß sie die Einstellung unserer Gesellschaft gegenüber Zigaretten a priori bestimmt. Zeno läßt uns die Beziehung zwischen Rauchen und Gesundheit neu überdenken, indem er sein Leben untersucht, ein Leben, das ganz dem müßigen Unterfangen gewidmet war, das Rauchen aufzugeben. Nicht das Leben, so entdeckt er, sondern der Tod ist die Voraussetzung für wirkliche Gesundheit – eine Erkenntnis, die ihn veranlaßt, den Wert von schlechten Gewohnheiten, Parasiten und Krankheit neu zu interpretieren.

Eine Frau kann schön sein, eine Zigeunerin ist von erhabener, weil fataler Schönheit. Für Nietzsche verkörpert die *gitane*, wie Bizet sie in seiner Oper verherrlicht, tödliche mediterrane Leidenschaftlichkeit, und er fühlt sich von ihr weit mehr angezogen als von den blutleeren Geistern aus Wagners nordischen Nebeln. Nietzsche spricht über Bizets Musik, als ob er Carmen meine: »Diese Musik scheint mir vollkommen. Sie kommt leicht, biegsam, mit Höflichkeit daher. Sie ist liebenswürdig, sie *schwitzt* nicht. ›Das Gute ist leicht, alles Göttliche läuft auf zarten Füssen‹: erster Satz meiner Aesthetik.

Diese Musik ist böse, raffinirt, fatalistisch: sie bleibt dabei populär – sie hat das Raffinement einer Rasse, nicht eines Einzelnen. Sie ist reich. Sie ist präcis.«[16] Nietzsches Interpretation von Bizets Musik ist in einer Sprache gehalten, die an die Charakterisierung Carmens durch den Erzähler in der Novelle Prosper Mérimées (auf der das Libretto beruht) erinnert. Jenes erste Mal, als die berühmt-berüchtigte Schönheit auftritt, ist auch das erste Mal, daß in der Literatur dargestellt wird, wie eine Frau von einem Mann eine Zigarette entgegennimmt und raucht. Eins der Ziele dieses Buches ist es, darzulegen, daß die Faszination des Mythos »Carmen« auch auf der Assoziation mit der Schönheit beruht, die der Zigarette innewohnt; als Carmen erfunden wurde, hielt die Zigarette gerade Einzug in die Kreise der französischen Boheme.

Im vierten Kapitel wenden wir uns nach einer vergleichenden Betrachtung von Mérimées Novelle und Bizets Oper einer anderen Figur von dämonischer Weiblichkeit zu, der schaurigschönen Hexe Thérèse Desqueyroux in François Mauriacs gleichnamigem düsteren Roman, die ihrem bourgeoisen Ehemann Gift einflößt, um ihn ein einziges Mal aus seiner unerschütterlichen Selbstzufriedenheit und Selbstgerechtigkeit herauszureißen. Mauriac nennt sie »Sainte Locuste« und macht sie damit zu einer in den Kanon der Heiligen aufgerückten Nachfahrin von Neros Giftmischerin Locusta, um die negative Transzendenz anzudeuten, die sie verkörpern soll. Thérèse raucht drei Päckchen am Tag, und es gibt in dem ganzen Roman kaum eine Seite, auf der nicht von einer Zigarette die Rede ist, die jemandem angeboten, geraucht oder ausgedrückt, geliebt oder gehaßt wird. In einem Roman ist, anders als im Leben, jede Zigarette bedeutungsvoll. Wenn man *Thérèse Desqueyroux* liest, erhält man Einblick in den literarischen Code des Zigarettenrauchens, ein eigenes Sprachsystem mit eigenen Konventionen, Regeln und einer eigenen Syntax.

Die Begierde und die Gefahr, die man gemeinhin mit Zigaretten verbindet, werden durch die beiden zu einem tragischen Paar vereinten Gestalten Carmen und Don José versinnbildlicht – die Zigeunerin und der Soldat. Gemeinsam stehen sie im vierten und im fünften Kapitel im Mittelpunkt. Ihre mythische Verbindung blieb in Form der beiden beliebtesten französischen Zigarettenmarken bis heute erhalten: *Gitanes* und *Gauloises.* Beide Marken wurden erstmals im Jahr 1910, am Vorabend des Ersten Weltkriegs, hergestellt. Die *Gitanes* galten als die erste »moderne« Zigarettenmarke, sie waren leichter im Geschmack und wurden in eleganter Verpackung verkauft. Die *Gauloises* hießen zunächst *Hollandaises*, bis ein Rechtsstreit wegen einer ausländischen Marke gleichen Namens die Franzosen zwang, ihr Produkt umzubenennen. Die Schachtel war in patriotischem Blau gehalten, der Farbe der Uniform des *poilu*, des französischen Infanteristen – *le bleu des Vosges.* Später wurde ein gallischer Helm auf ihr abgebildet, der von einem Kettenring umschlossen ist.

Im fünften Kapitel wird die Rolle erforscht, die den Zigaretten in Kriegszeiten zukommt, und etwa ein halbes Dutzend bedeutender Kriegsromane analysiert, vom Ersten bis zum – vorläufig nur in der Phantasie existierenden – Dritten Weltkrieg. Die Zigarette ist der beste Freund – oder die beste Freundin – eines jeden Soldaten, weil sie Trost spendet, weil sie Hunger und Erschöpfung vergessen läßt, Entspannung bringt und in brenzligen Situationen Mut einflößt. Erich Maria Remarques *Im Westen nichts Neues* war das Muster, nach dem die meisten Kriegsromane des zwanzigsten Jahrhunderts geschrieben wurden; aus diesem Grund – und weil Zigaretten darin eine so zentrale Rolle spielen – sollen die anderen Romane immer unter Bezugnahme auf dieses Meisterwerk interpretiert werden.

Zigaretten vernichten Zeit. Baudelaire spricht von Frauen, die »mit männlichem Zynismus« Zigaretten rauchen, »um die

Zeit totzuschlagen, mit orientalischer Gleichgültigkeit in ihr Schicksal ergeben [avec la résignation du fatalisme orientale]«. Diese Verunglimpfung der Orientalen (nicht alle von ihnen sind fatalistisch) mag auf die französische Redewendung »wie ein Türke rauchen« zurückzuführen sein. Sie wird aber durch den gesteigerten Wert, den Baudelaire der *résignation* dieser Frauen beimißt, mehr als ausgeglichen. In seinem Wertesystem ist sie die Voraussetzung für eine Art von dandyhaftem Heroismus, für den Triumph über die vulgären Formen des Egoismus, für eine Art von Erhabenheit über den Ansturm der Begierden und Ängste. Für Théodore de Banville ist die Resignation, die Zigaretten hervorrufen, das Gegenteil von Ambition und als solche eine der Grundvoraussetzungen des dichterischen Ausdrucks.

Das sechste Kapitel, »L'air du temps«, könnte auch »Aber ich hab' nicht inhaliert« heißen. Hier wird auf den utopischen Traum eines jeden Rauchers eingegangen, all die Freuden, die eine Zigarette bietet, genießen zu können, ohne etwas von ihren Schadstoffen in sich aufzunehmen – so als ob man sich das Rauchen in einem Film ansehen oder durch ein Objektiv betrachten würde.

Nichts, scheint es, ist einfach, wenn es um Zigaretten geht: Sie haben in vielerlei Hinsicht ein widersprüchliches Doppelwesen. Sie vermögen den Puls zu beschleunigen und zu verlangsamen, sie können sowohl beruhigen als auch anregen, sie sind gleichzeitig ein Mittel zum Abschalten wie zur Konzentration, sowohl oberflächlich als auch tiefgründig, Soldat und Zigeunerin, widerlich und zugleich köstlich. Die Zigarette ist eine grausame, doch schöne Geliebte und eine treue Gefährtin. Die Zwiespältigkeit des Genusses, den sie gewährt, eines sinnlichen und ästhetischen Genusses, und die Zwiespältigkeit ihres gesellschaftlichen und kulturellen Werts erklären sich aus ihren – ebenfalls überraschend gegensätzlichen – physiologischen Eigenschaften. Svevos Zeno Cosini ist unser Gewährsmann für die mannigfaltigen Paradoxe, auf die man stößt, wenn man sich mit der Zigarette beschäftigt.

In seinem kleinen Gedicht, das als Motto für dieses Kapitel verwendet wurde, behauptet Manuel Machado, daß das Leben eine Zigarette sei. Ein Hauptanliegen dieses Buches ist es, über die Möglichkeiten nachzusinnen, die in dieser Metapher verborgen sind. Metaphern werfen gewöhnlich Licht auf das Unbekannte, indem sie uns etwas Bekanntes zum Vergleich anbieten. Aus Machados Metapher müssen wir schließen, daß das, was den Vergleich für das Leben liefert, selbst umfassend, unergründlich und mysteriös sein muß – wie trivial, banal und wohlbekannt es auch normalerweise zu sein scheint. Die Erkenntnis, daß das Leben eine Zigarette ist, mag nur wenige Lebensfragen beantworten, mehrt aber die Aspekte, unter denen man die Zigarette betrachten kann. Die Antwort, die die Metapher geben soll, birgt ein neues Geheimnis in sich, das dieses Buch ergründen will. Ich werde daher jenen Bedingungen größte Aufmerksamkeit schenken, die eine Umkehrung von Machados Aussage erlauben, jenen Augenblicken, in denen nicht nur das Leben eine Zigarette, sondern die Zigarette »größer« als das Leben zu sein scheint. Banville ist voll der Bewunderung für den Absolutismus des »wahren Rauchers«, eines »Dandys« der Zigarette, der sich in jedem Augenblick seines wachen Daseins mit großer Eleganz und Disziplin fast ausschließlich ihrer Konsumierung widmet – indem er beispielsweise zwischen zwei Löffeln Suppe an seiner Zigarette zieht oder indem er raucht, anstatt sich der Liebe hinzugeben.

Banville bewundert die absolute Nutzlosigkeit dieser Angewohnheit, ist aber nicht bereit, den Preis zu zahlen, den das Rauchen kostet; er sieht jedoch im Rauchen und in der gehobenen Indifferenz, die es fördert, ein Abbild der höchsten Form künstlerischen Lebens. Schließlich war er es, der dem

Jahrhundert den Slogan *L'art pour l'art* schenkte, einen Begriff, den Baudelaire, indem er ihn gleichzeitig modifizierte, als Waffe gegen den kulturellen Utilitarismus einsetzte. Die tautologische Selbstgenügsamkeit der Formulierung beschwört ebenso wie die ästhetische Ideologie, die sie verkündet, die kalte, glatte Fassade des Dandys herauf, der nach den Worten Baudelaires allezeit vor einem Spiegel lebt und dessen vollkommene Selbstbeherrschung Resultat eines unablässigen Reflektierens über das eigene Selbst ist. Der »wahre Raucher« gehört für Banville zu den wenigen – glücklichen – »anderen«, von denen Machado spricht, die, indem sie ihre Zigaretten auskosten, dem Leben eine ästhetische Rechtfertigung verleihen:

> Das Leben ist eine Zigarette,
> Schlacke, Asche und Feuer,
> Einige rauchen es in Eile,
> Andere kosten es aus.

Zigaretten-Dandy, Marseille

ERSTES KAPITEL

Was ist eine Zigarette?

Nur das Rauchen unterscheidet den Menschen von den anderen Lebewesen.

Anonym

Ein aus den dreißiger Jahren stammendes, 1987 in *Le Monde*[1] reproduziertes photographisches Selbstporträt von Brassaï zeigt den bekannten französischen Photographen, wie er auf der Rue Saint-Jacques steht, um eine seiner Aufnahmen von den nächtlichen Pariser Straßen zu machen. Vor dem Hintergrund des schattigen Kopfsteinpflasters ist er im Profil zu sehen; er späht gerade durch den Sucher seiner Rolleiflex. Die Kamera wird durch ein Stativ auf der Höhe seiner Augen gehalten, aber von den drei Beinen dieses Stativs ist eines nur sehr schwach im Rinnstein zu erkennen, und man hat den Eindruck, als starre die Kamera zurück. Brassaï ist in einen langen, schattenhaften, sichtlich abgetragenen Mantel gehüllt, dessen loser Faltenwurf seinen Körper wie das dunkle Tuch einer Porträtkamera vollständig verbirgt. Unter einem breitkrempigen Hut schauen gerade noch Gesicht und Hals hervor, zum Sucher hin geneigt, durch den er angespannt schaut. Er steht gekrümmt da, um sich vor der Kühle einer jener Pariser

Nächte zu schützen, in denen der naßkalte Wind vom Atlantik her über die Ebenen im Westen hinweg ungehindert durch die Straßen der Stadt fegt. Die eine Hälfte seines Gesichts ist von dem schräg einfallenden Licht einer Straßenlaterne erhellt, der augenscheinlichen, aber unsichtbaren Quelle auch des Lichtflecks zu seinen Füßen. Das von oben kommende Licht läßt sein Gesicht stark hervortreten und verleiht ihm etwas Theatralisches; eine große Adlernase ragt hervor und – nach unten zeigend – eine Zigarette, eine lange, unverhältnismäßig dicke Zigarette, die sich vor dem dunklen Hintergrund sehr weiß abzeichnet. Brassaïs gereckter Hals verrät seinen brennenden Wunsch, durch das Objektiv hindurch etwas zu sehen, was außerhalb des Bildausschnitts im Dämmerlicht liegen muß – etwas, das seine Kamera, die für dieses Photo von einem Lichtkranz umgeben ist, vermutlich gar nicht einfangen konnte. Da er sich selbst beim Photographieren photographierte, konnte er vielleicht überhaupt nichts sehen, dem grellen Lichtschein ausgesetzt, dessen Funktion es ist, ihn und seine Kamera für uns und für die zweite, unsichtbare Kamera, durch die hindurch wir (in) sein Selbstporträt sehen, zu beleuchten. Die Zigarette, die zusammen mit der Linie des gebeugten Nackens die Form des Stativs wiederholt, mag ein weiteres Zeichen für das brennende Verlangen sein, das ihn beseelt: Sie ragt zwischen seinen Lippen hervor wie ein Zeichen beginnender Erregung. Sie ist nicht nur Requisit, obwohl sie wie alles andere auf dem Photo auch das ist –, sondern auch ein Indikator – nicht nur Symbol, sondern eine Entität, etwas, das ist, was es ist, während es gleichzeitig ein Zeichen für die gesamte Kategorie der Dinge ist, zu denen es gehört. Die Zigarette verweist auf sich selbst, um anzuzeigen, daß sie ein Instrument ist, das zum Handwerk des Photographen gehört. Auf dem Photo fungiert sie sogar als Zeitmesser, mit dem sich annäherungsweise die lange Belichtungszeit der Nachtaufnahme bestimmen läßt.

Brassaï erklärte: »Eine *Gauloise* bei spärlichen Lichtverhältnissen, eine *Boyard,* wenn es noch dunkler war.«

Die *Boyard* ist eine Zigarette, die erstmals in den Handel kam, als Zar Nikolaus II. 1896 Paris einen Besuch abstattete. Das Wort – auf deutsch »Bojar« – bedeutet soviel wie »Herr« und bezeichnete im zaristischen Rußland einen adeligen Großgrundbesitzer. Was jedoch Brassaï an dieser Zigarette interessierte, war einzig und allein, daß sich ihr Durchmesser (10,5 mm im Gegensatz zu den normalen 8,7 mm einer *Gauloise*) auf die Zeit auswirkte, in der eine Zigarettenlänge aufgebraucht war.

Eine Zigarette ist nicht nur eine Zigarette, sondern auch eine Uhr, wie jeder Raucher weiß und in der Literatur und im Film oft genug bezeugt worden ist. Sie ist die »innere Uhr« des Photographen, eine Stoppuhr, mit deren Hilfe er den Augenblick ermittelt, in dem genügend Licht auf die empfindliche Schicht des Films gefallen ist. Das photographische Bild braucht eine gewisse Entstehungszeit, aber wir erfassen das Dargestellte mit einem Blick: das Bild eines Photographen, der zur Ermittlung der für die Hervorbringung ebendieses Bildes nötigen Zeit eine Uhr raucht. Brassaï hat sogar den Belichtungsmesser photographiert, der vielleicht diese Aufnahme stoppt – nicht die Aufnahme, die er auf dem Photo zu machen scheint, sondern die des Bildes, das wir betrachten, des Selbstporträts, das mit Hilfe der für uns unsichtbaren Kamera angefertigt wurde. Die ungewöhnliche zentrale Position, die der Zigarette des Photographen zugewiesen wird – ein versteckter Hinweis auf die phallische Zudringlichkeit des Kamera-»Auges« –, soll also vor allem sichtbar machen, wie lange die Photographie dem Licht ausgesetzt war und wie groß der Unterschied ist zwischen der Zeitspanne, die nötig war, das Photo aufzunehmen, und dem kurzen Moment, in dem es vom Betrachter erfaßt wird. Jedes Photo scheint nur einen Augenblick festzuhalten, einen Augenblick, der nicht länger währte als das Klicken (*cliché* auf französisch) des Verschlusses, selbst wenn die Belichtungszeit in Wirklichkeit eine *Boyard* lang dauerte. Natürlich vollzieht sich kein Ereignis jemals in einem einzigen Augenblick; dieser Eindruck einer punktuellen Einheit, der suggeriert wird, geht immer auf eine idealisierende Fiktion oder eine mit technischen Mitteln hervorgerufene Illusion zurück. Oft wird der Eindruck der Augenblickhaftigkeit aus dem ideologisch motivierten Wunsch heraus erzeugt, im Erscheinungsbild des Endprodukts die Spuren der vielfaltigen zeitraubenden Arbeitsvorgänge zu tilgen, die seine Darstellung als einzelnes kohärentes Ereignis in Wahrheit crforderte. Wie könnte man diese Diskrepanz – einen Gegensatz, der sowohl für die »Herstellung« als auch für den »Verbrauch« konstitutiv ist – auf einem Photo besser einfangen als durch eine kleine Allegorie in Gestalt der Zigarette? Die Zigarette wird zum Mittelpunkt dieses Selbstporträts eines Photographen. Bei all ihrer scheinbaren Bedeutungslosigkeit (Ergebnis ihrer Ubiquität und ihrer mechanisch-stereotypen Erscheinungsform) kündet sie von etwas, was das Photo, das wir vor Augen haben, verbirgt; sie bildet einen hermeneutischen Raum in der Oberfläche des Bildes, der die Dimension der Zeit eröffnet – der Zeit der Herstellung des Bildes –, eine Dimension, die das Photo selbst nicht darstellen kann, sondern in seiner Unbewegtheit verschleiert.

Eine gewisse Ironie liegt unter anderem darin, daß der »Star« dieses Photos nicht der Photograph, sondern der Anfertigungsprozeß des Photos ist, der von der Zigarette als Zeitmesser ins Bild gebracht wird. Dadurch, daß Brassaï der Zigarette so großes Gewicht verleiht, unterscheidet sich seine Darstellung deutlich von der Art und Weise, in der Zigaretten normalerweise photographiert oder gemalt, geschildert oder angedeutet werden – sie bleiben immer Randerscheinungen, betonen eine Geste oder untermalen eine Pose, werden also kaum je in den Mittelpunkt der Aufmerksamkeit gerückt. Gewöhnlich fungiert die Zigarette nur als eine Art Accessoire des porträtierten Gesichts oder der dargestellten Szene. Ihre Rolle ist unwesentlich, sie hat vielleicht einen gewissen Erholungswert, ansonsten aber eine rein dekorative, periphere Funktion.

Der Begleittext zur Reproduktion von Brassaïs Photo in *Le Monde* zeigt, daß man sich von der Unscheinbarkeit der Zigarette nicht hat irreführen lassen. Nachdem die Zigarettenmarke identifiziert worden ist, wird halb im Ernst festgestellt, daß eine Zigarette wie die *Boyard* es durchaus verdiene, zum Gegenstand einer wissenschaftlichen Arbeit an der Sorbonne erhoben zu werden; schließlich sei, so informiert uns *Le Monde* ganz korrekt, die *Boyard* auch jenes »dicke Ding« (*gros module*) gewesen, das Sartre immer abbrannte (*brûler*), als er *Das Sein und das Nichts* schrieb.

Es stimmt nicht, daß Sartre, wie es der Mythos will, dieses Meisterwerk im Café Flore auf dem Boulevard St. Germain schrieb, dabei unzählige Tassen Kaffee konsumierte und die Aschenbecher mit Zigarettenkippen füllte, die so lange unberührt von seiner ausgeprägt französischen Unterlippe herabgebaumelt hätten, bis nichts als ein winziger Stummel übriggeblieben sei. Wahr daran ist, daß er beim Schreiben wirklich »wie ein Türke« rauchte. Eine an der Sorbonne verfaßte Arbeit müßte also die immens wichtige Rolle, die Zigaretten beim physischen Schreibprozeß spielten, mit dem geringen Wert und den unbedeutenden Funktionen vergleichen, die ihnen nach den moralischen Kriterien von *Das Sein und das Nichts* zugewiesen werden. Aber bevor wir uns zu sehr in Spekulationen über eine solche hypothetische Dissertation verlieren, wollen wir uns vor Augen halten, daß die Anregung von *Le Monde* nicht ganz ernst gemeint ist. Die Bezeichnung *gros module* für Sartres Zigarette hat im Französischen burleske, ans Obszöne grenzende Konnotationen. Durch den neutralen, unpersönlichen Beiklang des Wortes *module* entsteht eine Antiphrase, die das Gegenteil des Gemeinten zum Ausdruck bringt, eines keineswegs indifferenten, sondern ganz persönlichen Vergnügens nämlich. Der scherzhafte Vorschlag, Sartres *gros module* zum Gegenstand einer wissenschaftlichen Arbeit zu machen, soll auf die inhärente Nutzlosigkeit und Trivialität von Zigaretten verweisen, die nur im ironischen Sinn wie so viele andere wissenschaftliche Themen einer gewichtigen Untersuchung wert seien. Nur einem Narren oder einem Akademiker könnte es einfallen, wirklich eine Arbeit über die *Boyard* zu schreiben – oder gar ein Buch über Zigaretten!

Aber versuchen Sie sich einmal vorzustellen, Sie wären – wie der Verfasser des Buches, das Sie gerade lesen – sowohl ein Akademiker als auch ein Narr und nähmen den Vorschlag von *Le Monde* ernst. Was meinen Sie, wie eine solche Arbeit wohl aussähe? Mit Sicherheit würde sie einige Abweichungen von der Norm aufweisen. Das fängt schon damit an, daß sich die Zigarette nicht für jene Art aristotelischer Definitionen eignet, mit der jede an der Sorbonne vorgelegte Untersuchung beginnt. Es fällt schwer, die aristotelisch-philosophische Frage »*Ti estin* [Was ist] eine Zigarette?« zu stellen. Die Zigarette scheint von Natur aus so untergeordnet, so unbedeutend und nebensächlich, so wertlos, ja verachtenswert zu sein, daß sie kaum eine Identität oder Wesenhaftigkeit besitzt und keine bestimmte Rolle oder Funktion. Sie ist eine flüchtige Erscheinung, die wohl kaum je den Status eines kulturellen Artefakts oder eine feste Position in der Welt haben wird als etwas, das es verdient, in philosophischer Weise auf sein Wesen hin befragt zu werden. Die Zigarette besitzt nicht nur ein sehr schwach ausgeprägtes eigenes Wesen, sie tritt auch kaum jemals einzeln auf, sondern fast immer in Scharen, in vervielfältigter Form. Jede einzelne Zigarette impliziert auch all die anderen, ihr vollkommen gleichen Zigaretten, die der Raucher konsumiert; jede Zigarette beschwört ihre Nachfolgerin herauf und schließt sich ihrer Vorgängerin an, als Glied in einer Kette, die mit glühenderer Leidenschaft geschmiedet wird als bei jeder anderen Tabakware.

Vielleicht aber sind Zigaretten nie das, was sie zu sein scheinen, vielleicht haben sie ihre Identität und ihre Funktion auf einer anderen Ebene und verlangen immer danach, *interpretiert* zu werden. In dieser Hinsicht gleichen sie allen Zeichen, deren Bedeutung anderswo liegt als in ihrer faßbaren, materiellen Verkörperung: Das Kreuz am Baumstamm weist den Weg durchs Dickicht. Zigaretten sind oft Zeichen, aber mehrdeutige Zeichen, die sich nur schwer interpretieren lassen. Die Schwierigkeit liegt in der Vielfalt der Bedeutungen und Intentionen, die die Zigaretten bestätigen oder verraten; sie »sprechen Bände«. Die Zigarette ist wie eine Schriftrolle oder ein Buch, das vielfältige, heterogene und disparate Assoziationen an den Hauptfäden der Erzählung knüpft (im allgemeinen ein Mordfall). Die Zigarette ist ein Thyrsos, der Stab des Dionysos, den Baudelaire zum Emblem der dichterischen Arbeit machte; die Weinranken – sie symbolisieren die Erfindungsgabe des Dichters – winden sich um eine feste, klare Linie, die für seine Intention und sein kreatives Streben steht. Zwischen zwei Fingerspitzen still vor sich hin qualmend oder aus der Schachtel gezogen, vermittelt die Zigarette manchmal ganze Bedeutungswelten, die keine Dissertation entschlüsseln könnte. Es bedurfte ganzer Heerscharen von Romanciers, Filmemachern, Songwritern und Dichtern, um uns auch nur eine Ahnung davon zu vermitteln.

Es gibt andere, rein äußerliche Gründe dafür, daß Aristoteles nicht fragen konnte: »Was ist eine Zigarette?« Tabak war der Antike unbekannt, und selbst Aristoteles, der sonst wirklich über jedes Gewächs Bescheid wußte, kannte ihn nicht und hat ihn nie ausprobiert. Daß er diese Erfahrung nie machte, heißt letztlich nichts anderes, als daß er, ein Mann der Antike, eben nichts über die Neuzeit wußte. Die Einführung des Tabaks in Europa im sechzehnten Jahrhundert fiel mit dem Anbruch des *Age of Anxiety* zusammen, der Ausbildung eines modernen Bewußtseins, das mit der Erfindung und Verbreitung gedruckter Bücher einherging, der Entdeckung der Neuen Welt, der Entwicklung rationaler, wissenschaftlicher Methoden und dem damit zusammenhängenden Verlust der mittelalterlichen, theologisch begründeten Sicherheiten. Das Zeitalter der Angst schenkte sich selbst mit dem Tabak ein wirksames Gegenmittel, ohne das man vermutlich gar nicht ausgekommen wäre. Kolumbus hatte es aus der Neuen Welt mitgebracht, als ein Mittel gegen die Ängste, die seine Entdeckungen durch die unvermutete Konfrontation mit einer großen unbekannten und dennoch greifbaren Welt im eurozentrischen abendländischen Denken ausgelöst hatten. Der Tabak und die paradoxen Erfahrungen, die er vermittelte, seine gegensätzlichen physischen Auswirkungen, sein verderblicher Wohlgeschmack und seine unangenehmen Annehmlichkeiten wurden von der Neuzeit begeistert angenommen: Hier hatte man eine Droge, um die Angst zu betäuben, die die fortwährenden Angriffe auf alte Gewißheiten und der Ausblick auf das Unbekannte ausgelöst hatten. Wahrscheinlich hätte Aristoteles vom Tabak auch dann nichts verstanden, wenn er ihm bekannt gewesen wäre.

Der Tabak, dessen Genuß man sich bald in jedem Winkel des Kontinents und wenig später auch in Asien begierig hingab, definiert die Neuzeit: Tabakrauchen ist ein Indiz dafür, daß eine Revolution des Bewußtseins stattgefunden und die bis in die Antike zurückgehende Kultur, die Sitten, die Ethik und das Denken umgeformt hat. Aristoteles konnte die Zigarette nicht definieren; vielmehr definiert die Zigarette, indem sie sich der aristotelischen Definition entzieht, ihn und sein Zeitalter. Die Zigarette fragt Aristoteles: »Was ist denn das für eine Frage: ›Was ist?‹« Dieser Gedankengang wird von dem klassizistischen Autor und Pornographen Pierre Louÿs in seiner 1896 verfaßten Kurzgeschichte *Une volupté nouvelle* entwickelt. Zigaretten, legt er seiner Heldin Callistô in den Mund, seien das einzige neue Genußmittel, das der moderne Mensch in eintausendachthundert Jahren erfunden hat, und vielleicht seine einzige originelle Leistung, nicht nur im Hinblick auf die Lustbarkeiten, die die Antike kannte, sondern auch auf ihr gesamtes Wissen. Für Louÿs definiert die Zigarette den Unterschied zwischen dem Neuen Menschen und dem der Antike; sie ist daher ein Gegenstand von größtem kulturhistorischen Interesse. Nach seinen Vorstellungen sollte »Geschichte« eigentlich nichts anderes sein als die Geschichte der Zigarette.

Wenn sich auch die aristotelische Frage nicht auf die Zigarette anwenden läßt, können wir doch nicht einfach darüber hinwegsehen, daß die Frage »Qu'est-ce que la Cigarette?« schon gestellt worden ist, genau in diesem Wortlaut, auf französisch, und zwar in einem gegen Ende des neunzehnten Jahrhunderts verfaßten Essay von Théodore de Banville. Vorerst wollen wir uns jedoch nicht mit seiner Antwort auseinandersetzen und dabei bleiben, daß diese Frage eigentlich gar nicht gestellt werden kann.

Wir dürfen jedoch sicher sein, daß in keiner wissenschaftlichen Arbeit ein Kapitel über die »*Boyard* in *L'être et le néant*« fehlen würde. Darin wäre nicht nur erläutert, was man über Sartres obsessive Rauchgewohnheiten in Erfahrung bringen konnte (Simone de Beauvoir berichtet, daß er »zwei Schachteln *Boyards* am Tag rauchte«), sondern es würde auch der Gegensatz hervorgehoben werden zwischen der Bedeutung, die die Zigaretten für den Schaffensprozeß hatten, und der Bedeutungslosigkeit, welche ihnen in diesem Werk implizit zugewiesen wird, sooft sie zum Gegenstand philosophischer Reflexion werden. Sartre kommt sehr häufig auf das Rauchen zu sprechen. Der Reiz von *L'être et le néant* liegt unter anderem darin, daß die abstrakten Gedankengänge mit einer Fülle von konkreten Beispielen aus der unmittelbaren Umgebung des Autors anschaulich gemacht werden. Seine deiktischen Formulierungen – »dieses Tintenfaß«, »dieser Tisch«, »diese Zigaretten« – erinnern weit mehr an Descartes' Stil in seinen *Meditationes* als etwa an die strenge, schmucklose Ausdrucksweise Heideggers in *Sein und Zeit* – ein Werk, auf das Sartre sich immer wieder bezieht. Es ist durchaus aufschlußreich, der Frage nachzugehen, wie sich Sartres Zigarettenkonsum beim Schreiben mit der systematischen Abwertung der Zigarette im Werk vereinbaren läßt – im Unterschied übrigens zu seiner geliebten Pfeife. Aus den zahlreichen Bemerkungen über Zigaretten (nicht Zigarren: falsche Gesellschaftsschicht) und Pfeifen (oder stellvertretend Streichhölzer und Tabaksbeutel) ergibt sich, daß Sartre letztere der Kategorie des Seins zuordnet, während Zigaretten dem Nichts angehören.

Was ist aus philosophischer Sicht eine Zigarette? Eine wissenschaftliche Arbeit, wie sie *Le Monde* vorschlägt, täte sich leichter, wenn sie die Frage eingrenzte: »Was ist eine *Boyard*?« Sie würde zwangsläufig mit einer Darstellung der Umstände ihrer Einführung in Frankreich beginnen müssen, also mit dem offiziellen Parisbesuch von Nikolaus II., jenem unglücklichen Zaren, der ein starker Raucher war, was allein ihn bekanntlich nicht umgebracht hat. Der Name *Boyard*, wurde ohne Zweifel zu Ehren des hohen Gastes gewählt, ähnelt jedoch den Namen vieler anderer Zigarettenmarken, die diesem eher demokratischen, volksnahen Genußmittel ebenfalls einen Hauch von aristokratischer Exklusivität verleihen sollen. Unsere Abhandlung würde wohl auch den Umstand nicht verschweigen, daß die *Boyard*, eigens für den Zaren so benannt, ausgerechnet in der proletarischen Klasse Verbreitung fand, die ihn in Rußland vom Thron stürzte.

Zigaretten begegnen in *L'être et le néant* zum ersten Mal an der Stelle, wo Sartre die Existenz von Eigenschaften veranschaulichen will, die objektiv zu den Dingen gehören, ihnen aber nicht inhärent sind. Er schreibt: »Wenn ich die Zigaretten in dieser Schachtel zähle, habe ich den Eindruck der Enthüllung einer objektiven Eigenschaft dieser Zigarettenmenge: *es sind zwölf.* Diese Eigenschaft erscheint meinem Bewußtsein als eine in der Welt existierende Eigenschaft [...] eine ausgezeichnete Widerlegung der Formel Alains: ›Wissen ist wissen, daß man weiß‹. Und doch habe ich in dem Moment, da sich mir diese Zigaretten als zwölf enthüllen, ein nicht-thetisches Bewußtsein von meiner Additionstätigkeit.«[2] Sartre unterscheidet hier zwischen einem reflektierten und einem unmittelbaren Bewußtsein. Ersteres besteht aus Urteilen, die das Bewußtsein über sich selbst abgibt, und impliziert daher, daß das Bewußtsein sich selbst »thetisch« setzt – das heißt sich explizit, selbstreflexiv zu seinem eigenen Objekt macht: Es weiß, daß es weiß. Das unmittelbare Bewußtsein, das bei der Wahrnehmung oder beim Zählen einsetzt, ordnet den Dingen objektive Eigenschaften zu (in diesem Fall den Zigaretten die Zahl zwölf), ohne daß es diese Operation zum Objekt des Bewußtseins macht: Man kann etwas zählen, ohne zu wissen, daß oder wie man zählt. Was uns hier interessiert, ist in erster Linie die Tatsache, wie gut sich Zigaretten zur Veranschaulichung dieser philosophischen Unterscheidung eignen. Es ist nicht so, daß »diese Zigaretten« die »objektive Eigenschaft« besitzen, zwölf zu sein, sie scheinen nur in dem Moment zwölf zu sein, in dem sie gezählt werden. Diesen Anschein vermögen sie aber eher zu erwecken als andere Gegenstände (Pfeifen oder Tabaksbeutel zum Beispiel), und zwar einfach aufgrund ihrer ausgeprägten Zählbarkeit.

Das Hauptmerkmal, das Zigaretten von allen anderen Erscheinungsformen des Tabaks unterscheidet, ist gerade ihre Ununterscheidbarkeit. Jede Zigarette gleicht mit mechanischer Zuverlässigkeit jeder anderen Zigarette, die man bereits geraucht hat – und wenn es vielleicht auch schon hunderttausend waren. Jede einzelne Zigarette hat eine Identität, insofern sie wie jede andere ist; sie ist ein bloßes austauschbares Zeichen. Die einzelne Zigarette zeichnet sich durch keine existentielle Einzigartigkeit im Sinne Kierkegaards aus, sondern nur durch eine abstrakte Allgemeinheit im Hegelschen Sinne, der sich jede Zigarette ohne weiteres subsumieren läßt. Bar jeder unverwechselbaren Eigenheit oder jedes Unterscheidungsmerkmals, besitzt die Zigarette nur eine kollektive Identität, keine individuelle. *Eine* Zigarette ist die Vielheit von Zigaretten; die Vielzahl scheint zu ihrer Identität zu gehören. In dieser Hinsicht sind Zigaretten grundsätzlich anders als zum Beispiel eine Pfeife, deren Wert unmittelbar von ihrem besonderen »Charakter« abhängt, den zufälligen oder bewußt verliehenen Merkmalen, die ihr die Aura eines unersetzlichen, einmaligen Objekts geben. Auch Tabaksbeutel lassen sich nicht ohne weiteres zählen; ihre Funktion ist es eher, etwas Zählbares aufzunehmen. Oft ist dies eine Form von Geld, ein Zahlungsmittel mit errechenbarem Wert. Tabaksbeutel enthalten somit etwas, was für die objektiven Eigenschaften der Zahl empfänglich ist – sei es Geld oder Tabakprisen. Aus diesem Grund nennt man den Tabaksbeutel auf französisch *bourse* (Börse).

Eine Zigarette eignet sich weit weniger für eine Inbesitznahme aus Gründen der Selbstbestätigung, die Sartre – in Anlehnung an Hegel (vgl. das vierte Kapitel der *Phänomenologie des Geistes*) – als das Hauptmotiv dafür ansieht, etwas besitzen zu wollen. So schreibt Sartre: »In diesem Ausmaß, in dem ich mir selbst wie jemand erscheine, der allein durch den *Aneignungsbezug* die Gegenstände *schafft*, sind diese Gegenstände *Ich.* Der Füller und die Pfeife, die Kleidung, das Arbeitszimmer, das Haus, das *bin ich.* Die Totalität meiner Besitztümer reflektiert die Totalität meines Seins. Ich *bin* das, was ich *habe.*«[3] Zigaretten können nicht solche Gegenstände der Aneignung sein, sie sind vielmehr abstrakte, nichtindividuierte Entitäten, die unterschiedslos angeboten und angenommen werden können. Da sie nur wenige determinierende Charakteristika besitzen, lassen sie gar nicht erst die Illusion aufkommen, daß sie eine Art Ich-Ersatz sein könnten, eine Verdinglichung der innersten Identität eines Menschen. Wem bietet man hingegen seine eigene Pfeife an? Wenn ich *bin,* was ich *habe,* und da ich nichts so vollständig besitze wie *meine* Pfeife, bin ich meine Pfeife, oder umgekehrt: »la pipe, c'est moi«. Es würde einem aber im Traum nicht einfallen, zu sagen: »Ich bin meine Zigarette« – es sei denn, man wäre von einem mallarméschen Verlangen besessen, sich in Luft aufzulösen.

Natürlich ist es Sartres ethisches Ziel, diesen bourgeoisen Eigentumsbegriff zu diskreditieren, der auf der Prämisse gründet, daß man ist, was man hat. Aber selbst wenn sich, wie er darlegt, die Pfeife der Aneignung widersetzt, bleibt sie nach Gebrauch vor mir auf dem Tisch liegen, ein substantielles, unabhängiges, greifbares Objekt, ganz anders als die Zigarette, deren Schicksal es ist, beim Konsum zu verschwinden. Sartre schreibt: »Die Pfeife ist da, auf dem Tisch, unabhängig, indifferent. Ich nehme sie in die Hand, betaste sie, betrachte sie, um die *Aneignung* zu realisieren; aber gerade weil diese Bewegungen dazu bestimmt sind, mich in den Genuß [*jouissance*] dieser Aneignung zu versetzen, verfehlen sie ihren Zweck, habe ich nur ein inertes Stück Holz zwischen den Fingern.«[4]

Die Pfeife läßt im Besitzer die trügerische Illusion keimen, daß er sie sich aneignen kann; aber je mehr ich mich mit ihr befasse, um mich an ihrem Besitz zu vergnügen, und mir dabei vorstelle, daß sie eine Art »Prolongation« meines Selbst ist, mit um so größerer Wahrscheinlichkeit verpufft die Wirkung. Zum Beispiel geht das verdammte Ding immer wieder aus und zerstört so die Illusion, daß es mein Verlangen nach Aneignung vollkommen befriedigen kann: Sie bleibt da, wo sie ist, in sich selbst eingeschlossen, unabhängig, ein »inertes Stück Holz«.

Mallarmé scheint dieselbe Unterscheidung zwischen Zigaretten und Pfeifen zu treffen; es gibt eine aufschlußreiche Textstelle, in der sie – wie die beiden großen Dichtungen, an denen er fast sein ganzes Leben arbeitete, *L'après-midi d'un faune* und *Hérodiade* – Sommer- beziehungsweise Winteraktivitäten zugeordnet werden:

»Gestern habe ich meine Pfeife gefunden, während ich von einem langen Abend voll wunderschöner Winterarbeit geträumt habe. Weggeworfen die Zigaretten mit all ihren kindlichen Freuden des Sommers, der nun vergangen ist, die Zigaretten, die die blauen Blätter der Sonne, die Mousselinschleier beleuchteten, und wieder hervorgeholt die ernste Pfeife, von einem ernsten Mann, der lange rauchen will, ohne gestört zu werden, um besser arbeiten zu können.«[5]

Zigarettenrauchen ermöglicht den schnell verwehenden Genuß des Ephemeren und fördert die Auflösung des Ich, die Entpersönlichung, die für Mallarmé Grundvoraussetzung dichterischen Erlebens ist. Im Gegensatz dazu begleitet die Pfeife beschwerlichere Arbeiten oder hochfliegendere Pläne wie das gewichtige Unterfangen, reine Poesie zu schaffen: Mallarmé bei »wunderschöner Winterarbeit«. Pfeifen sind erwachsen, ernst, gewichtig, Zigaretten dagegen kindische, unverantwortliche Luftikusse.

Immer wenn Sartre von Zigaretten spricht, behandelt er sie nicht als Dinge »an sich«, sondern als Zeichen oder Vermittler für etwas anderes, das sich in dem Moment offenbart, in dem sich die Zigarette in Luft aufgelöst hat: »Indem ich diese Zigarette anzünde, erfahre ich meine konkrete Möglichkeit oder, wenn man so will, meinen Wunsch zu rauchen.«[6] Gerade weil die Zigarette die Illusion nicht zuläßt, daß man sie sich durch das Rauchen aneignen kann oder daß ihr bloßer Genuß dem Nichts der radikalen Freiheit des Selbst ein substantielles Dasein verleiht, ersinnt der bourgeoise Raucher eine raffiniertere Strategie, um sie in seinen Besitz zu bringen. Künstlerisches Schaffen verdoppelt den Genuß und ist eine verfeinerte Methode der Aneignung, mit der man eine Zigarette zu »seiner« Zigarette machen will. Sartre schreibt: »Wer sich also vorzugsweise mit Gebrauchsgegenständen umgibt, die er selbst hergestellt hat, verfeinert die Aneignung. Er vereinigt an einem einzigen Gegenstand und in ein und demselben Synkretismus die Aneignung durch Benutzen und die Aneignung durch Schaffen. Die Einheit ein und desselben Entwurfs findet man vor vom Fall des künstlerischen Schaffens bis zu dem der Zigarette, die ›besser ist, wenn man sie selbst dreht‹.«[7] Für Sartre hat die Vorstellung, daß eine selbstgedrehte Zigarette besser schmeckt, nichts mit einer besonderen Qualität des Produkts selbst zu tun, sondern mit dem aneignend-schöpferischen Akt, der es hervorbringt. Der Geschmack entfaltet sich mehr in den Händen als auf der Zunge.

Merkwürdigerweise scheint das Streichholz in *L'être et le néant* ontologisch irgendwo zwischen der Pfeife und der Zigarette angesiedelt zu sein. Wie die Pfeife bietet es die Resistenz eines Stücks fester Materie, aber ähnlich der Zigarette liegt sein eigentliches Sein außerhalb seines Selbst, ist anderes als das, was vor mir auf dem Tisch liegt:

»Das gleiche gilt für... dieses Streichholz, das das ist, was es ist, dem sein Sinn als Streichholz-sein äußerlich bleibt, das sich zwar entzünden *kann*, aber gegenwärtig dieses Stück weißes

Holz mit einem schwarzen Kopf ist. Die Potentialitäten des *Dieses* bieten sich, wenn auch in strengem Zusammenhang mit ihm, als An-sichs dar und sind im Indifferenzzustand in Bezug zu ihm [...]; das Streichholz als ein Stück weißes Holz mit einem schwarzen Kopf erfassen heißt nicht, ihm jede Potentialität entziehen, sondern nur ihm neue verleihen (eine neue Permanenz – ein neues Wesen).«[8]

Wie bei der Zigarette liegt auch das Wesen des Streichholzes außerhalb seiner selbst, in einem Zustand, der zunächst unabhängig ist von seiner Form als kleines Stück weißes Holz mit schwarzem Kopf. Indem Sartre die Formel »Stück weißes Holz mit einem schwarzen Kopf« wiederholt, verleiht er dem Streichholz die substantielle, wiederholbare Identität der Materie selbst (das griechische Wort für Materie ist *hylé*, was »Holz« bedeutet). Aber das katachrestische Bild »Streichholz-Kopf« verwandelt mittels Personifikation das kleine Stück weißen Holzes in ein winziges Surrogat von Sartre selbst, dessen Daseinsweise wie im Falle des Streichholzes, das gegen seine Tasse gelehnt steht, nie auf das beschränkt ist, was sie zu sein scheint. Wie das Streichholz hat Sartre jederzeit die Möglichkeit, etwas anderes zu sein, als er vielleicht gerade zu sein scheint, wenn er sich auf den Tisch des Café Flore stützt. Der friedlich dasitzende Schreiberling, der kurzsichtig über den Boulevard St. Germain in Richtung »Lipp« hinüberblinzelt, verfügt fortwährend über die existentielle Freiheit, sich in eine ganz andere Situation hineinzuversetzen – so könnte er genausogut für revolutionäre Taten entflammen.

Der eher niedrige ontologische Status von Zigaretten im Vergleich zur Pfeife korrespondiert mit ihrer ethischen Position innerhalb anderer Gegensatzpaare, mit deren Hilfe Sartre seine Existenzphilosophie darlegt. Das Beispiel des Zigarettenrauchens verwendet er etwa im Zusammenhang mit einer philosophischen Erörterung des Unterschieds zwischen einer authentischen und einer nichtauthentischen Handlung: »Zunächst muß man nämlich darauf hinweisen, daß ein Handeln grundsätzlich *intentional* ist. Der ungeschickte Raucher, der aus Versehen ein Pulverfaß in die Luft fliegen läßt, hat nicht *gehandelt.* Dagegen hat ein Arbeiter, der in einem Steinbruch eine Sprengung auslösen sollte und den Auftrag erfüllt hat, gehandelt, wenn er eine vorgesehene Explosion herbeigeführt hat: er wußte nämlich, was er machte, oder, wenn man lieber will, er realisierte intentional ein bewußtes Vorhaben.«[9]

Dieses anschauliche Beispiel finden wir am Anfang des vierten Teils von *L'être et le néant,* im entscheidenden Kapitel über die Freiheit von »Sein und Handeln«. Auch wenn die unachtsame Geste des Zigarettenrauchers viel weitreichendere politische oder militärische Konsequenzen haben kann als die eines Bombenlegers, vollzieht letzterer im Gegensatz zu ersterem eine *Handlung,* denn die von ihm ausgelöste Explosion beruht auf einer Intention, der Ausführung einer Idee und einem Ergebnis, das wiederum in einem Verhältnis zur Intention steht. Das Wegschnippen einer Zigarette ist in existentieller Hinsicht keine Handlung, wie sehr das Ergebnis auch einschlagen mag; die Folgen stehen in keinem Zusammenhang mit der mutmaßlichen Absicht, die bei der Ausführung im Spiel war. Diesem Akt lag keine Wahl, keine »Freiheit« zugrunde, die Folgen wurden einzig vom Zufall determiniert.

Sartres Vorliebe für solche scheinbar beiläufig gewählten Beispiele wird in einer Schlüsselszene seines Schauspiels *Le mains sales,* das nicht lange nach *L'être et le néant* entstand, auf dramatische Weise deutlich. Im »zweiten Bild, erste Szene« sieht man den (Anti-)Helden Hugo an einer Schreibmaschine sitzen und die Zeitung der Kommunistischen Partei tippen. Das Klappern der Maschine stört Ivan, der darauf wartet, eine geheime Mission anzutreten: Er hat von der Partei den

Auftrag erhalten, eine Brücke in die Luft zu jagen. »Wie heißt du?« fragt er Hugo. »Raskolnikoff«, antwortet der, »das ist eine Romanfigur«. Durch Rauchen verleiht Hugo seinem Gefühl der Ohnmacht Ausdruck. Dieses Gefühl ergibt sich daraus, daß er der Partei in der passiven Rolle eines Journalisten und Schriftstellers dienen muß. Ivan versucht ihm klarzumachen, daß das Schreiben guter Artikel für die Parteizeitung ebenfalls eine Art des Handelns darstelle, aber fast das gesamte Stück hindurch bleibt Hugo skeptisch. Philosophisch gesehen entspricht Hugo dem Zigarettenwerfer, oder zumindest denkt er das, während Ivan der Arbeiter ist, der den Befehl entgegennimmt, die Brücke zu sprengen: Der eine ist ein authentischer Agierender (in einem Schauspiel, auf der Bühne, wo freilich kein Akt authentisch ist), der andere nicht.

Das Zigarettenrauchen wird gewöhnlich als eine Art des Nichtstuns angesehen und nicht unbedingt als Handlung definiert. Es ist eine Aktivität – eine Geste –, die das Handeln begleiten kann, von der man aber nicht sagen kann, daß sie selbst schon Handeln sei. Sie hat keinen Nutzen – wie Essen oder Schlafen; sie gehört entweder der Freizeit an oder kann allenfalls eine Art Begleiterscheinung der Arbeit sein. Und dennoch fragt man sich, wie oft Sartre wohl an seiner *Boyard* ziehen mußte, bis er die Beschreibung des Mannes zu Papier gebracht hatte, der raucht und eine... ja was?... eine Nicht-Handlung vollzieht, eine Nicht-Handlung, wie aus Versehen ein Arsenal in die Luft zu jagen oder ein philosophisches Werk zu schreiben. Das Beispiel, das Sartre anführt, wertet – wie fast alle stereotypen Darstellungen der Zigarette – ihre Nützlichkeit systematisch herab, obwohl sie doch eine ausschlaggebende Rolle bei der Entstehung ebender philosophischen Abhandlung gespielt hat, in der ihre Nichtigkeit verkündet wird.

Auf den Zusammenhang zwischen Rauchen und Schreiben wird im folgenden immer wieder eingegangen werden. Wie das

Schreiben gehört auch das Rauchen einer Kategorie von Tätigkeiten an, die irgendwo zwischen Aktivität und Passivität angesiedelt ist: Es ist ein irgendwie peinlicher, peinigender Zustand, unsauber, unproduktiv, ein bloßes Gebaren. Der Unterschied zwischen authentischem und nichtauthentischem Handeln scheint für Sartre eine Entsprechung in dem Unterschied zwischen zwei Arten von Sprache zu finden, zwischen der Sprache der Prosa, die eine innere oder äußere Wirklichkeit darstellt, und der Sprache der Lyrik, die sich nur auf sich selbst bezieht. In dem Essay *Qu'est-ce que la littérature (Situations 1)* spricht Sartre von einem fundamentalen ethisch-politischen Unterschied zwischen Prosa und Poesie und bringt ihn mit der Unterscheidung in Verbindung, die er in *L'être et le néant* zwischen einer Handlung vornimmt, die offensichtlich eine Intention in ein angemessenes Resultat umsetzt, und einer Tat, die nur eine unbedachte, unmotivierte Geste ist, ohne Sinn und Ziel. Der Unterschied zwischen den beiden Arten des Schreibens entspricht in Sartres Augen dem zwischen Politik und Ästhetik. Eine Zigarette zu rauchen ist mehr dem Verfassen von Lyrik verwandt als dem von Prosa: Prosa zu schreiben gleicht eher einem bewußten terroristischen Akt als das Rauchen oder das Wegschnippen einer Zigarette – ungeachtet der Auswirkungen. Aber wie steht es mit *L'être et le néant*, Sartres eigener philosophischer Schrift? Kommt sie eher Hugos journalistischer Tätigkeit gleich oder der Handlung, die darin besteht, einen Befehl entgegenzunehmen und eine Brücke in die Luft zu sprengen? Der Gedanke drängt sich auf, daß das Schreiben von philosophischen Abhandlungen – wie das Rauchen von Zigaretten – irgendwo zwischen Aktion und Nicht-Aktion angesiedelt ist, zwischen zielgerichtetem Handeln und einem zweckfreien *dolce far niente*.

Den schlagkräftigsten Beweis dafür, daß Sartres *Boyard* tatsächlich eine zentrale Rolle für die Ausarbeitung seiner existentialistischen Philosophie zukommt, kann man vielleicht in einer Passage gegen Ende des Werkes finden, wo der Verfasser in untypischer Weise auf seine eigene Biographie eingeht. Wie in so vielen Raucherbiographien wird auch hier die Geschichte eines erfolgreichen Versuchs erzählt, mit dem Rauchen aufzuhören. Und wie bei den meisten solcher Erfolgsgeschichten wird verschwiegen, was nach dem Happy-End kommt, der Rückfall nämlich. Sartres heiter-gelassene Darstellung seines philosophischen Triumphes über die Zigarette wird durch die Realität Lügen gestraft; nach sehr kurzer Zeit der Abstinenz rauchte er noch vierzig Jahre lang weiter – ein »Erfolg«, der uns veranlassen sollte, seine philosophischen Schlußfolgerungen mit einiger Skepsis zu betrachten. Die Passage verdient es, in ganzer Länge zitiert zu werden:

»Jeder besessene Gegenstand, der sich auf dem Welthintergrund abhebt, manifestiert die ganze Welt, so wie die geliebte Frau den Himmel, den Strand, das Meer manifestiert, die sie bei ihrem Erscheinen umgaben. Sich diesen Gegenstand aneignen heißt also, sich symbolisch die Welt aneignen. Jeder kann das erkennen, wenn er sich auf seine Erfahrung besinnt; ich selbst werde ein persönliches Beispiel zitieren, nicht um zu beweisen, sondern um die Überlegungen des Lesers zu leiten.

Vor einigen Jahren kam ich zu dem Entschluß, nicht mehr zu rauchen. Die Entscheidung war schwer, und in Wahrheit machte mir der Verlust des *Geschmacks* von Tabak weniger Sorge als der des *Sinns* des Rauchens. Eine ganze Kristallisation war entstanden: Ich rauchte im Theater, vormittags bei der Arbeit, abends nach dem Essen, und ich hatte den Eindruck, wenn ich aufhörte zu rauchen, würde ich dem Theater sein Interesse, dem Abendessen seine Würze, der Vormittagsarbeit den frischen Schwung nehmen. Jedes unerwartete Ereignis, das meine Augen träfe, war, so schien mir, grundlegend verarmt, sobald ich ihm nicht mehr rauchend entgegentreten konnte. Rauchend-von-mir-aufgenommen-werden-können: diese konkrete Qualität hatte sich universell auf den Dingen ausgebreitet. Mir schien, daß ich ihnen diese Qualität entrisse und daß es sich inmitten dieser universellen Verarmung weniger lohnte zu leben. Rauchen ist eben eine zerstörerisch aneignende Reaktion. Der Tabak ist ein Symbol des ›angeeigneten‹ Seins, da er im Rhythmus meines Atems in einer Art ›fortwährender‹ Zerstörung vernichtet wird, da er in mich übergeht und sich seine Verwandlung in mich selbst symbolisch durch die Transformation des konsumierten Festen in Rauch manifestiert. Die Verbindung der beim Rauchen gesehenen Landschaft mit diesem kleinen Brandopfer war so, daß dieses, wie wir gesehen haben, so etwas wie das Symbol von jener war. Das bedeutet also, daß die Reaktion der zerstörerischen Aneignung des Tabaks symbolisch einer aneignenden Zerstörung der ganzen Welt entsprach. Über den Tabak, den ich rauchte, brannte, rauchte die Welt, löste sich in Dampf auf, um in mich einzugehen. Ich mußte, um meinen Entschluß aufrechtzuerhalten, eine Art Entkristallisation realisieren, das heißt, daß ich den Tabak, ohne es mir allzusehr klarzumachen, darauf reduzierte, nur noch er selbst zu sein: verglühendes Kraut; ich zerschnitt seine symbolischen Bindungen zur Welt, ich überzeugte mich davon, daß ich dem Theaterstück, der Landschaft, dem Buch, das ich las, nichts nähme, wenn ich sie ohne meine Pfeife betrachtete, das heißt, ich hielt mich an anderen Arten eines Besitzes dieser Gegenstände schadlos als an einer Opferzeremonie. Sobald ich davon überzeugt war, war mein Bedauern nur noch sehr gering: ich beklagte es, daß ich den Geruch des Rauchs, die Wärme des Pfeifenkopfs zwischen meinen Fingern usw. nicht mehr spüren sollte. Aber damit war mein Bedauern harmlos und durchaus erträglich.«[10]

Sartre erzählt diese Geschichte, wie er selbst sagt, nicht, um irgend etwas zu beweisen, sondern nur, um »die Überlegungen des Lesers zu leiten«. Seine persönlichen Reflexionen wirken wie ein zartes, leises Zwischenspiel in dem unerbittlichen Vormarsch seiner Argumentation, als ob der Philosoph eine Erholungspause eingelegt hätte, um sich eine Zigarette zu genehmigen. Man darf aber wohl vermuten, daß der lockere Erzählton hier nur die massive rhetorische Überzeugungskraft kaschieren soll, die Sartre einsetzt, um des Lesers Zustimmung zu erzwingen.

Nicht nur Sartre als eingefleischter Philosoph ist der Meinung, daß man weniger wegen des Geschmacks als wegen des »Sinns« raucht; wahrscheinlich raucht niemand je eine Zigarette allein wegen ihres Geschmacks. Aber der Sinn, den Sartre den Zigaretten zuschreibt, ist ein philosophischer Sinn. Obwohl man sich Zigaretten unter allen Objekten auf der Welt am wenigsten aneignen kann (man hat die größten Schwierigkeiten, »meine« Zigarette zu sagen), enthüllt das Zigarettenrauchen das Wesen der Aneignung und läßt – in seiner abstrakten Form – das Motiv hinter jedem Verlangen nach Besitz sichtbar werden. Denn was die Zigarette anbelangt, so eignen wir uns nicht das Ding an sich an, sondern alles, was es in unseren Augen »kristallisiert«. Sartre entlehnt den Begriff der Kristallisation aus Stendhals Abhandlung *De l'amour* und überträgt das, was Stendhal nur im Hinblick auf die Liebe gesagt hat, auf jede Form des Besitzens. »Jeder besessene Gegenstand, der sich auf dem Welthintergrund abhebt, manifestiert die ganze Welt, so wie die geliebte Frau [für Stendhal] den Himmel, den Strand, das Meer manifestiert, die sie bei ihrem Erscheinen umgaben. Sich diesen Gegenstand aneignen heißt also sich symbolisch die Welt aneignen.«

Für Sartre ist die Zigarette ein noch wirksameres Instrument der Kristallisation, weil sie es uns ermöglicht, in einem symbolischen Akt die unmittelbare Umgebung in uns aufzunehmen, die gesamte Landschaft, in die das Rauchen eingebettet ist. Wenn wir uns während einer Aufführung oder bei einem Abendessen eine anzünden, oder meinetwegen angesichts einer neuen, unvertrauten Erfahrung, leiten wir einen Akt der Projektion, Identifikation und Verinnerlichung ein, der sich in seinem Ablauf mit dem physischen Prozeß des Anzündens und des Ein- und Ausatmens deckt. Sartre nennt diesen Akt der Aneignung, durch den die Welt zu »meiner« Welt wird, eine »zerstörerisch aneignende Reaktion«. Wir machen uns die Welt zu eigen, indem wir sie auf Flamme, Asche und Rauch »reduzieren« oder auf die Luft, mit der wir unsere Lungen füllen. Wir eignen uns die Welt um uns herum an, indem wir sie symbolisch zerstören, ähnlich wie es die Kwakiutl-Indianer in British Columbia beim *Potlatch* machten, einer Zeremonie, in deren Verlauf große Mengen der Waren verbrannt wurden, die ein Stamm dem anderen als »Geschenk« darbrachte. Tabak, sagt Sartre, ist das Symbol für das »angeeignete Objekt«, denn beim Rauchen verwandelt sich die feste Materie allmählich in etwas, was in *meinen* Körper eingeht. Das Rauchen ahmt die erwünschte Umwandlung eines Objekts »in mich selbst« durch einen Akt der Inbesitznahme nach – das Objekt wird durch einen Prozeß »fortwährender Zerstörung« zu »meinem« Objekt, durch die »Transformation des konsumierten Festen in Rauch«; es geht in mich über und wird Teil meiner selbst. Eine Zigarette zu rauchen ist daher eine »Opferzeremonie«, bei der der Verlust von etwas Greifbarem – Tabak – durch den symbolischen Gewinn, den man daraus zieht, daß man sich die Umgebung aneignet, mehr als ausgeglichen wird. Der Verzicht auf das Rauchen bewirkt folglich eine Verarmung der Welt beziehungsweise des Selbst, die man natürlich nur ungern hinnimmt. Ein Leben ohne Zigaretten ist nicht lebenswert.

Das Motiv jeglicher Aneignung ist – Sartre zufolge – nie das einfache Verlangen, ein Objekt zu besitzen, sondern man will durch den Besitz das Selbst besitzen, als ob es ein Objekt wäre. Das, was wir in unseren Besitz bringen wollen, ist eine »konkrete Verkörperung« des *l'être en-soi*, das wir uns aneignen wollen, um eine Grundlage und eine Garantie für unser Sein zu haben. Das angeeignete Objekt hat nicht nur einen Wert an sich, der sich aus seinen speziellen Qualitäten oder Anwendungsmöglichkeiten ergibt, sondern auch »indefinite Prolongation«, insofern es nicht nur einer allgemeinen Kategorie von Dingen angehört, sondern auch unseren Wunsch symbolisiert, unser Sein mit jener Stabilität und Positivität auszustatten, die ontologisch mit den Dingen selbst verbunden ist. Aneignung durch Kristallisation ist das Paradigma schlechthin und offenbart das Ziel jeder Aneignung und jeglichen Besitzens. Für Sartre stellt sie auch den Modus dar, wie wir normalerweise vor den Implikationen unserer radikalen Freiheit fliehen, vor dem negativen Aspekt des uns Möglichen, der Möglichkeit, nicht zu sein, der Möglichkeit, etwas anderes zu werden, als wir sind. Alle Formen der Aneignung zielen darauf ab, dem Selbst die ontologische Stabilität und die grundlegende Positivität zu geben, die wir dem zuschreiben, was Sartre in Anlehnung an Hegel das *en-soi* nennt: das Ding, das an sich existiert und immer mit sich selbst identisch ist. Für den Existentialismus verfügt das Selbst über eine authentische Seinsweise allein durch die Möglichkeit, *pour-soi* zu sein, sich über das hinauszuprojizieren, was es jeweils im gegenwärtigen Augenblick ist, auf Möglichkeiten hin, die das Gegenwärtige bedeutungslos werden lassen, oder auf das Nicht-Sein hin, auf das, was Sartre das *néant* (Nichts) nennt.

Sartre behauptet, daß es ihm leichtgefallen sei, nicht mehr zu rauchen, nachdem er die Erfahrung »de-kristallisiert« habe – das heißt, nachdem er andere Möglichkeiten entdeckt hatte, die bedeutsamen Ereignisse in seinem täglichen Leben in Besitz zu nehmen: den Geschmack eines Abendessens, den Genuß eines Theaterstücks, den Vorgang des morgendlichen Schreibens. Er will damit nicht sagen, daß er oder irgend jemand anders dem Wunsch nach Besitzergreifung abschwören könne, den das Rauchen auf emblematische Weise zum Ausdruck bringt, sondern nur, daß er – er persönlich – andere Methoden entdeckt hat, um symbolische Aneignungen vorzunehmen. Er ist nicht länger darauf angewiesen, ein »Brandopfer« darzubringen, *griller une cigarette*, wie man im Französischen sagt. Sobald er davon »überzeugt« war, nicht auf diese eine, besondere Art der Aneignung angewiesen zu sein, stellte es für ihn angeblich kein Problem mehr dar, den Schmerz über den Verlust zu besiegen – weil er den Geruch des Rauchs, die Wärme des Pfeifenkopfs »usw.« nicht mehr spüren sollte. Dieses »usw.« schließt all die unerwähnt gebliebenen »unbedeutenderen« Reize des Rauchens ein, die für Sartre dennoch eine gewisse Bedeutung gehabt haben müssen, weil er kurze Zeit später heftiger denn je rauchte. Sogar noch gegen Ende seines Lebens, als er bereits an »schweren Durchblutungsstörungen in der linken Hälfte des Gehirns (die mit Sprache zu tun hat) und einer Verengung der Blutgefäße litt«[11], widersetzte sich Sartre den Anweisungen der Ärzte; »starrsinnig trank und rauchte er weiter, und wir waren entsetzt«, schreibt Simone de Beauvoir. »Er hatte Schwierigkeiten, eine Zigarette zu halten«, »seine Zigarette fiel ihm immer wieder aus dem Mund«, »die Ärzte verschrieben ein starkes Beruhigungsmittel und Valium, das ihm helfen sollte, weniger zu rauchen«, aber »trotz allem sagte er, mit verstocktem Gesichtsausdruck, daß er wieder rauchen werde«. Eines Abends versagten ihm in Montparnasse auf dem Rückweg von einem brasilianischen Restaurant die Beine, und er kam beinahe zu Fall. Im Krankenhaus sagte ihm der Arzt die Wahrheit ins Gesicht:

»Sartre könne seine Beine nur retten, wenn er dem Tabak entsage. Wenn er nicht mehr rauche, könne sein Zustand sich bedeutend bessern, und er dürfe mit einem ruhigen Leben im Alter und einem normalen Tod rechnen. Sonst würde man ihm erst die Zehen amputieren müssen, dann die Füße und schließlich die Beine. Sartre schien beeindruckt zu sein. Liliane und ich brachten ihn ohne größere Schwierigkeiten nach Hause. Was den Tabak betraf, so sagte er, er wolle es sich überlegen. [...]

Wir verbrachten den Abend, indem wir lasen und uns unterhielten. Er hatte sich entschlossen, am folgenden Tag, einem Montag, mit dem Rauchen aufzuhören. Ich sagte: ›Macht dich der Gedanke, daß du jetzt deine letzte Zigarette rauchst, nicht traurig?‹ ›Nein, um die Wahrheit zu sagen, finde ich sie im Augenblick recht ekelhaft.‹«[12]

Nicht ekelhaft genug – denn kurze Zeit später fing er wieder an, stark zu rauchen. Der Grund für diese ständigen Rückfälle geht vielleicht aus einem Interview hervor, das in jenem Jahr in der europäischen Ausgabe von *Newsweek* erschien. Auf die Frage: »Was ist momentan das Wichtigste in Ihrem Leben?« antwortete er: »Ich weiß nicht. Alles. Leben. Rauchen.« Simone de Beauvoir gibt das, wobei sie das Rauchen ausläßt, so wieder: »Er war sich der Schönheit dieses blauen und goldenen Herbstes sehr bewußt, und er genoß ihn.« Der intellektuellen »Überzeugungs«-Kraft des Philosophen und den drängenden Forderungen seines Körpers zum Trotz üben der verlockend duftende Rauch, die promethische Hitze des kontrollierten Feuers und »usw.« ihren Zauber aus und verführen ihn wieder dazu, mit der gewohnten zwanghaften Begeisterung das vertraute Opferritual vorzunehmen. Beauvoirs Übersetzung von Sartres Antwort auf die Frage des Interviewers, in der von der Schönheit des Herbstes die Rede ist, läßt uns vermuten, daß das »usw.« auch all das einschließt, worauf er in seiner Deutung von Stendhals Aussage anspielt (»... so wie die geliebte Frau den Himmel, den Strand, das Meer manifestiert, die sie bei ihrem Erscheinen umgaben«) – das ganze Reich des Ästhetischen, für das in seiner Philosophie der Freiheit mit ihren Handlungsimperativen wenig Platz ist.

Der Begründer und zugleich bedeutendste Vertreter des *L'art pour l'art,* Théodore de Banville, unter anderen von Baudelaire sehr bewundert, schrieb gegen Ende seines langen Lebens einen Text über Zigaretten, der mit einer paradoxen Überlegung beginnt: »Es kann keine – und in kurzer Zeit wird es überhaupt keine – Zigarettenraucher mehr geben.«[13] Banvilles Prophezeiung wurde nur wenige Jahre später mit einem Schlag nachhaltig widerlegt, als 1895 mit Hilfe der von James B. Duke entwickelten Bonsak-Maschine erstmals Millionen von Zigaretten für den weltweiten Verkauf produziert wurden. Aber in einem Punkt irrte er sich nicht: Er traf eine Unterscheidung zwischen »*les vrais fumeurs* de cigarettes« und anderen Rauchern. »Welche Bedingungen«, fragte er, »müssen jedoch zusammentreffen, um aus jemandem einen wahren Zigarettenraucher zu machen?« Er verspürt einen aristotelischen Drang, das Ding, um das es eigentlich geht, zuerst zu definieren, bevor er diese Frage beantwortet: »Zuerst und vor allem, weil definiert werden muß, was eine Zigarette ist«; die Antwort folgt prompt, fällt aber allzu knapp aus: »ein Häufchen Tabak, das in ein dünnes Papierblättchen gewickelt wird.«

Wenn man die Zigarette als Tabak definiert, der in ein Blatt oder dergleichen gewickelt ist, heißt das, daß sie, wie etwa die zitierte Passage aus Bartolomé de Las Casas' Schrift gezeigt hat, schon in der Zeit der Eroberung Amerikas durch die Spanier existierte und sogar schon früher, in der präkolumbianischen Periode. Wenn man jedoch von einer enger gefaßten Definition ausgeht und Ned Rival darin zustimmt, daß der ganze Chic einer Zigarette in ihrem Papier sitzt[14], dann wäre die Zigarette zum ersten Mal in Spanien in Erscheinung getreten, wo sie Rival zufolge in der Zeit zwischen 1825 und 1830 von den Brasilianern eingeführt wurde.[15] Der Krimkrieg spielte in der Folgezeit eine ebenso große Rolle für die Popularisierung der Zigarette wie schon der Dreißigjährige Krieg für die Verbreitung des Tabaks in ganz Europa. Französische Soldaten lernten zum ersten Mal Zigaretten kennen, als sie in den fünfziger Jahren des vorigen Jahrhunderts gegen die Türken kämpften; sie nahmen sie mit einer Begeisterung auf, die Soldaten seitdem immer wieder an den Tag legten, und brachten sie den staunenden Landsleuten nach Hause mit.

Zigaretten waren aber schon vorher für eine kurze Zeit en vogue gewesen. 1843 hatten König Louis Philippe und seine Gemahlin Marie Amélie den Vicomte Siméon als Leiter der Régie, des königlichen Tabakmonopols, zwanzigtausend Zigaretten mit goldenen Mundstücken und Hüllen aus litographiertem Papier herstellen lassen. Die Schachteln à zehn Stück wurden zu einem hohen Preis versteigert; der Erlös der Auktion ging den Überlebenden des Hurrikans in Guadeloupe zu. In den Jahren danach nahm die Zigarettenproduktion in Frankreich ab, bis sie dann im Revolutionsjahr 1848 mit Macht wieder einsetzte. Es kann kein Zufall sein, daß eine politische Krise oder soziale Spannungen sich immer förderlich auf das Zigarettenrauchen auswirken. Es dauerte jedoch noch bis zum Zweiten Empire, bis Louis Napoléon, ein besessener Raucher aller Arten von Tabak, der es auf fünfzig Zigaretten am Tag brachte, das Zigarettenrauchen auch hoffähig machte. James B. Duke und seine Maschine demokratisierten die Zigarette schließlich.

Rivals Bemerkung über den Chic des Papiers beziehungsweise über das *papier lithographié* erinnert uns daran, daß eine

Zigarette zu rauchen auch immer bedeutet hat, etwas Gedrucktes in Rauch aufgehen zu lassen – Wörter oder Bilder, die auf das Papier geprägt oder in Farbe aufgedruckt waren. Die Zigarette selbst wird gestanzt, »stereotypiert«, mechanisch reproduziert. Die ersten Versuche einer Mechanisierung der Zigarettenproduktion ließen jene kleinen Handmaschinen entstehen, die man im Englischen *cigarettotypes* nannte, als ob man die Herstellung einer Zigarette als eine Art Druckvorgang angesehen hätte. In *Tras los montes* beschreibt Gautier, wie die Spanier einen *papelito* zwischen Daumen und Zeigefinger drehen, und fügt dann hinzu: »Nebenbei bemerkt: Was den *papel español para cigarittas* betrifft, so habe ich hier noch kein einziges Heftchen gesehen: die Einwohner des Landes verwenden gewöhnliches Schreibpapier, das sie in kleine Schnipsel schneiden; jene mit Lakritzegeschmack aromatisierten Blättchen, die mit grotesken Zeichnungen und mit *letrillas* oder komischen Geschichten versehen sind, werden für die Liebhaber des Exotischen nach Frankreich exportiert.«[16]

Nicht nur die wenigen Worte der fabrikmäßig gefertigten Zigaretten, sondern ganze kleine Geschichten steigen träumerisch in die Luft auf, wenn das mit Lakritzensaft getränkte, buntgefärbte und dicht beschriebene Papier verglüht. Zigaretten zu konsumieren bedeutete anfänglich auch, »Romanzen« zu konsumieren, Träume und erfundene Geschichten in duftenden Rauch aufgehen zu lassen.

Wie man sich denken kann, steht Banvilles Definition nur am Anfang seines Versuchs, ein Objekt, das von Natur aus schwer zu fassen ist, zumindest einzugrenzen: »[Die Zigarette] ist ein Häufchen Tabak, das in ein dünnes Papierblättchen gewickelt wird. Aber nachdem der Tabak darauf verteilt worden ist, muß das Blättchen schnell und elegant, mit einer rhythmisch-harmonischen, raschen und sicheren Handbewegung zusammengerollt werden.«

Hier wird bereits deutlich, daß die Zigarette für Banville nicht nur ein Produkt ist, sondern etwas Geschaffenes, ein kleines Kunstwerk. Ihre Existenz hängt von der Beherrschung eines Handwerks ab; die einzelnen Arbeitsabläufe sind so streng choreographiert wie ein Ballett. Der Charme beruht dabei auf der Ausgewogenheit, der Harmonie, Eleganz, Geschwindigkeit und Sicherheit der Bewegungen. Und das ist erst der Anfang des Schöpfungsaktes. Banville fährt fort: »Und wenn das erledigt ist, ist dann die Zigarette geschaffen? Ganz und gar nicht, denn ihre Form darf nie festgelegt oder definiert werden; unablässig wird sie neu gestaltet, anders gerollt, je nach dem besonderen Genius des Rauchenden. Sie bleibt vielfältig, verschiedenartig, beeinflußbar, sensibel, lebendig. Zeigt das nicht zur Genüge, wie unkünstlerisch es ist, abgepackte, mechanisch hergestellte Zigaretten zu rauchen?«

Zwischen den Fingern des künstlerischen Rauchers wird die Zigarette zu einem lebenden, empfindenden Geschöpf, so wie die stumme Undurchdringlichkeit des Marmors durch die Werkzeuge des Bildhauers zum Leben erweckt wird. Die Zigarette erhält eine eigene Existenz, eine unverwechselbare Persönlichkeit, die den »Genius« ihres Schöpfers widerspiegelt, diesen aber nicht mehr braucht, um ihr Dasein in der Welt als unabhängiges, lebendes Wesen zu führen. Vorfabrizierte, maschinell hergestellte Zigaretten zu rauchen läuft daher der künstlerischen Berufung zuwider, der ein »wahrer Raucher« mit der Hingabe eines Priesters oder eines Soldaten folgt.

Die Gestalt des neunzehnten Jahrhunderts, die intensivste geistige Konzentration mit strengster persönlicher Disziplin im Dienst eines ästhetischen Ideals vereint, ist natürlich der Dandy. Und Banville zögert nicht, den »wahren Raucher« mit dieser Baudelaireschen Künstlergestalt zu identifizieren. Über die Konzentration und Unbeirrbarkeit des wahren Rauchers schreibt er in einer Sprache, die von Baudelaires Reflexionen über das Dandytum in *Le peintre de la vie moderne* inspiriert worden sein muß. Wenn das Zigarettenrauchen zum einzigen Lebensziel avanciert, ist für Banville die Definition des Dandytums erfüllt. Der Dandy treibt die ästhetische Verfeinerung und Eleganz bis zum Extrem, indem er Handlungen in ausgesucht schöner Manier ausführt, die das absolut nicht wert sind. Wie Baudelaire würdigt auch Banville den Heroismus, den es erforderte, mitten in einer industriellen Revolution, die sowohl Aristokraten als auch Helden vom Sockel gestürzt hat, eine derart aristokratische Pose einzunehmen. Die Sinnlosigkeit der Aktivität, die der Dandy mit höchstem Raffinement pflegt, ermöglicht die unbeteiligte Objektivität, die seit Kant als unabdingbare Voraussetzung für rein ästhetische Urteile galt. Der Dandy strebt danach, was er tut, um seiner selbst willen zu tun, nicht aus einem persönlichen Interesse heraus. Rauchen ist eine derart wertlose, unproduktive Aktivität, daß es sich geradezu anbietet, der einzige Lebensinhalt zu werden, wenn man seinem Leben allein einen ästhetischen Sinn geben und es nicht dem Nützlichkeitsprinzip unterwerfen will.

Banville beklagt den Untergang des Dandytums in einer Gesellschaft, die dem materiellen Besitz verhaftet ist und es nicht länger für wert erachtet, zugunsten eines exklusiven Bestrebens oder Daseins der Welt zu entsagen. Er schreibt: »Kurz gesagt: jeder will alles; doch die Zigarette als die gebieterischste, einnehmendste, anspruchsvollste, liebevollste und kultivierteste aller Geliebten toleriert nichts, was *nicht sie* ist, und schließt keine Kompromisse; sie erweckt eine Leidenschaft, die grenzenlos, alles vereinnahmend und heftig ist wie die Leidenschaft für das Glücksspiel oder für das Lesen.« Die Zigarette ist eine Frau, eine schreckliche, wilde, fordernde, aber überaus begehrenswerte Geliebte, die keine Kompromisse duldet und eifersüchtig darüber wacht, daß man nichts und niemand sonst die geforderte Hingabe entgegenbringt.

In dieser Hinsicht, so Banville, unterscheidet sich die Zigarette von der Pfeife oder der Zigarre. Wenn man nach dem Essen oder bei anderen passenden Gelegenheiten eine Pfeife oder eine Zigarre raucht, befriedigt man ein Bedürfnis, und dieses Bedürfnis verschwindet danach für eine Weile. Doch Zigaretten gehorchen einer anderen, perverseren Logik der Begierde: »Mit der Zigarette verhält es sich ganz anders; die Zigarette ruft eine köstliche, wollüstige, grausame und sanfte Erregung wach, die sich in umso stärkerem Maße erneuert, je mehr man ihr nachgibt, und die nie zur Ruhe kommt und nie zum Schweigen gebracht wird.«

Das Vergnügen des Zigarettenrauchens unterscheidet sich von den Genüssen anderer Formen des Tabakkonsums, insofern es sich nicht an die Gesetzmäßigkeiten hält, die Freud in *Das Lustprinzip* dargelegt hat. Freud erklärt Lust im Zusammenhang mit Begierde; nach seinen Beobachtungen hat die Befriedigung einer Begierde ihr Erlöschen zur Folge: So wird zum Beispiel das Verlangen eines Säuglings nach Milch und der Brust durch das Stillen völlig aufgehoben. Zigaretten jedoch befriedigen die Begierde nicht, sondern steigern das Verlangen. Je mehr man sich der Erregung des Rauchens unterwirft, desto lustvoller, grausamer und zugleich zärtlicher erweckt es die Begierde – es entflammt, was es eigentlich löschen soll. Die Perversität dieser Erregung liegt darin begründet, daß das Verlangen nie gestillt werden kann. Indem man die Leere ausfüllt, läßt man eine noch größere Leere entstehen, die noch nachdrücklicher danach verlangt, gefüllt zu werden. Das Rauchen gehorcht keinerlei ökonomischen Prinzipien, und kein noch so großer Einsatz schafft einen Ausgleich zwischen Verlust und Gewinn.

Das Rauchen bewirkt eine merkwürdige Umkehrung der zeitlichen Abfolge: Die Befriedigung geht dem (gesteigerten) Verlangen voraus. Eine solche Begierde ist ganz offensichtlich ihrer inneren Logik nach nicht zweckgerichtet, sondern eher ästhetischer Natur. Wie das Kunstwerk im Kantschen Sinn dient das Zigarettenrauchen keinem Zweck, hat es kein Ziel außerhalb seiner selbst. Der *L'art pour l'art*-Poet Banville scheint auch eine Doktrin der *Cigarette pour la cigarette* zu verkünden, wobei er sich ähnlich ausdrückt wie bei der Darlegung seines ästhetischen Konzepts. Er erkennt, wie sinnlos das Zigarettenrauchen sein muß: »Dieser mörderische Zeitvertreib«, schreibt er, »erfordert mehr Qualitäten, Fähigkeiten und Begabungen als alles, was notwendig ist, um Männer oder gar Frauen zu verzaubern und zu beherrschen.« Er weist ausdrücklich darauf hin, daß sich der Zigarette anheimzugeben bedeutet, »alles daranzusetzen, eine Begierde zu erschaffen, die nicht gestillt werden kann«. Und dennoch schließt er seine »kleine Studie« mit der rhetorischen Frage: »Ist es nicht vielleicht doch eine hübsche Art von Dandyismus, sein Leben einem grausamen, unstillbaren und völlig sinnlosen Verlangen zu widmen?«

Natürlich deutet schon die bloße Existenz der Studie Banvilles darauf hin, daß er selbst kein Dandy dieser Art ist; aber daß er sie geschrieben hat, heißt keineswegs, daß er höhere Formen des Dandyismus entdeckt hat (ein »Zigaretten-Dandy« zu sein ist für ihn die höchste Form einer künstlerischen Existenz), sondern daß er sich dafür entschieden hat, sich mit der weniger reinen Beschäftigung zufriedenzugeben, Wörter aufs Papier zu bringen – mit all ihren Unwägbarkeiten und Zufällen, so daß man unweigerlich die Kontrolle verliert. Das Opfer, das dem Dichter abverlangt wird, ist aber nichts im Vergleich zu dem des Rauchers, der jedes materielle Interesse seiner Göttin zuliebe aufgibt: »Der Zigarettenraucher muß immer, in jedem Augenblick, beide Hände und den Mund frei haben; er kann daher weder ein ehrgeiziger Mensch sein noch ein Arbeiter, und auch nicht, von einigen Ausnahmen abgesehen, ein Dichter oder ein Künstler; jede Tätigkeit ist ihm verwehrt, sogar das unbeschreibliche Vergnügen der Liebe [*le baiser*].«

Es ist klar, daß das Rauchen, auch wenn es eine Form des ästhetischen Vergnügens oder der künstlerischen Produktion darstellt, sich dennoch in der Theorie mit der tatsächlichen Produktion von Kunstwerken – Gedichten zum Beispiel, wie Banville selbst sie schreibt – nicht vereinbaren läßt. Während er sich also aus der erlauchten Gemeinde der »Zigaretten-Dandys«, der höchsten Klasse von Künstlern, selbst ausschließt, um Kunst im eigentlichen Sinn hervorzubringen, erkennt er gleichzeitig, daß das von ihm Geschaffene nur ein Abklatsch der reinen Poesie sein kann, die aus den ununterbrochen gerauchten Zigaretten aufsteigt. Es ist offensichtlich, daß Banville sich selbst nicht zu den wahren Rauchern zählt, denn sonst wäre es ihm nicht möglich, sie künstlerisch darzustellen.

Banville läßt einige wichtige Ausnahmen von der strengen Regel gelten, die er aufgestellt hat. Obwohl man das Zigarettenrauchen grundsätzlich als etwas völlig Sinnloses ansehen mag, könne man doch einräumen, daß es irgendwohin führe, dem Raucher irgend etwas gebe: »Diese tyrannische Zigarette, die dir alles nimmt, dich von allem vertreibt, dich von allem ausschließt, führt sie dich am Ende nicht auch irgendwohin, und gibt sie dir nicht irgend etwas? Ja, sie gibt dir eine ruhige männliche Gelassenheit, die allerdings ein Handeln nicht ausschließt, und sie versetzt dich in einen Zustand unveränderlicher mystischer Freude [*l'inaltérable joie mystique*]. Alle großen Zigarettenraucher gehören zu den Gelassenen [*les résignés*] und den Mystikern, und nicht zu den Ehrgeizigen oder den Vielrednern.«

Banville läßt sich von all den Gegenbeispielen, die einem sofort in den Sinn kommen, nicht irritieren, sondern erkennt sie an – denn die Ausnahmen bestätigen nur die Regel: »Um ehrlich zu sein, die Wirklichkeit scheint mich zu widerlegen. Aber nur deswegen, weil man sie nicht richtig begreift.« Er beginnt mit George Sand, die »eine der unverbesserlichsten von allen Zigarettenrauchern war, die es jemals gegeben hat«. Im Theater, während der Proben zu ihren Stücken, war sie schon nach fünf Minuten nicht mehr in der Lage, ein Wort von dem, was sie geschrieben hatte, zu verstehen. Wenn die Schauspieler sie nach ihrer Meinung fragten, zündete sie sich eine Zigarette an, was prompt den »unbestechlichen Feuerwehrmann« auf den Plan rief, »der das Anzünden einer Zigarette ebensowenig duldete wie das des Gebäudes selbst«. Banville erklärt das scheinbare Paradox, daß diese »Frau der Tat, die unaufhörlich schuf und hervorbrachte«, genauso unaufhörlich rauchte. Während des Tages war sie eine *bonne bourgeoise*, die sich für Insektenkunde interessierte und gerne Marmelade kochte, in der Nacht aber »fiel sie einem Dämon des Genies zum Opfer, der in ihr Denken eindrang, es beherrschte und ihr erhabene Verse in die Feder diktierte«. Ihr dichterisches Schaffen fand also »außerhalb ihrer selbst« statt, es vollzog sich »ohne ihr Zutun«, und sie konnte drauflosrauchen, »als hätte sie überhaupt nichts zu tun«. Da ihre außerordentliche Produktivität von der Inspiration gesteuert wurde, war es so, als ob sie selbst keine andere Rolle zu erfüllen hätte als die einer in aktiver Passivität befangenen, mystisch »resignierten« Zuschauerin, die dem Schauspiel ihres außerordentlichen Schaffens in passiver Aktivität beiwohnt. Die Ausnahme, die Banville bei Künstlern und Dichtern macht, hat mit der zweideutigen Qualität des künstlerischen »Aktes« zu tun, der eigentlich kein »Handeln« ist, sich aber durchaus in hektischer Aktivität niederschlagen kann. Wie wir schon aus Sartres *L'être et le néant* erfahren haben, besteht zwischen dem Rauchen von Zigaretten und dem Kunstschaffen als einer anderen Art der (Nicht-)Aktivität eine besondere Affinität.

Banville kommt dann auf einen weiteren vermeintlichen

»Ausnahmefall« zu sprechen, auf Kaiser Napoleon III., der »einer der größten und hartnäckigsten Zigarettenraucher war«. Wie ist es zu erklären, daß ein derart ehrgeiziger Mann so sehr in das Zigarettenrauchen verliebt war, das doch eigentlich die Leidenschaft der mystisch »Resignierten« sein sollte? Antwort: weil er Fatalist war und glaubte, daß er bei allem, was er tat, nur einen vorgegebenen Plan ausführte, auf den er keinerlei Einfluß hatte und der sich auch ohne sein Dazutun erfüllen würde. »So nahm er den unerwartetsten Glücksfall mit derselben Gelassenheit hin wie die schlimmsten Rückschläge, und als alles aus war [als er 1870 abgesetzt wurde], zündete er sich wie gewöhnlich in aller Seelenruhe eine Zigarette an.« Dieser »sichtbare Tagtraum [*rêverie visible*]«, dieser »Rauch, der die Seele in Paradiese erhebt, die noch immaterieller sind als die des Opiums oder des Haschisch«, schenkte dem Staatsoberhaupt »eine unerschütterliche Ruhe«.

Schließlich widmet sich Banville noch Victor Hugo, dem ambitioniertesten und produktivsten Schriftsteller seines Jahrhunderts. Hugo verabscheute Zigaretten; soweit man weiß, duldete er es nie, daß jemand in seiner Nähe rauchte, weder in den dreißiger und vierziger Jahren als Angehöriger höchster Kreise in Frankreich noch später, als er im Exil lebte und seine Werke verboten worden waren.

Nur einmal, behauptet Banville, ließ er zu, daß man in seiner Gegenwart rauchte, und das war 1870 während der Belagerung von Paris. Banville sah damals Offiziere der Nationalgarde an Hugos Tisch nach dem Dessert zur Zigarette greifen, aber das sei immerhin das »Schreckliche Jahr« gewesen!

»Obwohl er mehr oder weniger derselben illustren Ära angehörte wie Hugo, ist Alfred de Musset, ein femininer Träumer und Charmeur, immer ein Zigarettenraucher gewesen. Ich sehe ihn noch vor mir, auf der Couch, neben sich in Reichweite eine Schachtel *Marylands*, ein Päckchen Zigarettenpapier mit dem Bild des Schmugglers und eine rote Holzschachtel voll zylindrischer Streichhölzer. Da der Lyriker Kunstwerke produziert, bei denen eine Retouche ebenso unmöglich ist wie bei der Freskomalerei und der erste Wurf immer gelingen muß, hat er als einziger von allen Schriftstellern vielleicht das Recht, sich eine Zigarette anzuzünden, um das, was er gerade zu Papier gebracht hat, noch einmal zu lesen. Aber ein Titan wie Hugo mußte nichts noch einmal lesen – die Zeit war zu kostbar für ihn.«

Der Unterschied zwischen Musset und Hugo ist der zwischen einem Lyriker und einem Titanen. Lyriker wie Musset, die eine ephemere Kunst ausüben, sind auf die Eingebung des Augenblicks angewiesen und schreiben ihre kurzen Gedichte in einem Zug herunter. Das Dichten, will Banville damit wohl sagen, erfordert keine Arbeit, sondern nur einen kurzen Energieschub, der keine Zeit in Anspruch nimmt und daher dem Lyriker viel freie Zeit läßt, in der er »nichts« tun kann, wie zum Beispiel das Geschriebene noch einmal zu lesen und Zigaretten zu rauchen. Ein »Schwerarbeiter« wie Hugo hingegen raucht nicht: Er kennt keine Zeit der Inaktivität, während deren er rauchen könnte. Jede Minute ist für sein künstlerisches Streben und Schaffen reserviert. Mit solchen Argumenten versucht Banville nachzuweisen, daß trotz aller gegenteiligen Beispiele eine grundsätzliche Unvereinbarkeit zwischen aktiver Arbeit und Rauchen besteht; was er damit aber tatsächlich aufzeigt, ist die merkwürdige Ambivalenz, die den »Akt« des Schreibens umgibt, und die eigenartig intime Beziehung, in der er zum »Akt« des Zigarettenrauchens steht.

»Ruhige männliche Gelassenheit«, »unveränderliche mystische Freude« – Banville erklärt nicht, warum von allen Drogen ausgerechnet Zigaretten die Kraft haben, diese besonderen Bewußtseinszustände herbeizuführen. Vielleicht entsprechen sie jenen beiden von Baudelaire genannten Bedingungen, die dieser als Konzentration *(centralisation)* und Zerstreuung *(vaporisation)* bezeichnet – eine Stabilisierung des Selbst, die sich aus der Gelassenheit *(résignation)* ergibt, und die Selbstauflösung im mystischen Sich-Verströmen. Wenn es danach ginge, dann hätte Banville mit seiner Prophezeiung recht: Es kann keine – und wird bald keine – wahren Raucher mehr geben, Raucher der Art, wie er sie sich vorstellte, Zigaretten-Dandys, die sich mit Leib und Seele, mit einer Leidenschaft, die nichts neben sich duldet, einer sinnlosen Sache verschreiben. Die aristokratische Schönheit einer solchen Haltung hat keinen Bestand in einer Welt, die, wie Banville es ausdrückt, den Verzicht auf materielles Wohlergehen zugunsten eines Schönheits-»Ideals« nicht mehr zuläßt – eines Ideals, wie es der »wahre Raucher« verfolgt, der alles für die »gebieterischste, einnehmendste, anspruchsvollste, liebevollste und kultivierteste aller Geliebten« opfert. Kurze Zeit nachdem Banville seine Studie verfaßt hatte, wurde das Zigarettenrauchen zu einem universellen Vergnügen, und insofern hatte er wohl doch mit seiner Behauptung recht, daß es bald keine »wahren« Zigarettenraucher mehr geben würde.

Ein Jahrhundert später sieht es fast so aus, als ob es bald auf der ganzen Welt überhaupt keine Zigarettenraucher mehr geben könnte. Was einst das Privileg weniger kultivierter Dandys war und dann zum Zeitvertreib von Millionen von Menschen wurde, wird vielleicht ganz abrupt verschwinden. Wird uns dann irgend etwas fehlen? Wird die Welt an dem Tag, an dem ein Tabakfeind triumphierend die letzte Zigarette unter dem Absatz seines Schuhs zertritt, zu Recht den Verlust einer kulturellen Institution, eines schönen sozialen Instruments, eines Zauberstabs, der Träume aufsteigen ließ, beklagen oder betrauern? Und was ist mit all denen, die den Zigaretten ihr Leben geopfert haben, die vor der Zeit starben, weil sie nicht mit dem Rauchen aufzuhören vermochten? Verdienen sie für ihr Opfer keinen Respekt, keine Bewunderung? Für sie war, wie Sartre es ausdrückt, ein Leben ohne Rauchen nicht lebenswert. Für sie war, wie Zeno es ausdrückt, das Rauchen eine Art zu leben – oder den Weg in den Tod selbst zu bestimmen.

Mary McCarthy

ZWEITES KAPITEL

Zigaretten sind erhaben

Nearby is the grave of Carlos Gardel – who developed and popularized the Argentine tango – where a cigarette is always kept burning in honor of the chain-smoking, slouch-hatted musician.

International Herald Tribune,
3. Oktober 1989

Das Rauchen einer Zigarette kann mit dem Abfassen eines Gedichts verglichen werden: Man atmet den heißen Odem der Inspiration, verbraucht die aufs Papier gebrachten Worte und verwandelt sie in flammende Beredsamkeit, haucht wirbelnde Abbilder der Begierde aus und führt eine lyrische Unterhaltung mit sich selbst. In diesem Kapitel wollen wir nicht nur Zigaretten wie Gedichte betrachten, sondern uns auch Gedichte anschauen, die von Zigaretten handeln. Ziel ist es aufzudekken, wieso die Zigaretten auf Dichter einen unwiderstehlichen Zauber ausüben und auf welche Weise sie sie beflügeln. Was für die Dichter gilt, läßt sich schließlich auf alle Verehrer der Zigarette übertragen.

Das von einem gewissen Charles F. Lummis verfaßte Gedicht *My Cigarette* ist bei weitem nicht das erste dieses Genres, leider auch nicht sehr geglückt, aber es informiert in gedrängter Form darüber, welche Eigenschaften die Dichter der Zigarette am häufigsten zuschreiben. Außerdem ist es ein gutes Beispiel für die anachronistische Wirkung, die solche Gedichte über Zigaretten heute, nach dreißig Jahren, in denen sich ihre Bewertung radikal geändert hat, unweigerlich haben. Wenn man dieses Gedicht liest, wird man an einen Brief Sigmund Freuds an seine Frau erinnert, in dem er die belebende Wirkung von Kokain pries, welches er ihr zu nehmen empfahl, damit sie gesund und kräftig und ihre Wangen rot würden. Freuds naive Annahme, Kokain sei harmlos, führte zu seinem berühmten fatalen Irrtum, einem Kollegen große Mengen davon zu verschreiben, um ihn von seiner Morphiumsucht zu befreien. Wirklich gute Gedichte über Zigaretten gehen niemals einfach über die gefährlichen Auswirkungen des Rauchens hinweg. Lummis' Text weist aber noch einen weiteren Makel auf: Es wird darin behauptet, daß jemand von »meiner Zigarette« sprechen kann. Es wird also der Eindruck erweckt, daß man ein Objekt besitzen könne, das man sich in Wahrheit – wie wir gesehen haben – kaum aneignen kann. Dieses Gedicht veranschaulicht die beiden Aspekte von Sartres Erkenntnis: die Vergeblichkeit des bourgeoisen Verlangens, die Zigaretten zu einem persönlichen Besitztum zu machen (»Sie schmeckt besser, wenn du sie selber drehst«), und die Beharrlichkeit dieses vergeblichen Verlangens. Die Begierde, sich etwas anzueignen, was sich seiner Natur nach nicht aneignen läßt, aus der Illusion heraus, daß man seinem Gefühl von sich *selbst* durch den Besitz eine sichere Basis geben würde, motiviert jegliches pathologische Konsumverhalten. Einzukaufen, meint Sartre, bietet wie das Selbst-Drehen einen illusorischen Schutz vor der Angst, die die radikale Freiheit erweckt. Lummis' Gedicht hat aber auch einen Vorzug: Es bestätigt, daß Zigaretten – wie Sartre ebenfalls nachweist – effiziente Hilfsmittel zumindest zur *symbolischen* Aneignung der Welt darstellen:

My Cigarette

My cigarette! The amulet
  That charms afar unrest and sorrow
The magic wand that, far beyond
  Today, can conjure up tomorrow.
Like love's desire, thy crown of fire
  So softly with the twilight blending;
And ah; me seems a poet's dreams
  Are in thy wreaths of smoke ascending.[1]

Meine Zigarette

Meine Zigarette! Das Amulett,
  Das in die Ferne Unrast und Sorge bannt.
Der Zauberstab, der weit über das Heute hinaus
  Das Morgen heraufbeschwört.
Wie Liebesglut deine Krone von Feuer,
  Die sachte mit der Dämmerung verschmilzt;
Und, ah, mir scheint, eines Poeten Träume
  Steigen auf in deinen Ringen von Rauch.

Die Zigarette wird hier mit der magischen Kraft eines Amuletts ausgestattet, das über die Entfernung hinweg auf die Welt einwirkt. Sie ist ein Zauberstab wie der Sternenstab der Feen und hat die Macht, die Zukunft heraufzubeschwören. Sie läßt den Raucher von Möglichkeiten träumen, die sich vielleicht in der Wirklichkeit nicht in die Tat umsetzen lassen, wohl aber in der Phantasie, in jenem magischen Zeit-Raum, den die Zigarette für Tagträume schafft. Zigaretten sind glühende Stäbe, mit denen man die Zukunft herbeizitieren und beeinflussen kann, schlanke weiße Hilfsmittel, die uns das antizipatorische Denken erleichtern und das Aufstellen phantastischer Hypothesen, Instrumente für eine ekstatische Projektion aus dem Jetzt in eine kommende Zeit, in der das Gegenwärtige eine Weile lang nicht mehr existiert. Ihre Magie liegt vielleicht in ihrer Fähigkeit begründet, die Angst einzudämmen, die durch den Gedanken an die Zukunft ausgelöst wird – Angst entsteht immer durch die Antizipation einer Bedrohung. Sie ermöglichen es dem Raucher, sich in aller Seelenruhe in mögliche zukünftige Welten hineinzuversetzen, die vielleicht nie wahr werden, die uns aber eine Zigarettenlänge lang vertrauter sind als die Gegenwart. Wenn Raucher Schach spielen oder Liebesbriefe schreiben, rauchen sie ohne Pause; das gleiche gilt für Journalisten beim Schreiben oder Schauspieler hinter den Kulissen. Jeder, der wartet, hofft, fürchtet, bangt – sei es als Liebhaber oder als Soldat –, ist auf die Hilfe der Zigarette angewiesen, um das nicht immer angenehme Gefühl der Ungewißheit erträglicher zu machen, einzudämmen, manchmal aber auch aufrechtzuerhalten.

In Lummis' Gedicht wird die Glut an der Spitze der Zigarette mit dem Liebesverlangen gleichgesetzt, dessen Feuer zu dem milden Licht der Dämmerung abgeschwächt wird – letztes Aufflackern der Begierde kurz vor der Erfüllung, kurz vor dem Erlöschen. Indem er an seiner Zigarette saugt, wiegt sich der Raucher sanft in die Dämmerzone des Schlafes hinein. In dem Gedicht läßt der Rauch, der in Ringen aufsteigt, Träume kreisen; indem er den Rauchenden so über die alltäglichen Sorgen erhebt, öffnet er der Phantasie, den dichterischen Ambitionen eine Tür: »eines Poeten Träume/Steigen auf in deinen Ringen von Rauch«. Die Rauchringe sind Lorbeerkränze wie jene, mit denen man Petrarca, der von anderem Kaliber war als Lummis, auf dem Kapitol in Rom krönte.

My Cigarette wirkt deshalb so peinlich, weil der Text ungewollt auf masturbatorische Praktiken anzuspielen scheint (mit der »eigenen Zigarette« zu hantieren und dabei an eine abwesende Person zu denken führt zu erotischer Befriedigung): Auf dem Höhepunkt stoßen aus dem Stab Rauchwolken hervor. Es kann sein, daß Lummis' Verlangen, die Zigarette zu »seiner« zu machen, zu dieser unbewußten Verwechslung mit dem Phallus führte – einem Objekt, das sich so schwer aneignen läßt, daß mancher Mann sich sein Leben lang nicht nur bemüht, es zu besitzen, sondern es auch zu *sein*, um es zu besitzen. Die Zigarette als Phallus wird im fünften Kapitel behandelt werden, wenn es um die »Humphrey-Bogart-Zigarette« geht. Bogart – in der Rolle des Rick, des unaufhörlich rauchenden großen »Prick« von *Casablanca – ist* seine Zigarette.

Die Zigarette wird oft mit Kommunikation über eine Entfernung hinweg assoziiert, mit einer räumlichen Veränderung oder einer Reise: »Ich gehe meilenweit für eine *Camel*«, »Komm ins Land von Abenteuer und Freiheit«, »You've come a long way, baby«. Die ekstatische Vorstellung, woandershin zu »kommen«, ist mit der Idee verbunden, daß die Zigarette den Raucher auf einen *Trip* schickt, eine kleine orgastische Veränderung der geistigen Perspektive bewirkt. Aber es ist eine Art von negativem Orgasmus, den sie auslöst. Im Moment des Inhalierens tötet das Gift vielleicht schon eine Gehirnzelle ab oder entlädt eine Synapse. Unter Umständen ruft es eine leichte Demenz hervor, einen vorübergehenden Gedächtnisverlust (im Italienischen *una dimenticanza*), wodurch die Perspektive gerade so weit verändert wird, daß sich ein neuer Blickwinkel beziehungsweise das Gefühl einstellt, eine weite Entfernung zurückgelegt zu haben. Auffallend häufig wird die Zigarette als ein Tele-Instrument dargestellt: Telegraph, Telephon oder Television, aber auch als etwas Tele-Ästhetisches, das einen noch über die Entfernung hinweg berührt und einen spezifischen Geruch verströmt, ein Tele-Aroma. In dem folgenden Gedicht von Alfred Cochrane wird diese Fähigkeit der Zigarette, Distanzen nicht nur räumlicher, sondern auch hierarchischer Art zu überbrücken, veranschaulicht:

From the Terrace

Go, little wreath of smoke, apace,
  Waft your illicit faint perfume
Across the interdicted space
  Of yonder lamplit room.

Tell her who lingers there and reads,
  Yet in my absence hides a yawn,
That the soft voice of summer pleads
  For her sweet presence on the lawn.

Say that above the deep-blue hills
  Hangs, fair to see, the sickle moon,
And that a mellow fragrance fills
  The orchard mown this afternoon.

Say that your soothing influence,
  With hopeful sentiment combined,
Inspires to rare benevolence
  A lover who hath newly dined.

And, if perchance, the garden seat,
  Where drowsy beetles wheel and hum,
Can tempt her not from her retreat,
  And if she still refuse to come,

Then whisper, cigarette of mine,
  Forebodings in her ear apart,
Of incense offered at a shrine
  That still hath something of my heart.[2]

Von der Terrasse aus

Geh, kleiner Ring aus Rauch,
  Verbreite deinen heimlichen, schwachen Duft
In dem verbotenen Raum
  Jenes von Lampen erleuchteten Zimmers.

Sag ihr, die dort weilt und liest,
  Aber – ohne mich – ein Gähnen unterdrücken muß,
Daß die sanfte Stimme des Sommers
  Um ihre süße Gegenwart auf dem Rasen fleht.

Sag, daß über den tiefblauen Hügeln,
  Schön anzuschauen, die Mondessichel hängt
Und daß ein milder Duft den Garten erfüllt,
  Welcher heute Nachmittag gemäht.

Sag, daß dein besänftigender Einfluß,
  Mit dem Gefühl von Hoffnung vermischt,
Zu besonderem Wohlwollen den Liebenden hier bringt,
  Der gerade eben sich gesättigt hat.

Und wenn vielleicht die Gartenbank,
  Wo Käfer schläfrig summend kreisen,
Sie nicht aus ihrer Abgeschiedenheit hervorlockt
  Und sie sich zu kommen sträubt,

Dann wispere, meine Zigarette du,
   Düstre Vorahnungen ihr ins Ohr,
Von Weihrauch dargebracht an einem Schrein,
   Der noch ein Stück von meinem Herzen birgt.

Der Pfeil, mit dem dieser Cupido die »heimliche« Einladung übermittelt, trifft gerade deswegen mitten ins Herz, weil er aus nichts anderem als »schwachem Duft« besteht. Der Wohlgeruch des Zigarettenrauchs zieht über die Schwelle und dringt in den »verbotenen Raum« jenes »von Lampen erleuchteten Zimmers« ein. Die Zigarette fordert dazu auf, die gähnend langweiligen Lampen der Kultur zugunsten der stimulierenden Natur an einem Sommerabend zu verlassen. Die Mondsichel »hängt« über tiefblauen Hügeln, über die der Duft aus einem frischgemähten Garten zieht: Kaum verhüllt sind die sexuellen Anspielungen in der Beschreibung der Landschaft, die die Frau herauslocken soll. Die hängende Sichel, die so »schön anzuschauen« ist, hört sich für das psychoanalytische Ohr ziemlich anatomisch an; dieses »fair to see« ist durch Kommata von dem Bild der schneidend scharfen »Sichel« abgetrennt, wie abgeschnitten, »kastriert«, von diesem Ding, das noch heiß vom Mähen ist. Die Zigarette lädt die Frau ein, diese begehrliche Mondlandschaft zu besuchen; wie ein Cupido ist sie damit beauftragt, der Angebeteten das »besondere Wohlwollen« des Rauchers zu vermitteln, der sanft und hoffnungsvoll gestimmt ist, nachdem er gut gespeist hat. Der Leser soll dieses satte »Wohlwollen« eindeutig als »Wohl-Lust« (= Wollust) verstehen.

Die dunkle und kryptische Schlußstrophe droht der göttlichen Angebeteten Verrat und Rache an für den Fall, daß sie den Verlockungen von »schläfrig summenden« Käfern und Gartenbänken widersteht. Der Zigaretten-Cupido soll ihr »Vorahnungen« ins Ohr flüstern, das finstere Versprechen, daß der Dichter seinen Weihrauch vor anderen Schreinen darbringen wird, die noch ein Stück von seinem Herzen besitzen. Wenn die Aussicht auf Schönes und Vergnügliches die Angebetete nicht dazu bewegen kann herauszukommen, dann geht es vielleicht mit Drohungen. Der Zigarettenrauch ist sowohl Zeichen für das leidenschaftliche Verlangen des Dichters, die Hindernisse zu überwinden, die ihn von ihr trennen, als auch eine Drohung – der schale Geruch von Rauch wird alles sein, was von ihm bleibt, wenn er gegangen ist. Am Ende des Gedichts wird Cupidos Pfeil zur Waffe, die ihr »ein-dringlich« klarmacht, daß sie sich besser eiligst nach draußen begibt, wenn sie nicht will, daß »er« seinen Rauch anderswo abläßt. Kein besonders netter Cupido!

Die Fähigkeit von Zigaretten, über die Entfernung hinweg Botschaften zu übermitteln, ihre Verknüpfung mit Heimlichem und Verbotenem, ihr Vermögen, finstere wie auch paradiesische Aussichten zu eröffnen, all dies wird in Cochranes Gedicht angesprochen. In einer Sprache, die dem neunzehnten Jahrhundert angehört, antizipiert das Gedicht eine Einstellung zur Liebe, wie sie erst für das zwanzigste Jahrhundert typisch wird. Dieser Cupido übermittelt die Botschaft eines hartgesottenen Burschen, Bogart oder Gatsby, der draußen mit einer Zigarette im Mund herumlümmelt und ungeduldig Rauchschwaden oder kleine Rauchringe in Richtung Frau abschießt – eine solche Botschaft ist viel unverblümter und auch bedrohlicher, als die an Tennyson erinnernde Sprache es vermittelt. Die Zigarette in diesem Gedicht verkörpert schon den modernen Cupido, der das Liebesgeflüster entromantisiert, ihm einen schneidenderen, grausameren, ironischen und grob-verführerischen Beiklang gibt.

Das ohne Zweifel bedeutendste Gedicht über Zigaretten wurde 1880 von dem symbolistischen Dichter Jules Laforgue veröffentlicht. Es handelt sich um ein Sonett, das Baudelaire, der Vater der Symbolisten, verfaßt haben könnte, wenn er genauso süchtig nach Zigaretten gewesen wäre wie nach seiner Pfeife, die er in seinem 1837 entstandenen berühmten Gedicht verherrlichte. Möglicherweise erteilt Laforgue mit seinem Sonett Baudelaire eine Art von spöttischer Antwort aus der Sicht einer jüngeren Generation, die sich über die Ernsthaftigkeit von Baudelaires poetischer Diktion lustig machen kann, weil diese trotz aller selbstironischer Spitzen ungeheuer selbstgefällig klingt. Baudelaire hätte vielleicht Zigaretten geraucht, wenn sie zu seiner Zeit schon so populär gewesen wären wie fünfzig Jahre später, als Laforgue sein Sonett schrieb. Zigaretten zu rauchen war 1880 schon nicht mehr das Vorrecht der Adeligen und der leichten Mädchen. Durch die vielen französischen Soldaten, die von der Krim zurückgekehrt waren, nachdem sie von ihren Feinden, den Türken, mit dem schönen Laster vertraut gemacht worden waren, und auch durch den Einfluß vollendeter Raucher wie Louis Napoléon und George Sand, die beide mehr als fünfzig Zigaretten am Tag rauchten (und dazu auch noch einige Pfeifchen und Zigarren und große Mengen Schnupftabak konsumierten), war das Zigarettenrauchen zu einem universellen Vergnügen geworden.

Seit Petrarca haben Dichter die Form des Sonetts vor allem gewählt, um einer Frau ihre Verehrung entgegenzubringen. Und schon sehr früh hat man Zigaretten weibliche Verführungskraft zugeschrieben; Théodore Burette zum Beispiel schrieb 1840 in *La physiologie du fumeur*: »Die Zigarette ist angenehm, lebhaft, beschwingt; ihre Reize haben etwas Pikantes an sich. Sie ist die *grisette* [das leichte Mädchen] der Raucher«.[3] Im ersten Kapitel habe ich bereits die Passage aus Banvilles Schrift zitiert, in der er Zigaretten mit Frauen vergleicht: »Die Zigarette als die gebieterischste, einnehmendste, anspruchsvollste, liebevollste und kultivierteste aller Geliebten toleriert nichts, was *nicht sie* ist, und schließt keine Kompromisse; sie erweckt eine Leidenschaft, die grenzenlos, alles vereinnahmend und heftig ist wie die Leidenschaft für das Glücksspiel oder für das Lesen.«

Ein Mann, der Zigaretten liebt, wird von der Gefahr und der Aussicht auf Abenteuer berauscht – er verfällt, wie Banville sagt, einer schrecklichen Geliebten. Im vierten Kapitel, »Der Teufel in Carmen«, wird dieser schrecklichen Geliebten eine Gestalt und ein Name gegeben werden, dieser unendlich begehrenswerten und gefährlichen Frau, die das Emblem der Zigarette ist. Für Laforgue ist die Zigarette eine Frau, insofern auch die Frau wie eine Droge wirkt: eine Quelle halluzinatorischer Erfahrungen der Art, wie Baudelaire sie auf konventionelle Weise, durch seine »dunkle Geliebte« oder durch Opium, hervorgerufen hatte.

Le cigarette

Oui, ce monde est bien plat: quant à l'autre, sornettes.
Moi, je vais résigné, sans éspoir à mon sort,
Et pour tuer le temps, en attendant la mort,
Je fume au nez des dieux de fines cigarettes.

Allez, vivants, luttez, pauvres futurs squelettes.
Moi, le méandre bleu qui vers le ciel se tord
Me plonge en une extase infinie et m'endort
Comme aux parfums mourants de mille cassolettes.

Et j'entre au paradis, fleuri de rêves clairs
Où l'on voit se mêler en valses fantastiques
Des éléphants en rut des cheurs de moustiques.

Et puis, quand je m'éveille en songeant à mes vers,
Je contemple, le cœur plein dune douce joie,
Mon cher pouce rôti comme une cuisse d'oie.[4]

Die Zigarette

Ja, die Welt ist platt. Der Rest: alles Unfug!
Ich gehe resigniert meinem Schicksal entgegen, ohne Hoffnung,
Und um die Zeit totzuschlagen, während ich auf den Tod warte,
Rauche ich schlanke Zigaretten und drehe den Göttern eine Nase.

Auf, ihr Lebenden, kämpft, ihr armen zukünftigen Skelette,
Mich stürzt der blaue Mäander, der sich zum Himmel windet,
In grenzenlose Ekstase und läßt mich entschlafen
Wie sterbende Düfte aus tausend Tiegeln.

Und ich trete ins Paradies, blühend von lichten Träumen,
Wo in phantastischen Walzern Elefanten voller Brunst
Sich paaren mit Moskitochören.

Und dann, wenn ich erwache und von meinen Versen träume,
Betrachte ich, das Herz voll süßer Freude,
Meinen teuren Daumen – geröstet wie ein Gänseschlegel.

Es ist zu beachten, daß Laforgue sagt: »... Rauche ich schlanke [*fines*] Zigaretten«. Der Chic des Schlanken ist untrennbar mit dem Gedanken des mathematisch Erhabenen verbunden – eine unendliche Fülle an Genuß liegt in der schnittigen, schlanken Form, in den eleganten Konturen eines Gegenstands verborgen, der nicht mehr ist, als er braucht, um perfekt zu sein – wie eine Chanel-Dame oder ein Fabergé-Ei. Im Französischen bezeichnet das Adjektiv *fine* etwas, was sich in gesellschaftlicher, moralischer oder aber in ästhetischer Hinsicht vom

Normalen abhebt. Es fällt auf, wie häufig Zigarettenmarken Namen haben, die höchstes aristokratisches Luxusleben evozieren, obwohl – oder weil – die bezeichneten Gegenstände die demokratischste und volkstümlichste Form des Tabakkonsums darstellen: *Duke of Burnham, Lord, Duke's Best, Elite, Les Élégantes, Jockeys, Petits Pages, Fashion, High Life, Old Gold, Viceroy, Up Town.* Die Schönheit der Zigarette liegt im Unterschied etwa zur Zigarre auch in der Makellosigkeit begründet, mit der sie gedreht oder »gestanzt« ist, entweder mit einem kleinen Handapparat oder mit einer Industriemaschine. Von der perfekten Symmetrie der mechanisch-zylindrischen Form der Zigarette geht ein taktiler oder visueller Reiz aus, anders als wenn man eine rauhe, nackte Zigarre in der Hand hält, ein Tabakblatt berührt statt schneeweißen Papiers. Zigaretten sind nicht nur an sich *fines*, ihnen wohnt auch die Kraft inne, ihre Verfeinerung weiterzugeben, im übertragenen Sinne, durch den bloßen Kontakt mit den Fingern, dem Mund und der Luft, die sie umgibt.

Laforgue beginnt sein Gedicht, indem er unserer Existenz eine grundsätzliche »Plattheit« attestiert, die keinen Elan, keine Transzendenz zuläßt – es sei denn für den Gläubigen. Was das sogenannte Jenseits oder Nachleben betrifft: alles *sornettes*, frivole, leere Behauptungen, die jeder Grundlage entbehren.

In diesem Gedicht wird in gewisser Weise Baudelaires kühne Modernität parodiert.[5] Laforgue ersetzt den *ennui* seines Vorgängers durch eine neue, modernere Variante der Verzweiflung; diese äußert sich nicht nur in dem verächtlichen Abtun aller Illusionen religiöser Art, sondern auch in seinem fatalistischen Hinnehmen der Sinnlosigkeit alles Strebens, des Lebens selbst, angesichts der Ewigkeit des Todes. Wie Banvilles »Held« gibt er jede produktive Tätigkeit auf und fügt sich in das unausweichliche Schicksal.

In der Zwischenzeit, das heißt in der Zeit, nachdem man in eine Welt voller Langeweile hineingeboren wurde, bis zum Tod ohne Aussicht auf ein Weiterleben, gibt es für den Dichter nur eine Aktivität, die der Mühe wert ist – die Zeit totschlagen. Seine Waffe, sein Totschläger, ist die Zigarette, deren Kraft in der Fähigkeit des »blauen Mäanders« (des Rauches) begründet liegt, ihn in einen Zustand außerhalb seiner selbst zu versetzen, außerhalb des Verlaufs der alltäglichen Zeit, die sich wie ein ödes Band endlos hinzuziehen scheint. Rival zitiert einen Ausspruch Alfred de Mussets: »Wenn das Glücksspiel einen langweilt, sind drei Zigarren ein göttliches Mittel, die Zeit totzuschlagen.«[6]

Wenn sogar das Glücksspiel als Zeitvertreib seinen Reiz verliert, taucht ihn das Rauchen in eine Wolke des Parenthetischen, das eine sich unendlich wiederholende prosaische Welt unterbricht. Als ob er eine Zigarettenlänge lang unverwundbar sei, dreht der Dichter den Göttern eine Nase, den Göttern, deren Unsterblichkeit die platte Endlichkeit der Sterblichen verspottet, aus der wiederum der Raucher wie ein kleiner Gott für einen Augenblick entkommen ist.

Den Daumen an die Nase legen, mit einer Zigarette zwischen den gespreizten Fingern, das ist eine Geste, die der Raucher hundertmal am Tag vollführt, der unabänderlichen Alltäglichkeit seines Lebens zum Trotz, einer Existenz, deren Anspruch auf Transzendenz angesichts der hohnsprechenden Tatsache des Todes zunichte gemacht wird.

Indem er raucht, dreht er auch jenen eine Nase, die weiterhin an die Produktivität der Arbeit glauben und geschäftig ein Vermögen anhäufen, im Hier und Jetzt, den Totengräbern die ihr eigenes Grab schaufeln, allesamt »zukünftige Skelette«, denen er ein spöttisches Wort der Ermunterung zukommen läßt, um dann an seiner Zigarette zu ziehen und dem schönen blauen Dunst nachzuschauen, der sich zu phantastischen Figuren verdichtet und hoch über seinem Kopf ein luftiges Traumreich schafft.

In Laforgues Gedicht gerät der Dichter durch die Zigarette in eine *extase infinic* und zugleich in einen schlafähnlichen Zustand. Die kleine Waffe, mit der er sich die Banalität der sterblichen Existenz und die Unausweichlichkeit des Todes vom Leibe zu halten versucht, löst das Gefühl aus, bereits gestorben und zum Himmel aufgefahren zu sein. Jeder Zug bringt ihn um, wie alle Raucher, aber dieses schleichende Sterben bereitet Lust. Wie die Zigarette lädt auch das Gedicht den Konsumenten ein, einen kurzen Blick in das Paradies der Tagträume zu werfen und so der Unendlichkeit der alltäglichen Zeit zu trotzen. Doch halt!

Ohne Zweifel wird hier der Zigarette die Suggestivität von Parfüm zugeschrieben, das sich in den *cassolettes* verströmt, kleinen Gefäßen, in denen man wohlriechende Essenzen verbrannte – für Baudelaire typische poetische Requisiten, die die melancholische Schönheit von allem langsam Vergehenden heraufbeschwören sollen. Die »lichten Träume« in dem von Zigaretten bewirkten Narkosezustand ähneln ein wenig den Visionen, die Baudelaire in *Correspondances* heraufbeschwört, dem Gedicht, mit dem er wohl am meisten Einfluß ausgeübt hat und das oft als eine Art Manifest des poetischen Symbolismus angesehen wird. Wie Baudelaires Gedicht beginnt auch Laforgues mit einer dogmatischen, doktrinären Aussage über das Wesen der Welt. In der zweiten Zeile wird dann ein Subjekt eingeführt, das dieser Welt ablehnend gegenübersteht und dennoch auf höhere Weise mit ihr kommuniziert. In beiden Gedichten wird in der zweiten Strophe die ekstatische Identifikation des Menschen mit dem Universum durch einen Prozeß grenzenloser Ausdehnung geschildert. Die Terzette beider Sonette veranschaulichen mit eindrucksvollen, lebendigen Bildern, welche übernatürlichen, visionären Erfahrungen die Natur oder die Zigarette in dem »Betrachter« auslösen können. Mit dem Ausdruck *extase infinie* nimmt Laforgue auf Baudelaires *expansion des choses infinies* Bezug.

In Baudelaires Gedicht weist das sechsmal wiederholte Wort *comme* (wie) nicht nur auf den Prozeß der Analogisierung hin, der die *correspondances* herstellt, sondern es führt diesen Prozeß unmittelbar vor Augen, die synästhetische Verbindung zwischen Bereichen der Erfahrung und der sinnlichen Wahrnehmung, die man normalerweise als nicht zusammengehörig empfindet. In Laforgues Gedicht begegnet das Wort in auffallender Position, am Anfang der vierten Zeile des zweiten Quartetts: »Comme aux parfums mourants de mille cassolettes.« An dieser Stelle setzt es den Zigarettenrauch mit dem unendlichen Sich-Ausdehnen und dem Sich-Verflüchtigen parfümierten Rauchs gleich. Durch die *mille cassolettes* Laforgues wird die Zigarette mit orientalischen Dufttiegeln verglichen, in denen genau solche Substanzen verbrannt werden, wie sie Baudelaire am Ende von *Correspondances* aufzählt: »Ambra, Moschus, Benzone und Weihrauch...«[7] Wie in Baudelaires Gedicht ist »Wohlgeruch« das Medium, durch das »Korrespondenzen« hergestellt werden können. Die Duft verströmende Substanz kommt von ihrer Beschaffenheit her den Gedanken oder Träumen am nächsten, und ihr Vermögen, die entferntesten, tiefsten, völlig vergessenen Erinnerungen wieder wachzurufen, ist ein weiteres Zeichen für ihre besondere Verbindung mit dem Reich der Imagination und der Dichtung. In *La chevelure* besingt Baudelaire die poetischen Abenteuer, die ihm die Frau, die er liebt, vermittelt; ihr Haar dient ihm als Synekdoche, als Teil für das Ganze, und vom Haar ist es wiederum der Duft, von dem seine Phantasie getragen wird, wenn er die Reise in die Vergangenheit und zu den exotischsten und poetischsten Orten antritt. Der Rauch von Laforgues Zigarette erfüllt dieselbe Funktion wie der Duft im Haar von Jean Duval.

Laforgue stattet nicht die Natur, sondern die Zigarette mit der synästhetischen Fähigkeit aus, Bereiche der sinnlichen Wahrnehmung, von denen man normalerweise glaubt, daß sie in keiner Beziehung zueinander stehen, miteinander zu vermählen – so wie in Baudelaires Gedicht verschiedenartige Sinneseindrücke miteinander verschmolzen werden: der Geschmack einer Oboe, der Klang von Grün, der Geruch der Unendlichkeit. Die Zigarette führt das lyrische Ich in Laforgues »Paradies« ein, das unverkennbar jenen *paradis artificiels* ähnelt, die Baudelaire verherrlichte: Ein Reich, in das die poetische Empfindsamkeit durch bestimmte Drogen wie durch die Poesie selbst emporgetragen werden kann. Auf den zweiten Blick wird aber deutlich, daß die letzte Zeile des zweiten Quartetts auch ein Gefühl der Übelkeit vermitteln soll: Tausend Tiegel voll brennender duftender Substanzen in verschiedenen Stadien des Verlöschens würden wahrscheinlich widerlicher stinken als der übelriechendste Friseurladen, den man sich vorstellen kann. Zigaretten mögen zwar schön sein, sie stinken aber auch – wie viele andere Errungenschaften unserer Zeit. Werfen wir einen zweiten Blick auf das Reimpaar *cigarettes – cassolettes. Cassolettes* hört sich ganz ähnlich an wie *casserole*, wie ein Topf voll *cassoulet* zum Beispiel, zu dem Gänsekeulen gehören. Hier mußte jemand bereits Federn lassen.

Die Zeilen »Wo in phantastischen Walzern Elefanten voller Brunst/Sich paaren mit Moskitochören« parodieren die Terzette von Baudelaires *Correspondances.* Im Vergleich zu den ausgeklügelten Verbindungen, die Baudelaire in seiner Vision aufdeckt, nehmen sich die von Laforgue, der seinen Glimmstengel qualmt, eher schlüpfrig und oberflächlich aus. Das einzige, was Chorgesang mit Brunst gemein hat, sind die gegensätzlichen Konnotationen: Das eine ist heilig, das andere profan. Das einzige, was Stechmücken mit Elefanten verbindet, ist ebenfalls, daß sie zwei gegensätzliche Extreme »verkörpern«:

erstere das winzig Kleine, letztere das riesig Große. Aus der Verbindung, dem Koitus dieser beiden Extreme der Natur, geht ein Paradies hervor, in dem groteske Promiskuität herrscht, eine Hölle himmlischen Gerammels.

Als der Dichter in Laforgues Gedicht aus seinen Zigarettenträumen erwacht, erkennt er, daß das Totschlagen von Zeit seinen Preis hat. Der Erzähler fällt aus seinem vorübergehenden Paradies heraus und entdeckt, daß sein Daumen geröstet ist wie ein Gänseschlegel. Ähnlich wie sein Daumen (der eine Art von kleinem Phallus darstellt) taucht der Raucher aus seinem Zigarettentraum ein wenig »gerupft«, ein wenig »toter« als zuvor wieder auf Laforgue erliegt nicht der Illusion und will auch nicht dem Leser vorspiegeln, die Droge sei harmlos und fordere keinen Preis dafür, daß sie ihm die Zeit totschlägt; er weiß, daß die wirksamsten Waffen im Kampf gegen die Zeit den eigenen Untergang beschleunigen. Zigarettenrauchen ist eine Art von Selbstaufopferung. Aber gibt es in einer rein materiellen Welt eine bessere Art, sich selbst zum Opfer darzubringen, als in der Gestalt eines Gänsebratens, der in einem französischen Gedicht Gedanken an feierliche Mahlzeiten wach werden läßt, poetische, heilige oder profane Mahlzeiten an den Festtafeln des Lebens? Vielleicht ist der Ton dieser letzten Zeile entscheidend; sie klingt so anders als alles, was Baudelaire jemals gesagt hat, dessen Selbsteinschätzung, bei aller Selbstironie, es ihm niemals erlaubt hätte, sich in einem Gedicht über Flecken an seinem Daumen Gedanken zu machen. Und obwohl er ein Sonett im Stil Baudelaires schreibt, will Laforgue auf diese Weise vielleicht ausdrücken, daß eigentlich niemand, der Zigaretten raucht, Baudelaire noch ernst nehmen kann, daß trotz einer gewissen Modernität von Baudelaires romantischer Ekstase nicht viel geblieben ist und dieses Bißchen in Form von Zigaretten zu haben ist; irgendwann wird man allerdings auch mit dem Leben dafür zahlen müssen.

Die Schönheit, die Laforgue in den lichten Träumen entdeckt, die Zigaretten entstehen lassen, ist eine negative Schönheit; sie überwindet den Tod und erleidet ihn. In dieser Hinsicht ähnelt sie vielleicht der Form negativer Schönheit, die Kant in seiner *Kritik der Urteilskraft* in dem Abschnitt »Analytik des Erhabenen« ausführlich behandelt. Die Kenntnis von Kants These ist notwendig für das Verständnis des Wesens der widersprüchlichen Schönheit und des zweifelhaften Vergnügens, das die Zigaretten der Welt geschenkt haben. Für Kant bietet das Erhabene im Gegensatz zum Schönen ein negatives Vergnügen, weil es gerade dadurch definiert ist, daß ihm ein Moment des Schmerzhaften innewohnt. Mit Schmerz meint er nichts anderes als die normalen Empfindungen von Angst oder Erschütterung, die durch die Präsenz von etwas, das uns durch seine schiere Größe beeindruckt, ausgelöst werden und in Ehrfurcht oder Respekt umschlagen können.

Zigaretten enthalten Gift, und sie schmecken schlecht; sie sind nicht gerade schön, aber sie sind ausgesprochen erhaben.[8] Wenn man den Terminus in Kants Sinn verwendet, bedeutet das, daß das Zigarettenrauchen Formen ästhetischen Genusses hervorbringt, die sich auf schmerzliche Weise von der Empfindung unterscheiden, die sich einstellt, wenn man zum Beispiel in aller Ruhe eine wohlgestaltete Urne betrachtet. Mit Kants Worten: Das, was wir gewöhnlich für schön erachten, das Objekt der »ästhetischen Urteilskraft«, ist eine endliche Entität; es ist gerade seine exquisite Abgegrenztheit – seine Endlichkeit –, die jene entspannte, ausgeglichene Art von Wohlgefällen entstehen läßt, die wir normalerweise mit ästhetischem Genuß assoziieren. Im Gegensatz dazu ist das ästhetische Vergnügen, das uns die Erfahrung von Grenzenlosigkeit vermittelt, laut Kant nicht positiv sondern negativ. Unsere Vorstellungskraft erleidet durch das Angebot unendlicher Perspektiven einen Schock, der im ersten Augenblick schmerzhaft ist. Diese Negativität ist jedoch die Grundvoraussetzung für Erhabenheit. Baudelaire schreibt in seinen *Tagebüchern*: »Beim Hervorbringen jedes erhabenen Gedankens gibt es einen nervösen Stoß, den man im Kleinhirn fühlt.«

Im ersten Augenblick der Begegnung mit dem sogenannten Erhaben-Schönen verspüren wir Gefühle der Bewunderung und Achtung, in die sich Furcht mischt. Das hat etwas Hemmendes an sich: Wir entdecken in jenem schrecklichen Moment die Grenzen unseres Vermögens, uns einen unendlichen Abgrund vorzustellen, und machen die bittere Erfahrung, daß es nur mit Einschränkungen möglich ist, in endlichen Bildern die Begegnung mit etwas scheinbar Unendlichem, Großartigem darzustellen. Unsere Phantasie kann Dinge erfinden, die man auf der Welt nie sehen wird, aber angesichts der Aufgabe, das Unendliche darzustellen, versagt sie. Wie Kant sagt, kommt aber der Einbildungskraft zum Glück die Urteilskraft zu Hilfe, indem sie den Begriff der Unendlichkeit entwickelt, die Idee, mittels derer der Verstand eine Unbeschränktheit jenseits aller Grenzen, jenseits aller Endlichkeit zu begreifen vermag, wenn er sie sich auch nicht vorstellen kann. Indem sie die Einbildungskraft unterstützt, löst die Vernunft nach einem Augenblick der Ehrfurcht und Angst eine Befriedigung aus, die sich daraus erklärt, daß man – zumindest in Gedanken – den Schmerz über die Einsicht in die Grenzen seiner Vorstellungskraft überwunden hat. Das Gefühl des Erhabenen ist »eine Lust […], welche nur indirecte entspringt, nämlich so, daß sie durch das Gefühl einer augenblicklichen Hemmung der Lebenskräfte und der darauf sogleich folgenden desto stärkeren Ergießung derselben erzeugt wird, mithin als Rührung kein Spiel, sondern Ernst in der Beschäftigung der Einbildungskraft zu sein scheint«.[9]

Tabak schmeckt nicht gut, nicht in der Weise, in der zum Beispiel Süßes Kindern gut schmeckt. Das »Vergnügen«, das mit Zigaretten assoziiert ist, ist ein negatives, daher kein eigentliches Vergnügen. Wenn man das erste Mal raucht, kommt einem das nicht wie ein unschuldiges Spiel vor, sondern eher wie eine ernsthafte Handlung. In Wirklichkeit verursacht Tabak jedesmal ein wenig Übelkeit, wenn man sein Gift in sich aufnimmt. Er gibt seinen bösartigen Charakter von Anfang an preis, ganz besonders beim allerersten Zug, und auch danach versetzt er einem immer wieder einen kleinen Stoß in die Magengrube. Die gesamte Literatur über das Zigarettenrauchen wie auch die allgemeine Erfahrung zeigen, daß Raucher nicht trotz, sondern gerade wegen ihrer Schädlichkeit gierig zur Zigarette greifen. Auf dem verderblichen Charakter von Zigaretten – der Suchtgefährdung und dem Vergiftungseffekt – beruhen nicht nur ihre sozialen Vorteile, sondern auch ihre beunruhigende, düstere Schönheit.

Das großartigste Gedicht über das Rauchen ist ein Sonett Stéphane Mallarmés. Leider ist das »Subjekt« dieses Gedichts jedoch keine Zigarette, sondern eine Zigarre; aber wahrscheinlich hat Mallarmé diese nur des Reims wegen gewählt und nicht aufgrund einer persönlichen Vorliebe. Jedenfalls pflegte er bei den von ihm regelmäßig veranstalteten literarischen Treffen, seinen *mardis*, aus einer Wolke von Zigarettenrauch heraus zu seinen symbolistischen Jüngern zu reden. Mallarmé liebte Zigaretten, aber er muß, weniger kühn oder tollkühn als Laforgue, davor zurückgeschreckt sein, ein Sonett mit Reimen auf »-ette« zu komponieren. In fast jeder Hinsicht – was Atem, Feuer, Glut und Rauch betrifft – könnte die Zigarre in seinem Gedicht auch eine Zigarette sein; ausdrücklich als Zigarre gibt sie sich nur durch die Ringe zu erkennen, die sie den Raucher auszustoßen auffordert, und durch die Bedeutung, die der zunehmenden Asche am verglühenden Ende zukommt. Wir wollen aber aus der Not keine Tugend machen, wenn wir dieses Gedicht anderen zugesellen, die ausdrücklich die Zigarette zum Thema haben; denn was Mallarmé am Ende über Zigarren sagt, läuft darauf hinaus, daß sie an Zigaretten nicht ganz heranreichen, weil deren Poesie auf dem nahezu vollkommenen Aufgehen ihrer Materie in sublimem Rauch beruht, wobei nur ein verschwindend geringer Überrest zurückbleibt. Das Problem mit Zigarren ist also, daß sie nicht so spurlos verschwinden wie Zigaretten – bis auf einen unbedeutenden Stummel.

Toute l'âme résumée
Quand lente nous l'expirons
Dans plusieurs ronds de fumée
Abolis en autres ronds

Atteste quelque cigare
Brûlant savamment pour peu
Que la cendre se sépare
De son clair baiser de feu

Ainsi le chœur des romances
À la lévre vole-t-il
Exclus-en si tu commences
Le réel parce que vil

Le sens trop précis rature
Ta vague littérature[10]

Die ganze Seele ist gesammelt
Wenn wir sie langsam aushauchen
Löst sich auf in Ringen von Rauch
Aufgelöst in andren Ringen

Verweist auf eine Zigarre
Geschickt brennend eine Zeit
Damit die Asche sich trenne
Von dem hellen Kuß aus Feuer

So, wenn der Chor der Lieder
Dir zu Lippe fliegt
Streife ab, wenn du beginnst
Das Reale, das zu greulich

Eine zu genaue Bedeutung löscht aus
Deine vage schwebenden Gesänge

Mallarmés Gedicht stellt das Rauchen auf verschiedenen Ebenen dar, nicht zuletzt auch durch die graphische Gestalt. Die schmale Kolumne von Druckbuchstaben, die wie eine Rauchfahne aufsteigt, entsteht durch die kurzen, jeweils sieben Silben umfassenden Verszeilen, die in der französischen Lyrik sonst nur selten verwendet werden. Das häufige Vorkommen der Vokale *o* und *é* (mit dem aufsteigenden Akzent) fordert den Leser dazu auf, sich das Nach-Oben-Streben von Ringen innerhalb von anderen Ringen vorzustellen, welches das zentrale Bild des Gedichts darstellt und dessen Implikationen im Text entfaltet werden.

Die ganze Seele, jede Seele, wird beim Ausatmen resümiert, gesammelt. Das Wort *résumer* kann im Französischen gleichlautend auch so geschrieben werden, daß es Wieder-Einatmen bedeutet, Wiederaufnehmen in ein wesenhaftes Inneres, ein tiefer Atemzug, durch den sich das ganze Selbst zusammenfügt: *ré(s)-(h)umer.* Der ausströmende Rauch ist nicht nur ein Zeichen oder ein Stellvertreter für die Seele; er faßt sie zusammen, ist ihr »vages«, transparentes, aber sich auch langsam auflösendes Korrelat – die Externalisation und Transformation dessen, was vorher »innen« dasselbe Ding war. In-spiration ist Ex-spiration.

Die vielen Nasallaute in der ersten Strophe bewirken in jeder Zeile kleine Exhalationen, und sie dienen dazu, die Bedeutung des Wortes *lente* zu unterstreichen. Der langgezogene Nasallaut dieses Wortes nimmt den von *Quand* wieder auf, so daß man am Anfang dieser Zeile dazu gezwungen ist, zweimal den Atem ausströmen zu lassen; es entsteht eine Art Hiatus – eine Unterbrechung oder Verlangsamung des Sprechflusses durch die für einen Franzosen unbequeme Wiederholung eines Vokallauts. Rauch kommt von seiner materiellen Beschaffenheit her der Körperhaftigkeit des Geistes so nahe wie die Seele der Körperhaftigkeit des Körpers. Wenn wir sagen, daß etwas Seele besitzt, dann meinen wir damit, daß seine Energie sich durchaus greifbar in seinem Körper ausdrückt, das heißt, Seele ist nicht so abstrakt oder zerebral wie der »Verstand«. Die Entitäten oder Wesen Seele und Rauch sind in einem Grenzbereich zwischen dem Materiellen und dem Spirituellen, dem Fühlbaren und dem verstandesmäßig Erfaßbaren angesiedelt.

Wenn man das Wort *lente* anders lesen bzw. schreiben würde, nämlich *l'ente*, könnte man die Gedichtinterpretation auf diesem »Dazwischen-Sein« (*ent[r]e-ent[it]é*) aufbauen, das die Seele und den Rauch charakterisiert, Substanzen, die weniger fest sind als Materie, aber körperlicher als der Geist. Die ersten beiden Zeilen ließen sich dann ungefähr so übersetzen: »Die ganze Seele ist gesammelt/Wenn langsam wir das *Zwischen-Wesen* ausatmen«.

Lente klingt aber auch genauso wie *l'hante*, und das Verb *hanter* heißt soviel wie »spuken«, »heimsuchen«. Tatsächlich hat der Rauch, der die Seele »resümiert«, mit seinem Dunstschleier etwas von einem Gespenst an sich, das einem Reich zwischen Leben und Tod angehört, zwischen dem Atem-Schöpfen (*résumer*) und dem Seele-Aushauchen (*expirer*). Im

Tod wird die Seele zur Sammlung ihrer selbst gezwungen, wie Mallarmé es in seinem Gedicht über das Grab Edgar Allen Poes ausdrückt: »die Ewigkeit führt ihn zu sich selbst«. Mit dem Tod erlischt die Freiheit des Menschen, sein Leben beständig neu zu gestalten. Das Leben nimmt eine andere Form an: Es bleibt nur noch eine Spur, die andere lesen müssen. Nur an seinem Ende kann man den Sinn eines Lebens verstehen, nur der Tod läßt einen die Bestimmung oder Bedeutung eines Lebens mit Gewißheit erkennen. Man kann den Verlauf des Lebens allein von seinem Ende her überblicken, in der Zusammenfassung, die es beim Erlöschen erfährt. Es ist so, als ob man jedesmal, wenn man einen Ring aus Tabakrauch aushaucht, die Geschichte seines Lebens schriebe, wie sie sich von jenseits des Grabes aus darbietet.

Ausgeatmet wird der Rauch in »Ringen.../ Aufgelöst in andren Ringen«. Wie der Rauch ist auch die Seele nicht einheitlich, sondern heterogen und vielgestaltig; die verschiedenen Ringe sind alle zugleich ein und derselbe Ring, ununterscheidbar vom folgenden, der ihn sowohl ablöst als auch wiederholt. Die ausgehauchte Seele, die sich in Rauch auflöst, ist sowohl einheitlich als auch vielfältig. Dieses Aushauchen ist ein zeitlicher Vorgang, so wie sich nach Aristoteles der Ablauf der Zeit an sich vollzieht. In seiner *Physik* erläutert Aristoteles das Paradox des »Jetzt«: Wie die Rauchringe annuliert jeder Augenblick oder jedes »Jetzt« ein vorangegangenes, um selbst an seine Stelle zu treten. Wie bei den Rauchringen ist die Bedingung für das Erscheinen eines neuen »Jetzt« sein Sich-Auflösen in einem anderen: Sein Erscheinen vollzieht sich simultan zu seinem Entschwinden. Und doch, so Aristoteles, ist jedes Jetzt identisch mit dem, das im gegenwärtigen Augenblick gegenwärtig ist, so daß man sich die Abfolge von Zeit als etwas Zirkuläres vorstellen kann: Jeder Ring löst sich in dem folgenden Ring auf, der er zugleich selbst ist. Die ganze gesammelte

Seele, scheint Mallarmé zu sagen, ist nichts anderes als die Erfahrung von etwas, was nicht festgehalten werden kann: das Fortschreiten der Seele in der Zeit, die Vielfältigkeit und Einheitlichkeit der »Bewegung« der Zeit. Die beiden Wörter *Quand lente (Wenn langsam)* sind bewußt so gesetzt, um auf die fundamentale Identität zwischen dem Akt des Rauchens und der Zeitweiligkeit des Da-Seins hinzuweisen.

Über das Wort *abolis* könnte man an der Sorbonne ganze Abhandlungen schreiben. Es wird häufig als das Wort angesehen, das am charakteristischsten für Mallarmé ist und dessen Bedeutung durch den Titel und Einleitungssatz seines größten Gedichts, *Un coup de dés jamais n'abolira le hasard (Ein Wüfelwurf niemals den Zufall auslöschen wird),* erhellt wird. Die Bedeutung des Wortes *abolir* liegt in unserem Gedicht darin begründet, daß es als negierendes Wort fungiert, als Akt der Negation, und eine Vorstellung von Negativität vermittelt, die Mallarmés gesamte poetische Ausführung über das Rauchen trägt. Unablässig versucht er durch die Sprache das minimale Sein von Nichts positiv und sozusagen greifbar zu machen – greifbar wie Ringe aus Rauch. Das meiste Nichts ist nicht überhaupt nichts: Es ist gewöhnlich ein *determiniertes* Nichts, wie Hegel sagt – ein Nichts in Beziehung zu etwas anderem. Dieses andere grenzt das Nichts ab, legt es fest und verleiht ihm Konturen. Der Akt des Negierens beispielsweise – oder des Auslöschens kann eine entschieden determinierte Existenz haben. Es ist das Nicht-Dasein von Bouquets, das Mallarmé in atemberaubenden Tönen darstellen will.

Das Wort *abolis* war für Mallarmé in mehrfacher Hinsicht reizvoll; aus einem Interesse für den graphischen und phonetischen Charakter von Wörtern heraus berücksichtigte er bei der Wahl seiner poetischen Formulierungen sogar die kleinsten Details der darin vorkommenden Einzelbuchstaben. In der Mitte des Wortes *abolis* steht der Buchstabe *o*, der wie die Null geformt ist und sozusagen das Nichtdasein darstellt, von dem das Wort spricht. Wie eine Schlange, die sich in den Schwanz beißt, fügt der Buchstabe *o* einen Anfang und ein Ende zusammen, umfaßt gleichsam die Totalität aller möglichen Buchstaben von A bis Z – auf griechisch Alpha-Beta-Omega, die ersten drei Buchstaben von *abo-lis. O* ist die Null, die ein ganzes Hegelsches Universum einschließt, angetrieben vom Motor unaufhörlicher Negationen. Jenes Universum gleicht einer ausgehöhlten Kugel, auf französisch *hoi. Bol* ist auch ein Etymon aus dem Griechischen, das die Bedeutung »geworfen« hat. *A-bol* bezeichnet etwas »Nieder-Geworfenes«, wie einen »gefallenen« Würfel, das fatale Ende von etwas. Der Buchstabe *l* hat denselben Klang wie *elle* – »sie« oder »Frau«, und die Frau wird traditionellerweise mit Negativität oder Absenz identifiziert, im Unterschied zum Mann, dem man eher eine positive Präsenz zuschreibt. Aber *l* klingt auch wie *aile*, was »Flügel« bedeutet. Was niedergeworfen wird, wird auch geworfen, es steigt zunächst auf und beschreibt eine Kurve, bevor es auf dem Boden auftrifft – das ist auch die Flugbahn, die der Kopf von Johannes dem Täufer in Mallarmés Gedicht *Le cantique de Saint Jean* beschreibt (in diesem Gedicht kommt der Buchstabe *i* überaus häufig vor, weil er von seiner Gestalt her die Enthauptung des Propheten versinnbildlicht: der kleine Punkt ist wie ein abgetrennter Kopf). Der Buchstabe *s* in *abolis*, der Partizipialform des Verbs, schließt in dem Zigarettengedicht das Wort mit einer kleinen aufsteigenden Welle ab – wie Rauch, der sich von der verglühenden Zigarettenspitze emporkräuselt.

Der Rauch »verweist« auf eine Zigarre, die *savamment*, mit einer Art von orakelhaftem Wissen, brennt: Die Zigarre kündet von verborgenen Wahrheiten und vermittelt die Kenntnis irgendeines Arkanums. Sie brennt so lange, wie die Asche vom Feuer getrennt bleibt (»pour peu/Que le cendre se sépare/De son clair baiser de feu«). Die Asche der Zigarre droht ständig, das Feuer zu ersticken; sie wächst unaufhaltsam und ersetzt die Substanz der Zigarre durch eine gespenstische, aber greifbare negative Form ihrer selbst, die die Glut nach und nach erstickt und sie schließlich gänzlich zum Erlöschen bringt. Zigarren müssen immer wieder neu angezündet werden, wenn man die Asche nicht sorgfältig abstreift. Diese Tatsache liegt dem zentralen Vergleich des Gedichts zugrunde – mit der Konjunktion *ainsi* wird das Zigarrenrauchen zum *chœur des romances* in Beziehung gesetzt, zum Flüstern von Liebesdingen oder zum Abfassen von Gedichten. Wenn man möchte, daß der feurige Kuß der Inspiration ein Gedicht berühre, so scheint Mallarmé zu sagen, muß man die scheußliche Realität ausschließen, genauso wie man die Zigarre von der vulgären, schmutzigen Asche befreien muß, wenn sie brennen soll. Das Reale mag unerläßlich sein, um Rauch oder Romanzen entstehen zu lassen, aber nachdem das Feuer einmal entfacht ist, muß man das Reale ausschließen, um die Glut am Leben zu halten. Die Asche ist zu sehr eine mimetische Spur des Realen, wohingegen die Idee von Dichtung darin besteht, sich restlos zu verflüchtigen, im Ephemeren aufzugehen. Genauso wie zuviel konkrete Bedeutung die nebulöse Unbestimmtheit der Literatur zerstört, so Mallarmé, erstickt zuviel Asche das *résumer* und *expirer* der Zigarre.

Die Asche ist zu konkret, zu real, essentieller als das Ding, dessen Spur sie ist und an das sie erinnert. Obwohl nur Überbleibsel eines konsumierten Dings, kann sie aufschlußreiche Hinweise auf die Beschaffenheit dieses Dings, auf seine Essenz, liefern: Die Asche von etwas kann dessen Wahrheit enthüllen. Sherlock Holmes zum Beispiel vermag die Persönlichkeit eines Menschen aus der Asche zu rekonstruieren, die vom Tabak, den er geraucht hat, zurückgeblieben ist. Holmes war ein systematischer Erforscher von Zigarrenasche:

»Ja [sagte Sherlock Holmes], ich habe mich mehrerer monographischer Abhandlungen schuldig gemacht. Sie handeln alle von technischen Dingen. Hier, zum Beispiel, ist eine ›Über die Unterschiede zwischen den Aschen der verschiedenen Tabake‹. Darin liste ich einhundertundvierzig Arten von Zigarren-, Zigaretten- und Pfeifentabak auf, mit kolorierten Abbildungen, welche ihre unterschiedliche Asche zeigen. Um Tabakasche geht es immer wieder bei Strafprozessen, und manchmal stellt sie ein Indiz von höchster Bedeutung dar. Wenn man zum Beispiel mit Bestimmtheit sagen kann, daß ein Mord von einem Mann begangen wurde, der eine indische *Lumkah* rauchte, schränkt das den Kreis der Verdächtigen natürlich ein. Für das geübte Auge unterscheidet sich die schwarze Asche einer *Trichinopoly* so sehr von den weißen Flocken, welche *Bird's-Eye* hinterläßt, wie sich ein Kohlkopf von einer Kartoffel unterscheidet.«[11]

Die Asche kann so etwas wie eine Mumie sein, sie bewahrt die vollständige Gestalt des nicht mehr Vorhandenen, den Umriß seiner essentiellen Form – und erhält die Erinnerung daran aufrecht. Nachdem das Ding selbst konsumiert worden ist, kann die Asche das einzige Relikt des Brandopfers sein. Dieses Relikt kann sogar wertvoller sein als das ursprüngliche Ding selbst, weil es dauerhafter ist; das Ding mag verschwinden, aber die Asche bewahrt die Erinnerung daran, stellt die Idee dar, die das Ding durch sein Verschwinden geworden ist. Für Mallarmé bildet die Zigarrenasche – wie ein schlechtes Gedicht – zu mimetisch die Realität ab, an deren Stelle sie tritt, und erstickt so die lodernde Flamme der Imagination, die in diesem Gedicht gleichermaßen die Essenz des Rauchens wie der Literatur ist. Die Asche muß fallen, damit der heiße Atem der poetischen Inspiration weiterhin ausströmen kann, von den Lippen fliegt oder sich von ihnen stiehlt. Zigaretten, die vollständiger konsumiert werden und weniger Asche zurücklassen, sind somit das, was Zigarren sein müßten, wenn sie Gedichte sein wollten.

In einer kurzen Geschichte mit dem Titel *Une volupté nouvelle* bringt Pierre Louÿs extravagante Behauptungen zugunsten der Zigarette vor, und zwar durch den Mund von Callistô, einer wunderschönen Frau aus Alexandrien, die seit achtzehnhundert Jahren tot ist, aber als sichtbare Erscheinung unter den Lebenden weilt. Ihr »Schatten« ist zusammen mit ihrem Grabmal – dem »Stein, der ihre geläuterte Asche enthielt« – aus den Ruinen von Antiochia in den Louvre gebracht worden. Sehr spät in der Nacht erscheint sie an der Tür des Erzählers, just in dem Moment, da er alles dafür vorbereitet, um zu meditieren, zu schreiben und zu rauchen – vor allem zu rauchen:

»Eines Nachts, als ich zu Hause ein stummes Gespräch mit zwei Katzen aus blauer Fayence führte, die sich auf einem weißen Tisch duckten, konnte ich mich nicht dafür entscheiden, welcher meiner einsamen Beschäftigungen ich nachgehen sollte: ein Sonett zu verfassen, während ich Zigaretten rauchte, oder Zigaretten zu rauchen, während ich den orientalischen Teppich an der Zimmerdecke betrachtete. Das wichtigste ist immer, eine Zigarette in der Hand zu haben; man muß die Objekte um sich herum in eine feine himmlische Wolke hüllen, die sich über das Licht und die Schatten legt, alle scharfen Konturen auflöst und mit Hilfe eines duftenden Zaubers dem erregten Geist ein unbeständiges Gleichgewicht verleiht, aus dem dieser in Tagträume verfallen kann.«[12]

Das mit Objekten vollgestopfte Zimmer schließt den Erzähler wie ein Mutterschoß ein. Es erinnert an die Räume in Texten Poes und Baudelaires, Räume, in denen Analytiker und Poeten in Betrachtungen versinken, Überlegungen anstellen und sich Träumen hingeben können. Die beiden Porzellankatzen, die sich auf einem weißen Tisch ducken, sind die sphinxhaften Embleme dieses mysteriösen Ortes, der in einem Grenzbereich zwischen Fiktion und Realität zu liegen scheint – zwischen Träumen und Schreiben. In diesem poetischen Raum kann die Zigarette ein Instrument sein, mit dem man sich – wie Sartre es nennen würde – die Welt symbolisch anzueignen vermag. Ihr Rauch legt sich über das Licht und die Schatten, sie mildert die harte Realität mit einer Atmosphäre, die der Raucher in sich aufgenommen und träumerisch durch die Nase wieder herausgelassen hat. Ein Zimmer mit *seinem* Rauch zu erfüllen ist eine Möglichkeit, es in Besitz zu nehmen, mit seinem ganzen Volumen, seinen Oberflächen und Kanten: Man umgibt alles mit der eigenen Körperlichkeit und transformiert es auf diese Weise. Doch dieser duftende Zauber schafft auch die Voraussetzungen für dichterische Inspiration: Er versetzt den Geist, der von den täglichen Sorgen beunruhigt ist, in ein »unbeständiges Gleichgewicht« und eröffnet – ähnlich wie Laforgues Gedicht – einen Raum für Träume. Das Gleichgewicht, das er herstellt, ist eben kein langweilig-stabiles, sondern ein »unbeständiges«, das heißt, die Dinge verlagern sich und müssen immer wieder neu ausbalanciert werden. Die wechselnden physiologischen Auswirkungen des Rauchens, die wir im fünften Kapitel, »Die Freundin des Soldaten«, behandeln werden, mögen das erklären: Die Zigarette bewirkt einen raschen Übergang von der An-Spannung zur Ent-Spannung, von Belebung zur Betäubung.

Callistô erscheint unerwartet mitten in der Nacht an der Tür – wie Mimi mit ihrer erloschenen Kerze oder Poes Rabe, der ans Fenster klopft. Klopf, klopf. Er öffnet, und die betörendste Frau des Altertums rauscht an ihm vorbei ins Zimmer; sie ist zu neuem Leben erwacht, wie eine aus dem Hades entkommene Seele, und steht leibhaftig, in strahlender Schönheit vor dem Erzähler, der sie am Ende leidenschaftlich liebt und immer wieder hervorhebt, daß sie in Fleisch und Blut anwesend ist – vor allem im Fleisch. Sie ist wundervoll erotisch gekleidet:

»Ihr Kleid war aus grüner changierender Seide, mit riesengroßen Iris bestickt, deren Stengel sich über ihren Leib bis zu einem eckig ausgeschnittenen Dekolleté hochzogen, das die entblößten Kuppen ihrer Brüste sichtbar werden ließ. An jedem Arm trug sie eine kleine goldene Schlange mit smaragdenen Augen. Ein doppelreihiges Kollier von Perlen funkelte auf ihrer dunklen Haut und hob den Ansatz ihres biegsamen, geschwungenen Halses hervor.«

Callistô ist eine Art Nofretete, eine königliche Priesterin der *ars erotica*, die die gesammelte Weisheit des Altertums in sich trägt und nicht nur die Kunst der Verführung und der Lust beherrscht, sondern auch die vielleicht dafür unerläßlichen Künste und Wissenschaftsgebiete, wie die Geometrie und die vorsokratische Philosophie, aber auch die Geologie, die Architektur und antike Techniken der Metallbearbeitung. In Callistô paart sich Schönheit mit einer umfassenden Intelligenz – und mit einer leidenschaftlichen Debattierlust. In dieser Hinsicht kann sie als Verkörperung dessen gelten, was Louÿs als ein (postromantischer pornographischer) Schriftsteller der Moderne für den Hauptunterschied zwischen moderner und antiker Erotik ansieht: Er stellt sich vor, daß es in Alexandria und Antiochia im ersten Jahrhundert keine Trennung zwischen den abstraktesten Formen des Denkens und den sinnlichsten erotischen Vergnügungen gab. Sogar der Erzähler, ein Fachmann auf diesem Gebiet, wird durch die von Callistô in Aussicht gestellten unerhörten sexuellen Vergnügungen für einen Moment von Ehrfurcht und Nervosität ergriffen.

Als eine Kurtisane von »seltener Intellektualität« hält sie

ihm im Bett Vorträge über des Parmenides philosophische Lehre von der Identität von Gedanke und Objekt, und dies erregt ihn so, wie er es in seinen wildesten Träumen nicht für möglich gehalten hat.

Nachdem sie unangekündigt in die Tagträume des Erzählers eingedrungen ist, läßt diese Erscheinung aus einer fernen Vergangenheit ihrer Enttäuschung darüber freien Lauf, was sie beobachtet hat, als sie durch die Straßen von Paris schweifte. Callistô findet nicht nur, daß alles schlechter sei als früher: Das Leben selbst sei stupider, und die Menschen seien weniger glücklich als in der Welt, die sie kannte. Sie vergleicht ihre eigenen Kleider, ihre Schuhe, ihren Schmuck mit jenen der modernen Frauen und verkündet, daß ihre Sachen besser seien. Als der Erzähler meint, daß dies eigentlich nicht von Bedeutung sei, da die Frau selbst, der Körper der Frau, zu allen Zeiten gleichermaßen schön sei, läßt sie blitzschnell ihre Kleider fallen und enthüllt eine Pracht, die ihn zu dem Eingeständnis zwingt, daß ihr nichts gleichkomme, was er jemals gesehen habe: »Ich vermag nicht zu erklären, wieso ihre Schönheit weder in unserem Klima noch in unserer Zeit wahr werden könnte, denn sie kam nicht in Einzelheiten ans Licht, sondern enthüllte sich mir als allgemeine Harmonie und – vielleicht auch – Klarheit.« Die Schönheit dieser klassischen Schönen ist harmonisch und klar wie das Griechenland Goethes. Sie ist die allegorische Verkörperung all dessen, was an der klassischen Kultur anders und besser war.

Callistô setzt ihren »Vortrag« fort und weist nach, daß nichts, was bis zum Ende des neunzehnten Jahrhunderts erfunden oder entdeckt worden ist, in der Antike nicht bereits bekannt und erkannt war: »Ich muß jemandem erzählen, welche Enttäuschung ich nach meinem Gang durch die Stadt verspürte, und ich trage deinem Jahrhundert all die Überraschungen nach, die es nicht für mich bereithielt.« Was Modernität genannt wird, ist nichts anderes als ein Wiederentdecken einiger der Kenntnisse und Techniken, die zum größten Teil für immer und ewig verlorengegangen sind. Es gibt nichts Neues und nichts Besseres, man weiß oder praktiziert nichts, was man nicht schon früher kannte, und vieles ist den modernen Zeiten abhanden gekommen: sie sind ärmer und trauriger. Nichts Neues unter der Sonne: Keine neuen Vergnügungen, keine einzige *nouvelle volupté*, behauptet Callistô und weist alle Einwände des Erzählers zurück. Aber am Ende der Geschichte, als der Erzähler sich schon geschlagen gibt, bietet er ihr eine Zigarette an:

»›Möchtest du eine Zigarette?‹ fragte ich sie.

›Was?‹

›Ich sagte: Möchtest du eine Zigarette? Ohne Zweifel kommt die auch aus Griechenland, da Aristoteles, der [...]‹

›So weit würde ich nicht gehen. Ich gestehe, daß uns diese plumpe Sitte unbekannt war, die darin besteht, daß du dir den Mund mit dem Rauch von Blättern füllst. Aber ich nehme nicht an, daß du mir das als ein Vergnügen anbietest?‹

›Wer weiß? Hast du es schon einmal versucht?‹

›Niemals! Was, gehörst du zu denen, die dieser lächerlichen Gepflogenheit nachgehen?‹

›Sechzigmal am Tag. Tatsächlich ist es die einzige regelmäßige Beschäftigung, die ich mir aufgebürdet habe.‹

›Und es gefällt dir?‹

›Ich glaube wirklich, daß ich mich eher damit abfinden könnte, eine ganze Woche lang nicht die Hand einer Frau zu berühren, als so lange von meinen Zigaretten getrennt zu werden.‹

›Du übertreibst.‹

›Überhaupt nicht.‹

Sie schien zu träumen.

›Gut. Gib mir eine Zigarette.‹

Ich reichte sie ihr.

›Zünde sie an. Wie macht man das? Atmet man ein?‹

›Mädchen blasen hinein. Aber das ist nicht die beste Art. Es ist besser, einzuatmen. Nimm einen Zug. Schließ die Augen. Noch einen [...]‹

In wenigen Minuten hatte Callistô den kleinen Tubus aus orientalischen Blättern zu Asche verwandelt. Sie warf die ungerauchte Hälfte weg, an der das Rouge auf ihren Lippen Spuren hinterlassen hatte. Es herrschte Stille. Sie vermied es sogar, mich anzuschauen. Sie hatte die Schachtel in die Hand genommen, die mir vor Erregung zu zittern schien, und nachdem sie sie von allen Seiten geprüft hatte, gab sie sie mir, wie ich bemerkte, nicht zurück. Bedächtig, mit der Sorgfalt, mit der man die Objekte behandelt, die einem am teuersten sind, legte sie sie neben einen Aschenbecher, der am Rand des hellen Sofas stand, auf dem sie ihren langen, dunklen Körper ausstreckte.«

Am Ende hat die rauchende Zigarette das letzte Wort, es ist das einzige Wort, mit dem die Neuzeit der Antike eine Antwort geben kann. Aber Callistô ist auch eine prophetische Erscheinung; die Zukunft der Zigarette liegt nicht in den Händen des Dandys, sondern bei der Frau, die selbst über ihre »Vergnügungen« bestimmt.

Jean Cocteau, Paris 1944

DRITTES KAPITEL

Zenos Paradox

> La cigarette est une étrange paradoxe: elle veut dire tout en se taisant, rendre manifeste en dissimulant, faire vivre tout en tuant; en consumant.
>
> Annie Leclerc

Eine Untersuchung, deren Ziel es ist, die philosophische Bedeutung der Zigarette, ihre ästhetische Wirkung und ihren kulturellen Wert zu ergründen, kann an dem 1923 erschienenen Roman *La coscienza di Zeno* von Italo Svevo nicht vorbeigehen. Der Titel dieses Werks wurde im Englischen mit *The Confessions of Zeno* übersetzt, was schlichtweg falsch ist: *coscienza* bedeutet Bewußtsein oder Gewissen, aber nicht Bekenntnis. Gewiß handelt es sich bei diesem Buch um eine Art Lebensbeichte Zenos, und es ist sogar ein erotisches Buch, wie es bei solchen »Geständnissen« im herkömmlichen Sinn oftmals der Fall ist, in denen gerne die idiosynkratischen Perversionen und sexuellen Verirrungen des Erzählers enthüllt werden. Aber wenn dieses Buch eine fiktionale Beichte ist, dann gilt das in erster Linie in philosophischer Hinsicht: Es zeigt eine gewisse Logik des Bewußtseins auf, die schonungslos beschrieben und gewissenhaft analysiert wird. Gleichzeitig offenbart es dramatische Momente im Erleben des Erzählers, in denen sein moralisches Bewußtsein ausgelotet wird. Zeno steht den Erzählern von Augustinus' oder Rousseaus *Bekenntnissen* viel näher als etwa De Quinceys *Bekenntnissen eines englischen Opiumessers* oder Manns *Bekenntnisse des Hochstaplers Felix Krull.*

Bei Svevos Roman handelt es sich um die fiktiven Memoiren von Zeno Cosini, einer Gestalt, deren Leben große Ähnlichkeit mit dem des Autors Ettore Schmitz alias Italo Svevo aufweist. Schmitz führte als Angehöriger der Oberschicht von Triest eine unbeschwerte Existenz, kaum anders als Zeno, die Figur seines Buches. Beide verbrachten die Zeit vor allem damit, daß sie Geige spielten – und das Rauchen aufgaben. Aber keiner von beiden war auf einem dieser Gebiete besonders erfolgreich.

In seinem Briefwechsel mit dem großen Literaturkritiker und Lyriker Eugenio Montale bezeugt Svevo selbst die Verwandtschaft zwischen sich und seinem Erzähler, weist aber zugleich nachdrücklich auf die Unterschiede hin: »Betrachten Sie dies einfach als eine Autobiographie, aber nicht als meine.«[1] Svevo berichtet Montale, daß er versucht habe, sich in das Denken Zeno Cosinis hineinzuversetzen, indem er seine Bewegungen und Gebärden nachahmte, seine Art herumzugehen und zu rauchen, bevor er mit der Arbeit an der fiktiven Autobiographie begann. Als Freund von James Joyce, den er in Triest kennenlernte, dürfte Schmitz mit seinem Nom de plume gespielt haben: Zeno/Svevo stehen sich gleichsam spiegelbildlich gegenüber, ähneln einander und unterscheiden sich doch – das kann kein Zufall sein. Svevo ist der fiktive Name der Person »Schmitz«, Zeno der seines literarischen Stellvertreters. Das Spiel mit den Namen macht es einem unmöglich, das Werk eindeutig einem Genre zuzuordnen: Man weiß nie, ob und an welchen Stellen man diese »Bekenntnisse« als Autobiographie oder als Roman lesen soll. Gleichzeitig sollten uns die Unterschiede zwischen dem Autor und der Romanfigur immer daran erinnern, daß zwischen Dichtung und Wahrheit klar zu trennen ist.

Das Tagebuch, das Schmitz 1896 nach seiner Verlobung mit Livia Veniziam einige Monate lang führte, wimmelt von Versprechungen, mit dem Rauchen aufzuhören. Hier einige Beispiele von vielen:

»11. Februar 1896: ›Während ich warte, will ich dir sagen, daß ich nach vielen, so vielen Versprechungen, jetzt, in diesem Augenblick, meine letzte Zigarette geraucht habe.‹

Später am selben Nachmittag: ›7 Minuten vor 4, rauche immer noch, immer noch und immer wieder zum letzten Mal.‹

13. Februar 1896: ›Gestern abend habe ich Livia versprochen, nicht mehr zu rauchen.‹

Später am selben Nachmittag: ›Dank dieses Ausbruchs, mit deiner Erlaubnis, habe ich zum letzten Mal geraucht, und laß uns nicht mehr darüber sprechen.‹

19. Februar 1896: ›Die Zigarette, die ich gerade rauche, ist die letzte Zigarette!«‹[2]

Das erste Kapitel von *La coscienza di Zeno* präsentiert sich als eine vom Protagonisten Zeno niedergeschriebene selbstanalytische, in gewisser Weise psychoanalytische Untersuchung seiner Sucht und als eine Geschichte der verschiedenen Stadien seines langen, erfolglosen Kampfes, mit dem Rauchen aufzuhören. Zeno unterliegt in diesem Kampf, obwohl er oder vielleicht weil er, wie Svevo, unzählige Male seine »letzte Zigarette« raucht – »immer noch und immer wieder zum letzten Mal«. Das lebensbestimmende Paradox besteht darin, daß der immer wieder gefaßte Entschluß, mit dem Rauchen aufzuhören, die unerläßliche Bedingung, die Conditio sine qua non, dafür ist, weiterzurauchen. Dieses neue »Paradox Zenos« wirft wiederum die »therapeutische« Frage auf: Wie kann man sich von einer Sucht befreien, wenn der Entschluß dazu gewährleistet, daß sie bestehenbleibt?

Im italienischen Original trägt das erste Kapitel des Buches die Überschrift »Il fumo«, was einfach »der Rauch«, oder »das Rauchen« bedeutet. Dieser Titel enthält also keinerlei Bezüge zum Hauptthema des Romans, dem Fassen und Aufgeben von Entschlüssen. Insofern könnte man die englische Übersetzung der Kapitelüberschrift, auf deutsch »Die letzte Zigarette«, als Verbesserung gegenüber dem Original ansehen, wenn nicht andererseits in diesem ersten Kapitel wie im ganzen Roman gerade nebulösen Erscheinungen wie Rauch und Wolken eine herausragende Stellung zukäme; in der allerletzten Zeile des Buches findet diese Motivgruppe ihren Höhepunkt in der postapokalyptischen Vision einer Erde, die »zur Nebelform zurückgekehrt, [...] durch die Himmel schweifen« wird.

Am unheimlichsten in diesem beunruhigenden Roman, der mehr als reine Fiktion sein soll, ist dieses pränukleare, postökologische Szenario der Schlußpassage:

»Vielleicht werden wir nach einer unerhörten Katastrophe, verursacht durch die Maschinen, zur Gesundheit zurückfinden. Wenn Giftgase nicht mehr genügen sollten, wird vielleicht ein Mann, aus Fleisch und Blut gemacht wie jeder andere, in der Abgeschiedenheit seines Zimmers einen Sprengstoff von solcher Kraft erfinden, daß die gegenwärtigen Sprengstoffe neben ihm wie unschuldige Spielereien erscheinen werden. Und ein anderer, der nach seinem Bild und dem aller anderen gemacht ist, aber ein wenig hinfälliger ist – wird diesen Sprengstoff stehlen, wird zum Mittelpunkt der Erde kriechen, um ihn dorthin zu legen, wo seine Wirkung allen Berechnungen zufolge am stärksten sein muß. Es wird eine ungeheure Explosion geben, die aber niemand mehr hören wird. Die Erde, zur Nebelform zurückgekehrt, wird durch die Himmel schweifen, erlöst von Parasiten und Krankheiten.«[3]

Der erste Teil von Zenos Prophezeiung scheint durch die Erfindung von Nuklearwaffen in Erfüllung gegangen zu sein, was die Plausibilität des zweiten Teils mehrt und damit auch den Schrecken, der von ihm ausgeht. Aber kann man überhaupt von einer »Prophezeiung« *Zenos* sprechen? Können fiktive Gestalten die Zukunft vorhersagen? Wer spricht hier? Aufgrund welcher Autorität und mit welcher Berechtigung? Eine Analyse von Zenos Ausführungen über das Rauchen muß den Weg nachzeichnen, der ihn von den ästhetischen und kulturellen Implikationen der Zigarette, über die er anfangs nachsinnt, bis zu jener abschließenden Schreckensvision führt, die an einen weltweiten Atomkrieg oder eine globale atomare Verseuchung denken läßt. Steckt eine zwingende Logik dahinter, daß Reflexionen über Zigaretten in der prophetischen Vorwegnahme einer Apokalypse enden?

Einer der Fäden, die uns dabei helfen können, diesen gedanklichen Weg zu verfolgen, ist die explizite Auseinandersetzung mit der »Psychoanalyse« – so lautet auch der Titel des Schlußkapitels. Initiiert werden die Aufzeichnungen Zenos durch die Therapie, der er sich unterzieht – es handelt sich bei diesem 1923 erschienenen Roman um eine der ersten literarischen Darstellungen der Psychoanalyse. Den Erinnerungen geht das »Vorwort« eines »Doktor S.« voraus, der sich als der Therapeut Zenos zu erkennen gibt (»Ich bin der Arzt, der in den folgenden Blättern oft und mit wenig schmeichelhaften Worten erwähnt wird«). Er rechtfertigt seine Entscheidung, das Manuskript seines Patienten ohne dessen Einwilligung zu publizieren, ungerührt als eine Art Racheakt, mit dem er ihn

»ärgern« wolle. Er teilt mit, daß Zeno die Behandlung »im schönsten Augenblick« abgebrochen und sich geweigert habe, sie wiederaufzunehmen. Mit Erpressermethoden bietet er an, die Einnahmen aus der Publikation der Aufzeichnungen mit dem Autor – seinem Patienten, der sie ihm anvertraut hatte – zu teilen, unter der Bedingung, daß dieser sich bereit erkläre, die Behandlung fortzusetzen. Wie wir aus einem »Postskriptum« erfahren, weigert sich Zeno, wieder zur Couch zurückzukehren. Das Niederschreiben seiner Erinnerungen hat bewirkt, was der Psychoanalyse nicht gelang: Es hat ihn von seiner Zigarettensucht befreit. Zeno mokiert sich über die anmaßenden und durchsichtigen Methoden der Psychoanalyse und schlägt vor, man solle diese – in der Theorie wie in der Praxis – lieber durch eine »Fumo-Analyse« ersetzen.

Wie weit der Erzähler sich auch vom orthodoxen Freudianismus entfernt zu haben glaubt, der letzte Absatz des Romans nimmt mit der Vision eines katastrophalen Endes der Zivilisation und des Unbehagens in ihr auf unheimliche Weise eine weitere, berühmt gewordene Antizipation eines globalen Atomkriegs vorweg. Er wurde sechzehn Jahre früher geschrieben als jene Schlußpassagen von *Das Unbehagen in der Kultur*, in denen Freud eine gleichermaßen trostlose Prognose über das Schicksal der Menschheit abgibt – einer Spezies im tödlichen Bann der immer destruktiver werdenden Mächte, die Fortschritt und Technologie geschaffen haben. Daß Zeno eine ganz ähnliche Voraussage ausgerechnet in den für seinen Psychotherapeuten niedergeschriebenen Erinnerungen macht und damit Gedanken Freuds vorwegnimmt, stellt sich als ein überraschendes Ineinandergreifen von Wirklichkeit und Fiktion dar und als seltsame Zeitverschiebung. Es kommt einem so vor, als sei ein literarischer Text, zu dem der Autor durch die Lehren Freuds angeregt wurde, schon sechzehn Jahre bevor Freud selbst das gleiche tat, zu einigen der bedeutendsten

Schlußfolgerungen der Psychoanalyse gelangt, als habe Freud seine Ideen vorausgeschickt – Ideen, auf die unter seinem Einfluß geschaffene fiktive Figuren kamen.

Zenos Alternative zur Psychoanalyse ist keine Sprech-, sondern eine Schreibtherapie. Sie hat nicht die Unterdrückung infantiler Sexualität zum Gegenstand, sondern das Rauchen des Patienten beziehungsweise die Geschichte seines Rauchens, die sich leichter in Erinnerung rufen läßt, wenn der Patient unaufhörlich raucht, während er schreibt. Zeno deckt die Gründe auf, die ihn von der Psychoanalyse abbrachten, indem er die begleitenden Umstände seines Abbruchs der Therapie schildert. Dieser schlägt sich vor allem darin nieder, daß cr das Tagebuch wiederaufnimmt, das er während einer längeren Abwesenheit seines Therapeuten begonnen hatte. Zeno hatte den Stift pflichtschuldig aus der Hand gelegt, als der Arzt nach Triest zurückgekehrt war, und sich sechs Monate lang einer orthodoxen Freudschen Analyse unterzogen. Da er aber schließlich zu der Überzeugung gelangt, daß diese Behandlung keinen Erfolg haben wird, und er sich gleichzeitig der Vorzüge seiner eigenen Methode sicher ist, entschließt er sich am Ende des Romans, den Seelenarzt nicht mehr aufzusuchen und sein Manuskript in den Händen dieses Mannes zurückzulassen:

»3. Mai 1915: ›Ich habe die Psychoanalyse satt. Nachdem ich mich nun volle sechs Monate hindurch analysiert habe, fühle ich mich schlechter als zuvor. Der Doktor ist noch da, aber ich habe mich definitiv entschlossen, ihm den Laufpaß zu geben. Vorläufig ließ ich ihm gestern sagen, daß ich verhindert sei, ihn zu empfangen. Jetzt will ich ihn noch ein paar Tage warten lassen. Wenn ich ganz sicher wäre, über ihn lachen zu können, ohne mich dabei aufzuregen, würde ich mich entschließen, zu ihm zu gehen. Aber ich habe Angst, ich könnte am Ende handgreiflich werden.‹«[4]

Am Anfang des ersten Kapitels erfahren wir, daß der Arzt, bevor er Triest verließ, Zeno eine unorthodoxe Kur verschrieb: Er solle sein Leben schriftlich aufzeichnen. Der Patient müsse so schnell wie möglich geheilt werden: »Schließlich war er alt.« Er rät Zeno, nicht mit aller Gewalt die Erinnerungen an seine früheste Kindheit wachrufen zu wollen, weil er davon schon zu weit entfernt sei und daher die Erinnerungen nicht mehr zuverlässig seien. Statt dessen möge er an ein aktuelleres Thema herangehen, an die Geschichte seiner *propensione al fumo*, seiner Raucherleidenschaft: »Schreiben Sie, schreiben Sie! Sie werden sehen, wie Sie bald in sich hineinblicken werden.«[5] Zeno beginnt, indem er über die äußeren Bedingungen seiner Fumo-Analyse nachsinnt: »Ich glaube, daß ich über das Rauchen ruhig hier an meinem Tisch schreiben kann; daß es dazu nicht erst nötig ist, träumend auf einer Couch zu liegen.« Der Unterschied zwischen Psycho- und Fumo-Analyse wird kurz und knapp herausgestellt: Seine Therapie wird in vertikaler Lage vollzogen, nicht in horizontaler; sie wird aus Schreiben bestehen und nicht aus Reden. Er wird sich eines Schreibstifts, eines konkret faßbaren Gegenstandes bedienen, der durch das Papier hindurch den Widerstand des Tisches spüren läßt, anstatt sich auf ein vages Herumgerede einzulassen.

Weil er nicht recht weiß, wie er anfangen soll, eröffnet Zeno die epische Darstellung seiner Fallgeschichte, indem er sich an ein bewährtes Muster hält: Er ruft eine Muse an (in Wirklichkeit sind es Hunderttausende von Musen), seine Zigarette. »Alle Zigaretten, die ich je geraucht habe, mögen mir beistehen. Sie glichen alle der einen, die ich hier in der Hand halte.« Wenn er es wirklich einmal ausgerechnet hätte, wie viele Zigaretten er schon in seinem Leben konsumiert hatte, wäre er zu einem erschütternden Ergebnis gekommen: Fünfzig am Tag, das zwanzig Jahre lang, ergibt 365 000 Zigaretten, und in dieser Summe sind die 250, die er in den Schaltjahren zusätzlich geraucht hat, noch nicht eingeschlossen. (Im allgemeinen geht man davon aus, daß man ab 300000 Zigaretten todsicher Krebs bekommt.) Jede dieser gerauchten Zigaretten hat die Wiederholung kleiner ritueller Akte mit sich gebracht, wie Cocteau sie beschreibt: den Griff zur Schachtel, das zeremonielle Herausziehen und Anzünden der Zigarette, das Hervorbringen jener merkwürdigen Rauchwolke, die man in sich eindringen und durch die Nase wieder entweichen läßt. Es mag paradox erscheinen, daß man die »Geschichte« einer Abfolge von Handlungen und Gesten, die einander so sehr ähneln, schreiben kann. Aber die unvermeidliche, unaufhörliche Wiederkehr von etwas, das sich vom Vorangehenden und Nachfolgenden nicht unterscheidet, entspricht, wie wir gesehen haben, dem zyklischen Ablauf der Zeit; jedes »jetzt« ist identisch mit dem, an dessen Stelle es tritt, und dem, das folgen wird. Eine Geschichte des Rauchens ist daher wie eine kurzgefaßte Geschichte der Zeit – der Zeit als einer Bedingung für Geschichte. Dieser zigarettenrauchende Zeno ist wie sein antiker Namensvetter ein Philosoph, der den Paradoxien der Bewegung in der Zeit nachgeht.

Indem er die Zigarette als Muse anruft, signalisiert der Ich-Erzähler, daß kein Abschnitt seiner Memoiren geschrieben wurde, ohne von einer Zigarette begleitet oder unterbrochen worden zu sein. Was immer der Autor Svevo/Schmitz getan haben mag, während er die fiktive Geschichte vom schreibenden Zeno zu Papier brachte (wahrscheinlich hat auch er geraucht): Der fiktive Erzähler Zeno hat jedenfalls – so will es der Autor – immer eine Zigarette in der einen Hand und den Stift in der anderen. Der Leser soll selbst darauf kommen, daß die fiktive Geschichte nicht nur aus dem besteht, was Zeno erzählt, sondern auch daraus, was er höchstwahrscheinlich tut – mit den Händen, dem Mund, mit Lunge und Nase –, während er seine autobiographischen Erinnerungen niederschreibt.

Wer allergisch auf Zigaretten reagiert, sollte diesen Roman lieber nicht lesen – aus demselben Grund, weshalb man es etwa einem Passagier auf einem Inlandflug verbieten würde, sich in diesen Roman zu vertiefen. Denn es macht einen Unterschied aus, ob man das Buch zigarettenrauchend liest oder nicht. Es ist »Nur für Raucher« geschrieben. Wenn man nicht raucht, versteht man vermutlich nicht, worum es eigentlich geht, man vermag nicht richtig zu beurteilen, welche therapeutischen Möglichkeiten das Erzählen der eigenen Geschichte birgt. Raucher hingegen werden äußerst motiviert sein, diese Geschichte eines therapeutischen Prozesses mitzuverfolgen, der auf den letzten Seiten damit endet, daß die alt gewordene Hauptfigur endlich das Rauchen aufgibt, nachdem sie es ein ganzes Leben lang vergeblich versucht hat. In diesem Lebensbericht wird scharfe Kritik an der Psychoanalyse geübt; er nimmt für sich in Anspruch, deren Versagen wettmachen zu können, indem er den Weg zu einer wirklichen Heilung aufzeigt. Der Leser, der die Geschichte dieses Heilungsprozesses liest und dabei die ganze Zeit raucht, mag auf dem Wege der Nachempfindung dieselbe Läuterung erfahren wie der Protagonist und sich am Ende von seiner Gewohnheit verabschieden. Es kommen einem nur wenige andere fiktive Werke in den Sinn, die einen so unmittelbaren und entscheidenden Einfluß auf das Leben ihrer Leser ausüben wollen.

James Joyce, ein großer Bewunderer Schmitz' seit der Zeit, in der er ihm in Triest Englischlektionen erteilte, erkannte das Ziel dieses Buches sehr gut, oder zumindest die Wirkung, die die Geschichte auf den Leser haben konnte. Als ihn der Putnam-Verlag bat, ein Vorwort für die englische Übersetzung von *La coscienza di Zeno* zu verfassen, lehnte er dies ab und erteilte statt dessen einen schriftlichen Ratschlag, wie man für dieses Buch werben könne:

»Was das andere Buch des Autors von *Senilità* betrifft, so kann meiner Meinung nach nur folgendes die Aufmerksamkeit des englischen Lesepublikums erwecken: ein Vorwort von Sir James Barrie, dem Verfasser von *My Lady Nicotine* [und von *Peter Pan*], Urteile über das Buch von zwei zu Recht bekannten und beliebten Persönlichkeiten unserer Zeit, wie zum Beispiel dem Rector of Stiffkey und der Princess of Wales, und (auf der Vorderseite des Umschlags) ein farbiges Bild von einem Maler der königlichen Akademie, das zwei junge Damen zeigt, die eine blond, die andere dunkelhaarig, aber beide in jedem Fall ausgesprochen hübsch aussehend, welche in graziler, aber natürlich nicht unvorteilhafter Haltung an einem Tisch sitzen, auf dem das Buch aufrecht steht, so daß der Titel zu lesen ist, und unter diesem Bild ein einfacher, dreizeiliger Dialog wie zum Beispiel:

Ethel: Gibt Cyril noch immer zuviel für Zigaretten aus?

Doris: Viel zuviel.

Ethel: Das hat Percy auch getan, bis ich ihm (zeigt auf das Buch) *Zeno* gab.«[6]

Der lässige Chic zweier charmanter Damen, die eine *brune*, die andere *blonde* wie französische Zigaretten, soll das philiströse Lesepublikum dazu verführen, Geld für das Buch auszugeben, nicht seines künstlerischen Wertes wegen, sondern wegen seines nutzbringenden Effekts, der heilsamen Wirkung – und zwar für den Geldbeutel, nicht für die Gesundheit. Kauft *Zeno*, wirbt Joyce, denn je mehr ihr davon lest, desto mehr spart ihr.

Bei Zeno schlägt die Fumo-Analyse sofort an: Kaum hat er seine Muse heraufbeschworen, erinnert er sich schon an etwas. Nicht an etwas, das er vergessen, sondern woran er sich zuvor nur nie erinnert hatte. Ihm fällt ein, daß die ersten Zigaretten, die er vor vielen Jahren rauchte, nicht mehr im Handel sind:

Um 1870 gab es in Österreich Zigaretten in kleinen Schachteln, auf denen der Doppeladler prangte. Eine negative Erinnerung, insofern, als ihm bewußt wird, daß etwas verschwunden ist: Das erste Motiv in dieser Geschichte des Rauchens macht das »Verrauchen« von Geschichte deutlich. Rauchen und Politik stehen schon seit dem sechzehnten Jahrhundert in engem Zusammenhang, denn der Tabak, den auch Napoleon wegen seiner eminenten Besteuerbarkeit schätzte, war schon immer der Punkt, an dem der Staat ansetzte, um direkt auf das Privatleben des Einzelnen einzuwirken, und in dem sich politische Maßnahmen und Ereignisse am unmittelbarsten bemerkbar machten. Das Bild vom Aufstieg und Untergang des doppelköpfigen Adlers steht für Zenos historisches Bewußtsein und macht deutlich, daß das Leben des einzelnen Rauchers in eine umfassendere geschichtliche Entwicklung eingebunden ist.

Zeno sieht als nächstes das Bild mehrerer Personen um eine Schachtel besagter österreichischer Zigaretten herum; er kann ihre Gesichtszüge so gut erkennen, daß ihm auch ihre Namen wieder in Erinnerung kommen. Er ist überrascht, daß das Bild dieser Menschen ihn in keiner Weise bewegt. In der Hoffnung, seine Erinnerung lebendiger zu machen, hört er auf zu schreiben und geht zu seiner Couch, um sich hinzulegen und damit die orthodoxe Haltung eines Psychoanalyse-Patienten einzunehmen. Doch sofort verflüchtigen sich die Gesichter, und an ihre Stelle treten groteske Karikaturen, die ihn auslachen. Entmutigt steht er auf und geht zu seinem Tisch zurück: Die Methoden der Psychoanalyse lassen ihn nicht nur im Stich, verspotten und deprimieren ihn, sondern die Bedeutung, die Freud der affektiven Kraft und dem prägenden Einfluß früher Erinnerungen zuweist, wird systematisch entwertet und widerlegt.

Zeno setzt sich wieder an den Tisch und zündet sich eine Zigarette an. Nachdem er die erniedrigende Liegeposition aufgegeben und die grotesken Ausgeburten seiner Phantasie, die sich in dieser Lage statt der Erinnerungen einstellen, verscheucht hat, findet er Zugang zu authentischen Szenen aus seiner Vergangenheit, die in seinem Bewußtsein ganz konkret mit der Reihe der unzähligen gerauchten Zigaretten verknüpft sind. Die Bilder fliegen ihm immer schneller zu und verdichten sich zu einer zusammenhängenden Geschichte von Nicht-Ereignissen, versäumten Gelegenheiten und Verlusten. Mit der alten Zigarettenschachtel verbindet er in der Erinnerung die Gestalt eines Jungen, den er einst kannte, Giuseppe, eines Burschen mit einer »etwas heiseren Stimme«. Giuseppe ist die erste Person, an die sich Zeno in seinen Aufzeichnungen erinnert, er hat gewissermaßen eine initiierende Funktion, aber das ist es auch schon. Sein erstes Auftreten ist gleichzeitig sein letztes, und es hat nichts von der Bedeutung, die in der Psychoanalyse dem frühesten erinnerten Ereignis zugewiesen wird; es wird nie wieder aufgegriffen, erhält auch keine verborgene psychologische Bedeutung und spielt keine Rolle in dem anekdotischen Sich-Offenbaren von Zenos Bewußtsein. Zeno teilt uns lediglich mit, daß dieser Junge von seinem Vater viel Geld bekam und davon jene österreichischen Zigaretten kaufte. Eines weiß Zeno mit Sicherheit: Giuseppe hat ihm nur selten welche abgegeben.

Giuseppes Geiz, der Zeno dazu zwang, Geld für Zigaretten zu stehlen, widerspricht dem Ethos demokratischer Großzügigkeit, das man mit Tabak im allgemeinen und Zigaretten im besonderen assoziiert. In diesem Zusammenhang wollen wir uns die Eingangszene von Molières Version des *Don Juan* in Erinnerung rufen. Sie beginnt mit einem langen Monolog, in dem der Tabak wegen der Generosität gepriesen wird, mit der er den Umgang der Menschen miteinander fördert. Don Juans Diener erklärt den Tabak zum Allheilmittel gegen alle Leiden. Er lasse ein Universum entstehen, in dem ökonomische Gerechtigkeit herrsche, weil er den freigiebigen Austausch von Geschenken fördere: Tabak gibt uns die Gabe des Gebens. Don Juan selbst verhindert, wie auch Giuseppe, daß diese Utopie Realität wird.

Außer in Zeiten großer Not, wenn sie zu einer Art Geldersatz, zum universellen Tauschobjekt werden, sind Zigaretten normalerweise nicht dem Besitzdenken unterworfen, sondern veranlassen häufig zur Geste des Schenkens. In vielen Ländern kann man sogar heute noch, wie früher in Amerika, gleich welcher Gesellschaftsschicht man angehört, irgend jemanden um Feuer bitten, und die Bitte um eine Zigarette wird nie abgeschlagen. Rival spricht von einer »Bruderschaft der Raucher« – die heutzutage allerdings immer mehr zu einer Schwesternschaft wird. Er zitiert einen Brief von Madame de Girardin an den Vicomte de Launay aus dem Jahr 1844, in dem sie erzählt, daß ein Arbeiter kürzlich den Adeligen de J. um Feuer gebeten habe, woraufhin der ihm seine Zigarre geschenkt habe. Sie fügt an, daß man in Spanien einen ernsthaften Streit vom Zaun brechen könne, wenn man sich weigere, jemandem Feuer zu geben. Der schäbigste Bettler habe das Recht, den König selbst um Feuer zu bitten. Sie schließt mit der Vermutung: »Wenn Prometheus das Feuer vom Himmel gestohlen hätte, um seine Zigarette anzuzünden, hätten die Götter ihn gewähren lassen.«[7]

Giuseppes Geiz ist also schuld daran, daß Zeno seine Laufbahn als Raucher begann, indem er das nötige Geld stahl. Die einzige Quelle, aus der er sich ein paar Groschen besorgen konnte, waren die Westentaschen seines Vaters, der seine Kleider im Sommer oft auf einem Stuhl im Speisezimmer zurückließ. Zeno kaufte sich seine ersten Zigaretten mit jenen *dieci soldi*, »die zum Kauf der heißersehnten Schachtel reichten«, und rauchte die zehn darin enthaltenen Zigaretten hintereinander weg, um die verräterischen Früchte seines Diebstahls nicht zu lange aufzubewahren. Mit dem Rauchen zu beginnen hieß also für Zeno zugleich, ein Dieb zu werden. Es ist nicht ungewöhnlich, vielleicht sogar die Regel, daß das Rauchen im Zeichen des Illegalen seinen Anfang nimmt. Da Moralisten den Tabak seit seiner Einführung nicht weniger entschieden abgelehnt haben als die Ärzte, stellte sein Konsum immer eine Art von Mißachtung der Autorität dar, der Gesetze der Menschen und der Gesetze Gottes. Indem er raucht, dreht Laforgue den Unsterblichen eine Nase, und Revolutionäre erheben sich oft gegen Tyrannen und Diktatoren, die auch das Rauchen und den freien Handel mit Tabak unterdrückt haben. Zeno erkennt sehr gut, daß das erste Rauchen häufig, vielleicht sogar immer, einen ödipalen Übergriff bedeutet, aber anders als Freud mißt er dieser Tatsache keinerlei Bedeutung für den Behandlungserfolg zu.

Die Fallgeschichte, die Zeno erzählt, steuert nicht wie eine Psychoanalyse schrittweise auf die Aufdeckung eines tiefverborgenen Geheimnisses des frühkindlichen Sexuallebens zu. Zeno bewegt sich bewußt und analytisch von einem Paradox des Rauchens zum nächsten. Mit jedem Schritt bringt er sich ein weiteres Paradox zu Bewußtsein. Es ist das Bewußtsein eines Menschen, der um die logischen Dilemmata eines Philosophen oder Mathematikers weiß; schließlich hat Zeno, wie Svevo, Jura und Chemie studiert.

Zeno stahl so lange, bis ihn eines Tages sein Vater auf frischer Tat ertappte. »Nun erinnere ich mich, wie es war, als mich mein Vater beim Durchsuchen seiner Weste überraschte. Mit einer Frechheit, die ich heute scheußlich finde (wer weiß, ob dieser Abscheu nicht für meine Kur bedeutsam ist) und die ich nicht mehr aufbrächte, sagte ich: ›Ich wollte einmal wissen, wieviel Knöpfe so eine Weste hat.‹ Mein Vater lachte über meinen Hang zur Mathematik oder zur Schneiderkunst und merkte gar nicht, daß meine Hand in seiner Westentasche steckte. Zu meiner Ehre kann ich sagen, daß dieses Lachen, das meiner vermeintlichen Harmlosigkeit galt, genügte, mich von weiteren Diebstählen abzuhalten.« Die Folge davon, daß er (nicht) erwischt wurde, ist paradox: Das Gelächter über seine Unschuld, in das der Vater genau in dem Augenblick ausbrach, als Zeno die Unschuld verlor, reichte angeblich aus, um zu verhindern, daß er jemals wieder stahl. Warum? Worin liegt die verborgene Logik dieser überraschend effektiven Lektion begründet, die der Vater ihm unbeabsichtigt erteilte – effektiv offensichtlich gerade deshalb, weil es nicht die Lektion war, die er »verdient« hätte? Weil sein Vater ihn von aller Schuld freisprach, da er ihm keine bösen Absichten zutraute, bestrafte er sich selbst um so härter, um sich klarzumachen, wie schäbig er sich verhalten hatte. Hätte sein Vater die Situation erkannt und ihn bestraft, dann hätte er sich vielleicht nur vorgenommen, es beim nächsten Mal geschickter anzustellen. So aber erlegte er sich um seiner Ehre willen (*a mio onore*) selbst eine Strafe auf, die aus einer relativ milden Selbstverachtung bestand, und genau dies war die äußerst wirksame Lektion, die der Vater ihm zu erteilen versäumt hatte. Das Gesetz des Vaters wird internalisiert, Gehorsam wird zu einer Sache der eigenen Ehre. Zeno ist auf diese Weise dazu verpflichtet, sich selbst zu bestrafen und sein Verhalten selbst zu korrigieren. Das Nichtbestrafen erzielt die Wirkung des Bestrafens, während ein tatsächliches Bestraftwerden wahrscheinlich seinen Trotz herausgefordert hätte.

Aber nehmen wir einmal an, das Gelächter des Vaters ist nur vorgetäuscht und er sieht sehr wohl, wo Zenos Hand eingedrungen ist, sieht aber auch, daß der Sohn glaubt, er sehe nichts. Er läßt ihn in diesem Glauben, um es ihm zu ermöglichen, ohne fremde Hilfe seine eigenen Schlußfolgerungen zu ziehen und einzusehen, daß das nicht richtig war. Vielleicht begreift der Vater, daß er den Sohn nur zu weiteren Diebstählen veranlassen würde, wenn er kraft seiner väterlichen Autorität den Sohn bestrafte und einsperrte. Der Sohn, der sich selbst bestraft und sich eingestehen muß, daß er eines Verbrechens fähig ist, wird sich ein besserer Vater sein, als der strafende Vater es vermocht hätte. Sich angesichts eines Diebstahls blind zu stellen mag ein pädagogisches Verfahren sein, das man nicht verallgemeinern sollte; doch wenn der Vater schon vorher nach demselben Muster vorgegangen wäre, das heißt, wenn er es seinem Sohn erlaubt hätte zu rauchen, wäre dieser vielleicht ebensowenig ein hoffnungsloser Raucher geworden, wie er ein unverbesserlicher Dieb wurde. Es gibt – paradoxerweise – gewisse Verbote, deren Einhaltung man erzwingt, indem man sie nicht erzwingt – und dies mag auch für das Verbot des Rauchens gelten.

Dem ersten Paradox Zenos folgt sofort ein zweites. Nachdem er beschlossen hatte, nie wieder zu stehlen, weil er für sein freches Vorgehen nicht bestraft worden war, begann er das gleiche zu tun, ohne dies aber als Diebstahl anzusehen. Sein Vater ließ oft halbgerauchte Virginias am Tischrand oder auf einer Kommode liegen. Zeno dachte, daß sie dort zurückgelassen worden seien, damit das Hausmädchen sie wegwerfe, und fing an, sie heimlich aufzurauchen, in der Meinung, daß niemand ihr Fehlen bemerken werde. Doch »schon wenn ich sie einsteckte, überlief mich ein Schauer, da ich wohl wußte, wie übel mir davon werden würde. Dann rauchte ich so lange, bis meine Stirn in kalten Schweiß und mein Magen in Zuckungen geriet. Man kann nicht behaupten, daß ich in meiner Jugend zuwenig Energie besessen hätte.« Auf italienisch wird der Akt der Aneignung (das Einstecken) der Inbesitz- oder Beschlagnahme mit *impadronirmene* bezeichnet; man könnte das als »sich selbst zum Vater von etwas machen« übersetzen. Der Sohn wird wie der Vater, indem er sich in einem Akt väterlicher Autorität das Eigentum des Vaters aneignet. Aber das Triumphgefühl erschöpft sich in einer Welle des Ekels, im Vorgefühl der nachfolgenden Übelkeit. Seine Erwartungen werden von den Magenkrämpfen und Schweißausbrüchen, die die Zigarren hervorrufen, voll und ganz erfüllt. Es bedarf keines geringen Energieaufwands, um sich selbst eine derart komplexe Mischung aus Lust und Schmerz zu verschaffen. Keinen Augenblick lang wird der Beginn des Rauchens mit Wohlgeschmack, Wohlgefühl oder narkotischen Zuständen identifiziert: Es ist von Anfang an unangenehm, verursacht schon Ekel, wenn man nur daran denkt, körperliche Übelkeit, wenn man es tut, und hinterläßt immer ein Gefühl von Abscheu und Scham.

Zeno rauchte die Zigarrenstummel so lange, bis ihn eine erneute paradoxe Intervention seines Vaters auch von dieser – unwissentlichen – Form des Stehlens kurierte. Als er sich eines Tages neben seine Mutter auf das Sofa gekuschelt hatte und scheinbar eingeschlafen war, kam sein Vater ins Zimmer und fragte sich laut, was nur mit der angerauchten Zigarre geschehen sei, die er auf einem bestimmten Schrank zurückgelassen habe: »Ich glaube, ich verliere den Verstand. Ich bin fast sicher, vor einer halben Stunde eine angerauchte Zigarre auf diesem Schrank da liegengelassen zu haben. Jetzt finde ich sie nicht mehr. Es muß schlimm mit mir stehen. Die Dinge schwinden aus meiner Erinnerung.« Zenos Mutter antwortete mit einem Lachen, das nur durch die Angst, den Sohn aufzuwecken, gedämpft wurde: »›Es war doch niemand nach dem Mittagessen im Zimmer.‹ Mein Vater brummte: ›Das weiß ich. Gerade darum glaube ich ja, verrückt zu werden.‹«

Zeno hört damit auf, die Zigarrenstummel seines Vaters zu entwenden, weil er befürchtet, den Vater in den Wahnsinn zu treiben, wenn er weiterhin etwas tut, was ihm der Vater niemals zutrauen würde. Es ist »niemand« im Zimmer gewesen, heißt es – Zeno war aber in dem Zimmer. Er ist »niemand«, der erwachsen genug wäre, um seinem Vater Zigarren zu stehlen. Die Mutter verrät mit dem Lachen ihr Wissen darum, daß das Kind schon seine Unschuld verloren hat, aber dem Vater ist diese Möglichkeit noch nicht in den Sinn gekommen. Selbst wenn er an seiner eigenen Zurechnungsfähigkeit zweifeln muß, weigert er sich einfach, seinem Sohn die Fähigkeit oder auch den Willen zuzuerkennen, gegen ein väterliches Verbot zu handeln. Wiederum internalisiert Zeno ein Gesetz, dem der Vater nicht Geltung zu verschaffen vermochte. Die scheinbar unbeabsichtigte Strategie des Vaters (erneut kann man nicht ausschließen, daß er sich verstellt) ist erfolgreich: Zeno wird davon »geheilt«, Zigarren zu stehlen, indem dies scheinbar unbemerkt bleibt und daher auch nicht bestraft wird.

Im Gegensatz dazu versagt der Vater völlig, was das Verbot des Zigarettenrauchens anbelangt, denn ein solches Verbot bewirkt immer genau das Gegenteil. Zeno bringt folgende unheilverkündende Bemerkung zu Papier: »Später erschwerte nicht mehr Geldmangel die Befriedigung meines Lasters, um so verlockender wurde es durch das Verbot.« Während das Ausbleiben der Strafe den Jungen von seinem Laster kurierte, gaben Verbote diesem neuen Auftrieb. Der »Reiz des Verbotenen« ist eine psychologische Tatsache, wahrscheinlich bekannter, als all jene, die damit beauftragt sind, den Drogenkonsum zu bekämpfen, offiziell anerkennen würden – aus Angst, daß sie sich selbst damit für überflüssig erklären könnten. Das Paradox, daß ein Verbot als Aufforderung wirken kann, vermag zum Beispiel auch die scheinbar widersprüchlichen Strategien der amerikanischen Regierung zu erklären, die einerseits Warnungen auf Zigarettenschachteln drucken läßt, andererseits Tabakfarmer subventioniert, die also nachdrücklich auf Folgen des Rauchens hinweist und mit dem gleichen Nachdruck den Export amerikanischen Tabaks fördert. Wenn es ihr unausgesprochenes Ziel sein sollte, den Tabakkonsum im In- wie im Ausland ansteigen zu lassen, dann würde Zenos Paradox zufolge die Ausweitung des Verbots dies in effektivster Weise unterstützen. Die Statistiken über die Abnahme des Tabakkonsums in Amerika nach Veröffentlichung des Berichts des Obersten Gesundheitsbeauftragten dürften verschleiern, daß – was die logische Folge wäre – immer mehr Menschen heimlich rauchen. Als der Drogenzar William Bennett zu dem Geständnis gezwungen wurde, daß er auch ein Nikotinspray benutzte, wurde in einer Folge der *Doonesbury*-Comic-Strip-Serie angedeutet, daß sich vermutlich mehr Leute im verborgenen ein schnelles, kleines, schmutziges Zigarettchen reinziehen.

Zeno erinnert sich daran, daß er – von Verboten bedroht – wie wild rauchte und dazu »alle möglichen Verstecke« aufsuchte. Vor allem an eine Episode muß er denken: Wie er mit zwei anderen Jungen in einem finsteren Keller einen Wettbewerb austrug, wer von ihnen in einer bestimmten Zeit die meisten Zigaretten rauchen konnte. Zeno gewann. Aber was hatte er gewonnen? Als er an die frische Luft und ins Sonnenlicht zurücktorkelte, mußte er die Augen schließen, um nicht hinzufallen: »Ich gewann und verbarg heroisch mein Unwohlsein, die Folge dieses seltsamen Experimentes.« Merkwürdig, mit welchem Heroismus der Neuling etwas auf sich nimmt, was ihn nur krank und schwach macht. Als Zeno wieder einigermaßen zu sich kommt, rühmt er sich seines Sieges. Einer der anderen Jungen sagt: »Mir macht es gar nichts, daß ich verloren habe. Ich rauche nur, solange es mir Spaß macht.« Zeno schreibt, daß er sich dieser »gesunden Worte« deutlich entsinne, nicht aber des gesunden Gesichts, das ihm in jenem Augenblick sicherlich zugewandt war. Seine Vergeßlichkeit ist eine Art von heimlicher Rache an seinem damaligen Spielgefährten. Für Zeno hatte das Rauchen von Anfang an nichts mit Gesundheit oder Vergnügen zu tun. Der Gedanke, gerade so viele Zigaretten zu rauchen, daß es einem noch Vergnügen bereitet, widerspricht der tatsächlichen Erfahrung und der Eigendynamik des Suchtverhaltens. Papst Johannes Paul II. soll angeblich nur drei Zigaretten am Tag rauchen, eine nach jeder Mahlzeit. Aber nur ein Heiliger kann eine solche Kontrolle über eine Gewohnheit haben, an der man offensichtlich entweder exzessiv festhält oder gar nicht.

Von Anfang an vermochte Zeno nicht zu sagen, ob er Zigaretten liebte oder haßte. Als er schließlich erkannte, daß er »ihren Geschmack und den Zustand, den ich dem Nikotin verdankte«, nur haßte, war alles »noch viel schlimmer«. Zigaretten zu hassen ist keineswegs damit unvereinbar, daß man sie weiterhin raucht; es liefert nur den Vorwand dafür, daß man ständig »die letzte Zigarette« raucht. Man liebt es, Zigaretten zu hassen.

Im Alter von ungefähr zwanzig Jahren begann Zeno ernsthaft zu rauchen – und dies als Folge eines Versuchs, damit aufzuhören. Nachdem er mehrere Wochen lang starke Halsschmerzen und Fieber gehabt hatte, wurde ihm vom Arzt Bettruhe verordnet und das Rauchen »absolut« verboten: »Ich erinnere mich genau des Wortes ›absolut‹! Es machte tiefen Eindruck auf mich, und das Fieber verlieh ihm Gestalt: ich sah den leeren Raum und hatte nichts, um dem ungeheuren Druck widerstehen zu können, den leere Räume stets erzeugen.« Nachdem der Arzt gegangen war, ermahnte ihn sein Vater mit einer Zigarre in der Hand, nicht mehr zu rauchen. Dieser Befehl löste ein starkes Unbehagen im Patienten aus und führte ihn zum nächsten paradoxen Stadium in seiner Geschichte als Zigarettenraucher. »Ich dachte: ›Es schadet mir, ich will es nie mehr tun. Aber vorher will ich es noch ein letztes Mal tun.‹« Obwohl sie seine Kehle in Brand zu setzen schien, rauchte er »eine letzte«: »Mit der Gewissenhaftigkeit, mit der man ein Gelöbnis einhält, rauchte ich die Zigarette zu Ende. Und unter ungeheuren Schmerzen rauchte ich während meiner Krankheit noch viele andere.« Der Schmerz, den das Rauchen bereitet, ist nichts im Vergleich zu der enormen Unruhe, in die einen das Gelübde versetzt, nicht mehr zu rauchen, ein Gelübde, das damit bereits erfüllt ist, daß man die *letzte* Zigarette raucht. Um aufzuhören, muß man *zuerst* die *letzte* Zigarette rauchen, aber diese letzte ist nur eine weitere. Aufzuhören bedeutet also weiterzurauchen. Hier haben wir das ganze Paradox: Zigaretten tun mir nicht gut, also werde ich aufhören. Dies zu versprechen schafft eine große Unruhe. Ich rauche die letzte Zigarette, als ob ich ein Gelübde erfüllte. Das Gelübde ist damit erfüllt, und die Unruhe, welche es verursacht hat, vergeht. Die letzte Zigarette erlaubt es mir also, danach noch viele weitere zu rauchen.

Von Zeit zu Zeit tauchte damals sein Vater bei ihm auf, um ihn, Zigarre im Mund, daran zu erinnern, daß er seinem Vorsatz treu bleiben sollte, den er insgeheim schon mehrfach gebrochen hatte. »Mein Vater kam und ging und rauchte selber seine Zigarre und sagte dabei: ›Bravo! Noch ein paar Tage, ohne zu rauchen, und du bist gesund!‹« Dieser Satz erweckte Zenos brennendes Verlangen, der Vater möge sofort wieder gehen, damit er sich eine Zigarette anstecken könnte. Manchmal stellte er sich schlafend, damit der andere schneller wieder verschwand; er brauchte die Worte schon nicht mehr zu hören, um ein heftiges Verlangen nach einer Zigarette zu verspüren. Mit seiner Krankheit begann die Erwachsenenphase seines Raucherdaseins, in der er sich immer noch befindet, als er nach einem langen Leben seine Fumo-Analyse aufschreibt: »Dieses Leiden verschaffte mir mein zweites: die ohnmächtige Bemühung, das erste loszuwerden. Täglich wechselten Zigaretten und strenge Vorsätze, nicht mehr zu rauchen, miteinander ab. Ja, um alles zu sagen, im allgemeinen ist es heute auch nicht anders. Die unendliche Reihe der ›letzten Zigaretten‹, die damals, in meinem zwanzigsten Lebensjahr anfing, ist heute noch nicht abgeschlossen.«

Zusätzlich zu seiner Nikotinsucht hatte er sich jetzt noch eine zweite zugelegt: die Sucht, sich immer wieder zu entschließen, mit dem Rauchen aufzuhören. Sich zu entschließen, die letzte Zigarette zu rauchen, wurde die Hauptbeschäftigung seines Lebens. Sie ist es immer noch, wie er uns mitteilt, als er in seinen Erinnerungen rückblickend über die beiden Obsessionen schreibt. Je älter er wird, desto weniger »streng« sind seine Vorsätze, und er wird immer »nachgiebiger« gegen seine Schwächen – das heißt, er macht sich immer weniger Illusionen über seine Fähigkeit, seinen Vorsätzen treu zu bleiben. Dennoch faßt er immer die gleichen Entschlüsse, wobei er weiterhin raucht, anscheinend mehr denn je. »Wenn man alt wird, lächelt man über das Leben und alles, was es enthält. Heute kann ich offen sagen, daß ich viele Zigaretten rauche [...] die noch lange nicht die letzten sind.« Das heißt, die Zigaretten, die er seit einiger Zeit raucht, sind nicht nur »nicht die letzten« Zigaretten, sondern auch keine »letzten Zigaretten«, die von uneingelösten Versprechen begleitet wurden.

Sartre schlägt unter Bezugnahme auf Briefe Dostojewskis, die von dessen ständiger Entschlossenheit künden, mit dem Glücksspiel Schluß zu machen, eine existentialistische Interpretation des Mechanismus vor, der jeden noch so entschieden gefaßten Vorsatz, eine Sucht aufzugeben, zum Scheitern verurteilt. Dieser Mechanismus oder – wie er es nennt – dieses Prinzip ist nichts anderes als unsere Freiheit: die Wirkungslosigkeit jedes in der Vergangenheit gefaßten Entschlusses hinsichtlich unserer Entscheidungsfreiheit in der Gegenwart. Nichts in unserer Vergangenheit, nicht einmal der eisernste Entschluß, kann unsere Handlung determinieren.

Was in einem Raucher vorgeht, der mit einer Zigarette liebäugelt, wird oft als der innere Widerstreit dargestellt zwischen der Lust zu rauchen und dem gegenteiligen Vorsatz, der aber am Ende aufgegeben wird. Sartre verwirft diese Beschreibung, weil sie davon ausgeht, daß tatsächlich zwei gegensätzliche Entscheidungsmöglichkeiten bestehen:

»In Wirklichkeit […] gibt es nichts in uns, was einer inneren *Debatte* ähnlich ist, als ob wir Motive und Triebkräfte abzuwägen hätten, bevor wir uns entschieden. Die vorherige Entscheidung, ›nicht mehr zu spielen‹, ist immer *da*, und in der Mehrzahl der Fälle wendet sich der Spieler, wenn er in die Nähe des Spieltisches gerät, zu ihr zurück, um sie um Hilfe zu bitten: denn er will nicht spielen, oder vielmehr, da er seinen Entschluß am Tag vorher gefaßt hat, denkt er sich noch als einen, der nicht mehr spielen will, glaubt er an eine Wirkung dieses Entschlusses. Aber was er dann in der Angst erfaßt, das ist gerade die totale Unwirksamkeit des vergangenen Entschlusses. Er ist zwar da, aber erstarrt, wirkungslos, *überschritten* gerade durch die Tatsache, daß ich Bewußtsein von ihm habe. Er ist noch *Ich*, insofern ich über den Zeitstrom meine Identität mit mir selbst fortwährend realisiere, aber er ist nicht mehr *Ich*, weil er *für* mein Bewußtsein ist. Ich entgehe ihm, er verfehlt den Auftrag, den ich ihm gegeben habe.«[8]

Es ist nicht so, daß die Begierde des Rauchens, wenn sie die Oberhand über seinen Entschluß gewinnt, diesen völlig auslöscht: Der Entschluß ist immer – und immer noch – da. Sobald der Raucher mit einer Zigarette konfrontiert wird, nimmt er Zuflucht bei seinem Entschluß. Der Vorsatz, nicht zu rauchen, ist noch in ihm, aber in dem Augenblick, in dem er ihn bittet, ihm dabei zu helfen, einer neuen Versuchung zu widerstehen, erfaßt er – voller Angst, wie Sartre sagt – dessen völlige Wirkungslosigkeit in der gegenwärtigen Situation. Der Entschluß ist noch *Er*, insofern er selbst die Summe und das Fortbestehen aller seiner vergangenen Entschlüsse ist, andererseits ist er nicht mehr *Er*, da er ihn transzendiert hat, indem er sich bewußt wurde, daß er etwas ist, was der Vergangenheit angehört: »aber er ist nicht mehr *Ich*, weil er *für* mein Bewußtsein ist«. Weil ich nicht wirklich einen (neuen) Entschluß fasse – indem ich ihn ausspreche –, sondern mich an einen erinnere, der für mein Bewußtsein der Vergangenheit angehört, »entgehe [ich] ihm, er verfehlt den Auftrag, den ich ihm gegeben habe«. Der Auftrag ist nicht erfüllt, der Raucher mit der Entfernung konfrontiert, dem Nichts, *le néant*, das ihn von sich selbst trennt. Er hätte so gerne nicht geraucht. Gestern hätte er die Zigarette niemals genommen; gestern hat er alles ganz klar gesehen, ein ganzheitliches Bild vor Augen gehabt: Er konnte den Zusammenhang zwischen dem Rauchen, seiner Gesundheit, der Mißbilligung, die seine Freunde und Verwandten äußerten, und der Verachtung, die ihm die Gesellschaft entgegenbrachte, ganz deutlich sehen – und dies hat ihn tatsächlich davon abgehalten, zur nächsten Zigarette zu greifen. Er dachte, daß er durch die Entschiedenheit seines Entschlusses eine Barriere zwischen sich und der Zigarette errichtet hätte. Aber jetzt scheint dieser Entschluß nur mehr die schwache Erinnerung an eine Idee zu sein, der unwirkliche Nachklang eines Gefühls, das er gestern hatte. Wenn sein Entschluß ihm helfen sollte, müßte er ihn wieder ganz von vorne, ganz neu fassen. Aber dann wäre es ein neuer Entschluß und eine der Optionen, die er jetzt, in der Gegenwart hat: zu einer Zigarette zu greifen oder nicht. Er müßte in der Gegenwart alle die Gefühle der Angst um seine Gesundheit erneut heraufbeschwören, den Stachel der sozialen Mißbilligung, den er gestern verspürte, wieder fühlen – sonst wäre der Entschluß nichts als ein Hirngespinst. Der Raucher hatte geglaubt, daß er ihn in der Zukunft vom Rauchen abhalten würde, aber wenn er jetzt der Verlokkung zu rauchen gegenübersteht, erkennt er, daß er so wehrlos und auf sich allein gestellt ist wie zuvor: Zwischen ihm und der Zigarette türmen sich überhaupt keine Barrieren auf, er kann sie ohne weiteres rauchen, wenn er will. Und er tut es.

Für Sartre ist das Versagen der mit noch so großer Entschiedenheit gefaßten Entschlüsse ein Beweis für das Nichtvorhandensein eines Determinismus, ein Beweis für die Freiheit, in der wir uns allen Entschlüssen der Vergangenheit gegenüber befinden. Der Raucher Sartres *genießt* aber diese Freiheit nicht, sie erfüllt ihn mit Angst, weil er erkennt, daß nichts ihn von der Notwendigkeit bewahrt, die Verantwortung für seine Entscheidungen in der Gegenwart zu übernehmen. Insofern ich nicht mehr völlig der bin, der ich gewesen bin, da ich mir jetzt dessen bewußt bin, wer ich gewesen bin, eröffne ich zwischen dem Damals und dem Jetzt einen Raum der Indeterminiertheit, der in mir Angst auslöst, der aber der unaufhebbare Raum – oder die Zeit – meiner Freiheit ist.

»Mit dem Rauchen aufzuhören ist die einfachste Sache, die ich jemals getan habe. Ich muß es wissen, da ich es tausendmal getan habe.«[9] Mark Twain bestätigt: Während es für alles nur *ein* erstes Mal gibt (ein zweites Mal, das zum letzten Mal das erste ist), gibt es bei Zigaretten eine unzählige Anzahl von letzten Malen, von denen jedes nur das jüngste letzte Mal in einem Perpetuum mobile des Rauchens sein kann und keineswegs darüber entscheidet, ob und wann die nächste Zigarette geraucht wird. Das Paradox der letzten Zigarette besteht darin, daß diese gleichzeitig die letzte und die *jüngste* ist: keine Zigaretten mehr und doch noch eine.

Zeno setzt seine Erzählung fort, indem er folgenden Eintrag, wunderschön geschrieben und mit vielen Schnörkeln verziert, dem Vorsatzblatt eines Wörterbuchs entnimmt: »Heute, am 2. Februar 1886, gebe ich das juristische Studium auf und fange mit der Chemie an. Letzte Zigarette!!« Er fügt hinzu: »Es war eine sehr wichtige letzte Zigarette.« Zeno entwickelt eine ganze Hierarchie von letzten Zigaretten, die zu wichtigen Daten in seinem Leben in Beziehung standen. Es scheint so, als ob sein Entschluß auf die Unterstützung durch ein bedeutsames Ereignis angewiesen sei, um überhaupt als Barriere gegen das Rauchen zu taugen. Auf der anderen Seite unterstreicht der Entschluß, nicht mehr zu rauchen, die Bedeutsamkeit des Ereignisses. Die in das Wörterbuch eingetragene »letzte Zigarette« wurde deswegen mit soviel feierlichem Ernst beschlossen, weil sie anläßlich einer bedeutsamen Veränderung in seiner beruflichen Laufbahn geraucht wurde; gleichzeitig setzte sie ein Zeichen zur Sichtbarmachung seiner Entscheidung. Indem sie den Wechsel vom Jura- zum Chemiestudium kennzeichnete, signalisierte sie »den Wunsch nach irgendeiner aktiven (auch manuellen) Betätigung und nach klarem, trockenem und exaktem Denken«. Später entdeckt Zeno auf dem Einband eines Buches das Datum einer weiteren letzten Zigarette – ebenfalls »nicht ohne Bedeutung«, weil sie seine Rückkehr zum Jurastudium markierte. Ihm war bewußt geworden, daß er für das Chemiestudium wenig geeignet war, »allein schon wegen meiner ungeschickten und unsicheren Hände«. Und er fügt hinzu: »Wie hätten die auch anders sein können, da ich doch unaufhörlich wie ein Türke rauchte.« Das Rauchen der »letzten Zigarette« führte dazu, daß er wie ein Schlot qualmte und nicht die für die Laborarbeit nötige Geschicklichkeit entwickeln konnte. Es hatte zur Folge, daß er nie die Fähigkeiten erlangte, die er mit dem Rauchen der letzten Zigarette noch anstrebte. Hier handelt es sich um etwas, was die Philosophen ein pragmatisches Paradox nennen. Die Ankündigung einer bestimmten Handlung macht es unmöglich, daß sie sich tatsächlich ereignet.

Als Student zog Zeno einmal um; er mußte die Wände neu tapezieren lassen, weil die alten Tapeten mit lauter Daten vollgeschrieben waren. Das Zimmer war zum »Friedhof seiner guten Vorsätze« geworden, und er »hielt es nicht mehr für möglich, an demselben Ort noch einmal neue zu fassen«. Das Paradox, das Sartre diagnostiziert hat, macht sich hier bemerkbar. Auf der einen Seite ist Zeno darauf angewiesen, seinem Entschluß durch ein äußeres »Denkmal« Dauerhaftigkeit zu verleihen, um auch wirklich eine unüberwindliche Barriere zu errichten. Auf der anderen Seite bemerkt er jedoch voller Angst: je »fester« sein Entschluß ist, um so mehr gehört er einer Vergangenheit an, die keine Macht mehr hat, ihn gegen die unmittelbar gegenwärtige Versuchung zu schützen. Der einstmalige Entschluß hat keine Wirkung, weil er auf sein Bewußtsein beschränkt ist. Er mußte den Akt wiederholen und die Gelegenheit, mit dem Rauchen aufzuhören, die sich ihm im gegenwärtigen Moment bietet, von neuem ergreifen. Daher muß er wieder ein neues Datum auf die Wand seines Zimmers schreiben, ein noch »bedeutsameres« als das vorhergehende, das damit der Vergessenheit anheimfallen, aber nicht völlig ausgelöscht werden kann. Aber was ist ein Entschluß, der durch einen neueren abgelöst worden ist? »Die Daten auf den Zimmerwänden waren von äußerster Buntheit. Teilweise hatte ich sie mit Ölfarben aufgetragen. Mein Vorsatz, von Ehrlichkeit durchdrungen, fand seinen rechten Ausdruck in der Kraft der Farbe, die alle Farben vorhergegangener Vorsätze überschreien und zum Verblassen bringen sollte.« Ein aufgegebener Vorsatz kann normalerweise vergessen werden, aber wenn er auf die Wand gemalt worden ist, dann ist er vielleicht schon »tot«, aber noch nicht begraben. Er geistert im Friedhof der Denkmäler auf den Wänden herum – er hat nicht mehr die Macht, irgend etwas zu bewirken, weigert sich aber zu verschwinden. Ein neuer Entschluß bedeutet, daß man vom vorhergehenden nicht mehr determiniert wird – als hätte man ihn nie gefaßt –, doch das Bedürfnis, ihn zu vergessen, kollidiert mit der Tatsache, daß er weiterhin Raum einnimmt, wie zum Beispiel auf

Zenos Wand. Wenn aber jeder Entschluß eine Tabula rasa erfordert, ist es unmöglich, inmitten von lauter Tabulae maculae zu leben, die alle vergangenen und aufgegebenen Vorsätze festhalten.

Bestimmte Daten, erzählt Zeno, wurden von ihm wegen der *concordanza* miteinander bevorzugt, das heißt, weil diese »sonderbar miteinander harmonierten«. Ein solches Datum aus dem vergangenen Jahrhundert schien ihm den »Sarg« zu bezeichnen, in dem er sein Laster auf ewig begraben könnte: »Der neunte Tag des neunten Monats des Jahres 1899.« Zeno glaubte offensichtlich, daß ein solches Zusammentreffen von Neunen kein Zufall sein könne, sondern in irgendeiner bedeutsamen Beziehung zu seinem persönlichen Schicksal stehen müsse. Er klammerte sich an die Illusion, daß gewisse Tage dazu »bestimmt« waren, diejenigen zu sein, an denen er mit dem Rauchen aufhörte. Das neue Jahrhundert schenkte ihm weitere solche Daten – zunächst: »Der erste Tag des ersten Monats des Jahres 1901.« So schreibt er: »Heute noch glaube ich, daß ich imstande wäre ein neues Leben zu beginnen, käme nur einmal so ein Datum wieder.« Ein neues Leben – vielleicht nicht eine *vita nuova*, aber zumindest *una nuova vita*, wie Zeno mit der für ihn charakteristischen, aber ungerechtfertigten Bescheidenheit schreibt. Zenos Schwierigkeiten mit diesem System ergaben sich daraus, daß es an bedeutsamen Daten nicht mangelt, wenn man bereit ist, »etwas Phantasie« aufzubringen. Ein Datum ist ihm besonders in Erinnerung geblieben, weil es »einen kategorischen Imperativ zu enthalten« schien: »Der dritte Tag des sechsten Monats des Jahres 1912, 24 Uhr. Wie das klingt: als hätte jede Zahl den Einsatz der vorhergegangenen verdoppelt.« Aber eine so augenfällige mathematische Beziehung ist gar nicht unbedingt notwendig, um ein Datum mit der letzten Zigarette in Zusammenhang zu bringen. Man findet immer irgendeinen Grund. Zeno weiß noch, daß ihm der »dritte Tag des zweiten Monats des Jahres 1905, 6 Uhr« besonders aufgefallen war, gerade weil zwischen den einzelnen Ziffern keinerlei Zusammenhang zu bestehen schien. »Sieht man genauer hin«, schreibt er, »so hat auch dieses seine besondere Beziehung: jede Zahl verneint ganz einfach die vorhergehende.« Tage, die mit besonderen Ereignissen verbunden waren, wie dem Tod von Papst Pius IX. oder der Geburt seines (Zenos) Sohnes, wurden ebenfalls als bedeutsam genug angesehen, um mit dem Rauchen aufzuhören. Zenos Verwandte bewunderten sein erstaunliches Gedächtnis für Geburts- und Jahrestage. Da sie nicht wußten, daß jeder dieser Tage bereits Anlaß zu einem seiner Entschlüsse gegeben hatte, führten sie das auf seine Anteilnahme zurück. Jedes Ereignis im Leben zum Vorwand zu nehmen, mit dem Rauchen aufzuhören, hat zumindest den Vorteil, daß man sich bei der eigenen Familie beliebt macht.

Und so verstreicht die Zeit. Statt daß der Vorsatz ein neues Leben, ein Leben in Gesundheit und Wohlbefinden nach sich zieht, wird das Leben zu einer Abfolge unerfüllter Vorsätze: »Um vor mir selber nicht dumm zu erscheinen, versuchte ich, meiner fixen Idee der letzten Zigarette einen philosophischen Sinn unterzuschieben. Man sagt mit großer Gebärde: ›Nie, nie mehr!‹ Und was geschieht mit der Gebärde, wenn man sein Versprechen hält? Diese Gebärde bleibt eben nur dann in der Welt, wenn man den Vorsatz immer wieder erneuert. Und außerdem ist ja die Zeit für mich nicht jenes Unbegreifliche, das niemals stehenbleibt. Zu mir, zu mir allein kommt sie zurück.« Das Wort *atteggiamento*, das hier mit »Gebärde« übersetzt ist, kommt in diesem kurzen Abschnitt dreimal vor. Es ist ein Wort, das im Italienischen einen theatralischen Beiklang hat und besonders mit einer vornehmen, »römischen« Pose in Verbindung gebracht wird. »Nie mehr« ist ein Ausruf, der die Handlung und die Gebärde eines Helden begleitet, der seine

Laster für immer hinter sich läßt und in ein reineres, höheres Leben eintritt. Wenn aber diese Opfergebärde höchsten Seelenadel bekundet, wie kann man dann umhin, fragt sich Zeno, immer wieder neue Vorsätze zu fassen, einfach um immer und immer wieder diese schöne Pose einnehmen zu können?

Die dunkelste und geheimnisvollste Behauptung steht am Ende des Abschnitts: »Und außerdem ist ja die Zeit für mich nicht jenes Unbegreifliche, das niemals stehenbleibt. Zu mir, zu mir allein kommt sie zurück.« Die Geschichte eines Lebens, das daraus besteht, ständig Vorsätze zu fassen, stellt sich so dar, daß die Zeit nicht vergeht, sondern unaufhörlich wiederkommt. Zenos Leben ist eine Abfolge von Wiederholungen ein und desselben Entschlusses. Vielleicht ist es in diesem Sinn wahr, daß die Zeit nur für ihn, Zeno, zurückkommt. Wie für seinen antiken Namensvetter Bewegung in der Zeit nur virtuell existiert, ist Zenos einzige Handlung höchstens potentiell vorhanden: Sie besteht im Entschluß, zu handeln. Wie Achill, der die Schildkröte nie einholt, wie der Pfeil, der sein Ziel nie erreicht (er kann es nie erreichen, weil er immer noch die halbe Wegstrecke bis dorthin zurücklegen muß), holt Zeno sein Versprechen, nicht mehr zu rauchen, niemals ein. Wie sehr er sich auch anstrengt oder wie sehr er sich beeilt, er erreicht es nie; wie entschieden er sich auch vornimmt, nicht mehr zu rauchen, die »letzte Zigarette« sorgt dafür, daß er weitermachen wird.

Die immer wieder gerauchte »letzte Zigarette« erlaubt nicht nur eine heroische Attitüde gegenüber dem Leben, sie vermittelt auch den allerintensivsten Geschmack. Zeno schreibt: »Ich bin überzeugt, daß die Zigarette anders und bedeutsamer schmeckt, wenn sie die letzte sein soll. Auch andere können einen eigenen Geschmack haben, aber nie einen so intensiven. Die letzte Zigarette hat das Aroma des Gefühls eines Sieges über sich selbst, der Hoffnung auf eine baldige Ära voller Kraft und Gesundheit. Andere Zigaretten besagen, daß man seine eigene Freiheit besitzt, indessen man raucht, und daß gleichwohl jene Ära voll Kraft und Gesundheit weiter in hoffnungsvoller Nähe bleibt, wenn auch auf etwas später verschoben.«

Daß die letzte Zigarette so intensiv schmeckt, soll keinesfalls heißen, daß sie besonders gut schmeckt. Sie stellt vielmehr ein Gegenmittel gegen die Abstumpfung der Geschmacksnerven dar, die das ununterbrochene Rauchen zur Folge hat. Eine letzte Zigarette zu rauchen gibt den Anstoß, weiterhin etwas rauchen zu wollen, was so intensiv schmeckt, wenn es »das letzte Mal« ist. Dies erklärt auch den besonderen Geschmack der Zigarette, die man raucht, nachdem man eigentlich mit dem Rauchen aufgehört hat, nur um sich zu beweisen, daß man die Freiheit hat, zu rauchen, wenn man will. Der Mechanismus, den Zeno beschreibt, scheint eine perfekte Methode zur Steigerung des Lustgewinns zu sein. Immer wieder die letzte Zigarette zu rauchen flößt einem stets von neuem das Gefühl des Sieges über sich selbst ein und eröffnet jedesmal die Aussicht auf ein gesundes Leben in der Zukunft. Gleichzeitig vermittelt einem das Weiterrauchen das beruhigende Gefühl, von der bitteren Notwendigkeit des Aufhörens frei zu sein, ohne daß dadurch die Zukunft voller Kraft und Gesundheit, die man ja unbedingt erreichen wird, zunichte gemacht wird – sie rückt nur um ein weniges weiter in die Ferne.

Sich zu entschließen, keine Entschlüsse mehr zu fassen, hat den gleichen Effekt, wie welche zu fassen, nur auf einem weniger direkten, dialektischeren Weg. »Jetzt, da ich alt bin, da man nichts mehr von mir fordert, gelange ich noch immer von einer Zigarette zu einem guten Vorsatz und von einem guten Vorsatz zu einer Zigarette. Was sollen mir jetzt noch gute Vorsätze? Möchte ich gar wie jener alte Apostel der Hygiene, den Goldoni auf die Bühne gestellt hat, in voller Gesundheit sterben, nachdem ich mein ganzes Leben lang krank gewesen bin?« Nach einem Leben der Krankheit gesund zu sterben, das ist das paradoxe Ziel von Carlo Goldonis Figur, das im Leben Zenos eine Entsprechung zu finden scheint; Zenos Streben nach Gesundheit scheint dazu verurteilt, erst dann zum Ziel zu führen, wenn Zeno die Erlösung von der Krankheit gefunden hat, die nur das Grab gewährt. Dieses Paradox impliziert eine Neubewertung von Gesundheit und Krankheit: Da er sein ganzes Leben mit der Suche nach Gesundheit verbringt, ist das Leben die Krankheit, von der nur der Tod ihn heilen kann. Gesundheit gibt es nur im Grab. Die literarische Ausarbeitung dieses zentralen Paradoxes gipfelt in der apokalyptischen Vision einer nuklearen Katastrophe am Ende des Romans.

Wenn nach einem weltweiten Verbot die letzte aller Zigaretten geraucht sein wird, werden wir dann nicht etwas Wesentliches verloren haben? Wird jener Tag wirklich einen eindeutigen Triumph der Menschheit über die Krankheit bedeuten? Wird er tatsächlich einen Fortschritt für die menschliche Gesundheit und das menschliche Glück bedeuten? In Amerika verkommt Gesundheit zunehmend zur Ware. Das Gesundheitswesen ist zu einem der einträglichsten Industriezweige geworden und befindet sich auf dem besten Wege, zum wichtigsten Wirtschaftssektor dieses Landes aufzurücken. Doch je mehr wir über Gesundheit zu hören bekommen und je mehr wir dafür ausgeben, desto kränker wird unsere Gesellschaft, desto anfälliger für Leiden und Gebrechen aller Art. Es vergeht kein Tag, an dem wir nicht von irgend etwas Neuem erfahren, was schädlich für uns ist, wenn wir es essen, einatmen oder damit in Berührung kommen. Aber was bedeutet eigentlich »krank«?

Zeno verzeiht es seinem Arzt, daß er »das Leben selbst als eine Krankheitsäußerung ansieht«: »Das Leben erinnert wirklich ein wenig an eine Krankheit, mit ihren Krisen und Ruhepausen, mit ihren täglichen Besserungen und Verschlechterungen. Im Gegensatz zu allen anderen Krankheiten ist das Leben immer tödlich. Es verträgt keine Kuren. Das wäre ja, als wollte man alle Öffnungen des Körpers verstopfen, weil man sie für Wunden hält. Dann würde man, kaum geheilt, an Erstickung sterben.« Er trägt es den Ärzten nicht nach, daß sie ihn vom Rauchen kurieren wollen – sie können gar nicht anders, solange sie die Auswirkungen des Rauchens als Krankheitssymptome ansehen. Aber Rauchen ist Teil von Zenos Leben – es *ist* sein Leben. Wenn man ihn davon heilen will, bedeutet das, daß das Leben selbst eine Krankheit ist, die ärztlich behandelt werden muß. Die Ärzte selbst glauben gerne, daß das der Fall sei. Für diejenigen, die uns heilen wollen, sind die Schmerzen des Lebens Krankheitssymptome. Ihr Drang zu heilen ist in Wirklichkeit ein aggressives Verlangen, im Namen von Reinheit und Gesundheit das zivilisierte Leben zu vernichten. Zenos Frau, die selbst nicht raucht, hat das Rauchen nie als Krankheit angesehen; sie war der Meinung, daß das Rauchen eine Art zu leben sei, und noch nicht einmal die schlechteste. Das Rauchen hat zugegebenermaßen einige unangenehme Nebeneffekte, aber die hat das Leben auch.

Nachdem Zeno gegen Ende seines Lebens erkannt hat, daß Zigarettenrauchen nur eine besondere Art zu leben – das heißt, krank zu sein – darstellt, und er es nicht mehr als gesundheitsschädlich ansieht, hört er auf, Vorsätze zu fassen, mit dem Rauchen aufzuhören, und hört schließlich auch damit auf zu rauchen. Um aufzuhören, mußte er damit aufhören, sich selbst zu versprechen aufzuhören, und sich für gesund erklären. Nachdem er einmal zu der Überzeugung gelangt war, daß er gesund sei, konnte er sich von der paradoxen Logik der »letzten Zigarette« befreien, und das Rauchen verlor für ihn jeden Reiz.

Zeno weigert sich jedoch entschieden, die gesundheitsschädlichen Auswirkungen des Nikotins zu unterschätzen, das er wiederholt als »Gift« bezeichnet. Mit Zigaretten verabreicht man sich in regelmäßigen Abständen eine kleine toxische Dosis. Nichts ärgert Zeno mehr als der Versuch seines Psychoanalytikers, ihn davon zu überzeugen, daß das Rauchen gar nicht schade und daß es, wenn er selbst endlich davon überzeugt wäre, völlig harmlos für ihn sein würde. Der narzißtisch fixierte Psychoanalytiker will ihm einreden, daß das Rauchen nur ein Symptom für andere, grundlegendere Zwänge und Komplexe sei: Zeno habe sich das Laster nur zugelegt, um mit seinem Vater zu konkurrieren, und glaube jetzt, daß es ihn vergifte, um sich selbst dafür zu bestrafen. Zeno selbst macht sich jedoch keine Illusionen: Er führt die leichten Schmerzen und Gesundheitsstörungen sehr wohl auf das Gift zurück. Er begreift, daß er, um mit dem Rauchen aufzuhören, durchaus mit dem Rauchen aufhören und nicht seine Neurose heilen muß.

Die Fumo-Analyse ist erfolgreich, wo die Psychoanalyse scheitert: Auch sie interpretiert Zigaretten neu, aber diese Interpretation geht in eine ganz andere Richtung. Sie führt zur Heilung, indem sie aufdeckt, daß es keine Gesundheit gibt, daß Gesundheit, wie Zeno es formuliert, eine Sache der »Überzeugung« ist. Am Ende seiner Erinnerungen frohlockt er:

»Ich bin geheilt! Ich will mich nicht nur keiner weiteren Analyse unterziehen, ich brauche sie nicht mehr. Und meine Gesundheit entspringt nicht nur der Freude darüber, daß ich unter so vielen Unglücklichen ein Bevorzugter bin, o nein, nicht nur aus Trost fühle ich mich gesund. Ich bin gesund, vollständig gesund! Seit langer Zeit schon weiß ich, daß Gesundheit für mich nichts anderes ist als eine *Überzeugung*, es war also unsinnig und eines Wachträumers würdig, wenn ich mich durch Kuren statt durch die eigene Überzeugung heilen wollte. Ich leide wohl noch immer unter gewissen Schmerzen, aber in Anbetracht meiner großen Gesundheit entbehren sie jeder Bedeutung. Es tut nichts weiter zur Sache, wenn man einmal da oder dort eine Medizin einnimmt; aber alles übrige muß sich rühren und kämpfen, muß beweglich sein. Schmerz und Liebe, mit einem Wort das Leben, darf man doch nicht deshalb als Krankheit ansehen, weil sie weh tun.«[10]

Wenn Gesundheit eine Überzeugung ist, dann ist die auf das eigene Selbst gerichtete Überzeugungskraft wichtiger als jede Medizin. Als der Sophist, der er ist, nimmt Zeno einen Standpunkt ein, von dem aus das, was wir Krankheit nennen, nichts anderes als die Schmerzen und Leiden zu sein scheint, die die Zivilisation mit sich bringt. Wenn nur Tiere wirklich gesund sind, folgt daraus, daß der alte Zeno sich möglicherweise tatsächlich bester »Gesundheit« erfreut: Bedingung dafür ist, daß man das Verhältnis von Gesundheit zu Krankheit anders definiert und Krankheit nicht mehr als Gegenteil oder Negation von Gesundheit auffaßt. Wenn man Zenos Prämisse akzeptiert, daß man »gesund« ist, solange man sich noch bewegt, dann sollte man Krankheit nicht als etwas ansehen, das schlecht für die Gesundheit ist, sondern lediglich als etwas, das ab und zu einer kleinen Korrektur bedarf. Das sollte möglich sein, sofern wir unsere Gesundheit nicht nach unseren Krankheiten und Gebrechen beurteilen und diesen nicht mehr Bedeutung beimessen als den kleinen Schrammen und Kratzern, die wir uns gelegentlich zuziehen. Nur weil es schmerzt, bedeutet das noch nicht, daß es eine Krankheit ist: Liebe bereitet auch Schmerzen, wie – summa summarum – das Leben selbst. Eine *malattia* ist weder das eine noch das andere.

Ein Raucher lebt durch seine Zigaretten, seine Zigaretten sind sein Leben. Sie ihm wegzunehmen bedeutete, ihn jener Elemente zu berauben, mit denen er seine Existenz definiert – und dies im Namen der Gesundheit. Aber er ist schon gesund: Nur deswegen raucht er. Er weiß, daß das Gift der Zigaretten, das er den ganzen Tag lang in sich aufnimmt, für die vielen Leiden und Störungen verantwortlich ist, die er deutlich spürt. Aber er raucht weiter, weil er Zigaretten in den unterschiedlichsten Situationen systematisch einsetzt, um bestimmte Aufgaben zu erfüllen und eine wohltuende Wirkung hervorzurufen: Sie begleiten ihn in jeder Lebenslage. Würde er ohne sie ein gesünderes Leben führen? Er würde überhaupt kein Leben führen, zumindest nicht *sein* Leben. Das Leben wäre um vieles ärmer. Moralisten wären hier sicherlich anderer Meinung, aber jeder Raucher kann bestätigen, daß Sartre recht hatte, als er sagte: »Ein Leben ohne Zigaretten ist ein bißchen weniger lebenswert.« Wenn Rauchen die Lebensweise eines Menschen ist (und es gibt wahrlich schlimmere), dann wird er gute Tage durchleben und schlechte, meint Zeno. Und wenn er das Rauchen aufgibt, wird es nicht anders sein.

Krankheit, sagt Zeno, ist eine unausbleibliche Folge der Vorteile, die wir aus der Zivilisation und vor allem aus der Technologie ziehen. Jedes zivilisierte Vergnügen, jede Erweiterung unseres physischen und intellektuellen Vermögens ruft neue Leiden und Behinderungen, weitere Krankheiten und Parasiten hervor. Es gibt kein Vergnügen, das wir liebgewinnen, kein Gerät und keine Maschinen, die nicht am Ende den Organismus eher schwächen, statt ihn zu stärken. Hinzu kommt, daß wir, wie Zeno weiterhin anmerkt, unsere Umwelt durch Überbevölkerung und Industrialisierung zunehmend zerstören, ihr gleichsam die Luft zum Atmen nehmen. Das Ergebnis ist, daß die Menschen sich körperlich zurückentwickeln, da die intensivierte Nutzung der menschlichen Intelligenz es ihnen ermöglicht, die Rückbildung des Körpers mit Hilfe von Maschinen zu kompensieren. Während Tiere auf dem Wege der natürlichen Selektion neue Fähigkeiten ausbilden, um mit veränderten Situationen fertig zu werden, und dabei stärker werden, wird der Mensch in dem Maße, in dem er leistungsfähigere Maschinen einsetzt, körperlich schwächer. Wir sind das brillentragende Tier, sagt Zeno, das sich mit »Werkzeugen außerhalb seines Körpers« behilft, um organische Defizite auszugleichen – mit Instrumenten, die außerhalb des Organismus operieren und Dinge bewerkstelligen, zu denen wir aus eigener Kraft längst nicht mehr in der Lage wären. Die Zunahme von Krankheiten und Parasiten ist die notwendige Begleiterscheinung von Fortschritt, Entwicklung und Wachstum. Die Zivilisation ist schlecht für die Gesundheit – wenn man an die Gesundheit glaubt.

Ärzte wollen uns glauben machen, daß wir frei von Krankheiten sein können – aber eine solche Freiheit eignet nur der Natur, die keineswegs frei ist. »Jede Bemühung, uns zu heilen, ist vergeblich. Die Gesundheit kennen allein die Tiere, die nur einem Fortschritt huldigen: dem des Organismus.«[11] Das Leben in der Zivilisation läßt die Krankheiten schneller entstehen, als wir sie heilen können. Man kann sie nur noch dosieren, die eine oder die andere von ihnen auswählen. Die Vorstellung, daß man gesund wird, indem man das Rauchen aufgibt, ist eine Illusion, die den Impuls nährt, mit dem Rauchen aufzuhören, einen Impuls, den das Rauchen selbst hervorruft. Die Menschheit bezahlt für ihren Fortschritt damit, daß sie schwächer und schwächer wird und immer abhängiger von Maschinen.

Gesund ist allenfalls die Erkenntnis, daß es keine Gesundheit gibt, sondern nur Krankheit und Parasiten. Aber so ist das Leben. Die Fumo-Analyse führt zu der Erkenntnis, daß die einzige Befreiung des Lebens von Krankheit und Parasiten in seiner Vernichtung besteht.

Die Verbindung zwischen dem ersten Kapitel der Bekenntnisse, »Il Fumo«, und der abschließenden Vision einer restlosen nuklearen Zerstörung beginnt deutlich zu werden. Svevo hat begriffen, daß der Impuls, die Welt in die Luft zu jagen, auch dem Wunsch zugrunde liegt, mit dem Rauchen aufzuhören. Die Zivilisation hat Krankheit und Parasiten zur Folge, was in der Menschheit den Wunsch aufkommen ließ, zu einem präzivilisatorischen Zustand der Gesundheit zurückzukehren, indem sie die Zivilisation mit ihren eigenen Waffen zerstört. Anhänger von Antiraucherbewegungen verspüren ein ähnliches Verlangen nach einem Naturzustand, den die Zivilisation hinter sich gelassen hat. Aber das Problem ist die Zivilisation selbst: »Unter dem Gesetz, das der Besitzer der meisten Maschinen erläßt, müssen Krankheiten blühen und Kranke gedeihen.« Die logische Konsequenz daraus lautet: »Vielleicht werden wir nach einer unerhörten Katastrophe, verursacht durch die Maschinen, zur Gesundheit zurückfinden.«[12] Zeno erkennt in der hysterischen Bekämpfung des Rauchens Anzeichen für eine gegen sich selbst gerichtete Rache der Zivilisation: Sie überläßt ihr technologisches Potential solchen Leuten, die es einsetzen wollen, um die Zivilisation zu zerstören, und die Welt auf diese Weise in einen präzivilisatorischen Urzustand zurückführen werden. »Es wird eine ungeheure Explosion geben, die aber niemand mehr hören wird. Die Erde, zur Nebelform zurückgekehrt, wird durch die Himmel schweifen, erlöst von Parasiten und Krankheiten.«[13]

Joseph Brodsky

VIERTES KAPITEL

Der Teufel in Carmen

De la vaporisation et de la centralisation du Moi. Tout est là.

Baudelaire, *Mon Cœur mis à nu*

Nimm einen, langen tiefen Zug aus einer Zigarette; laß ihren giftigen Rauch in dich eindringen, laß ihn in die Kavernen deiner Lungen strömen, dann atme ihn wieder aus, langsam, durch deine Nase und über deine Lippen, in einem Strom, der sich wirbelnd über deinen Kopf erhebt. *Tout est là.* Der Rauch dringt beißend in dich ein, dann entströmt er wieder und hüllt dich sanft in das Gefühl, daß du die Grenzen deines Körpers ausdehnst, nicht mehr in deine Haut eingeschlossen bist. Nachdem er in den Höhlungen zusammengepreßt war, die dein intimstes Inneres bergen, löst sich der Tabakdunst in kleinste Partikel auf, welche um dich herum eine Atmosphäre bilden, deine äußere Gestalt mit einem Schein umgeben. Indem er innen und außen verbindet, ist jeder Zug wie eine Taufe: Er weiht den Täufling mit der Erneuerung des Gefühls für sich selbst, mit einem momentanen, flüchtigen Bild des einheitlichen *Moi.* Auf den Moment der Konzentration beim Einatmen, welche das Selbst zusammenfaßt, es dichter macht, opaker und damit sich selbst präsenter, folgt die Evaporation, ein Prozeß, mit dem das Selbst sich verströmt, sich in der Gestalt von Rauch nach außen projiziert, dann immer zarter wird, sich immer weniger von der Außenwelt unterscheidet, zu der es schließlich wird.

Die zweifache Forderung nach Sammlung (*centralisation*) und Verflüchtigung (*vaporisation*) – welche den Rhythmus des Rauchens bestimmt – besitzt Baudelaire zufolge ausgeprägte psychologische und ästhetische Implikationen für den Dichter: Sie ahmt die Bewegung des romantisch-lyrischen Selbst nach, welches zwischen den Polen faszinierten Eingetauchtseins in die Welt und intensiver Selbstbetrachtung oszilliert. In Baudelaires Mythologie ist der Dandy die weltliche Gestalt, welche diese beiden Impulse der poetischen Erfahrung am besten verkörpert: Er unterwirft seine äußerst nebulöse und immoralische Vorstellungskraft den grausamsten, »zentralisierendsten« ästhetischen Zwängen. Indem er sich ständig selbst erfindet, ist der Dandy zugleich rücksichtslos streng und unendlich ephemer, das fleischgewordene Korrelat der mathematisch geregelten Gefühlsergüsse in einem Sonett oder des sich exakt wiederholenden Genusses einer Zigarette. Das kostbarste Relikt der ästhetischen Glaubenslehre des lyrischen Dandyismus – jener Moral, die darin bestand, eine Lebensweise zu einem Kunstwerk zu machen – ist die Zigarette, deren Erfindung zeitlich ungefähr mit der Erfindung des Dichter-Dandys zusammenfiel, dessen Doktrin *L'art pour l'art* lautete.

Erinnern wir uns an Rivals Behauptung, daß der »ganze Chic« einer Zigarette von ihrem Papier ausgeht. Das Papier, in das der Tabak gerollt ist, besitzt eine ganze Reihe von Eigenschaften, die dem Raucher lieb und teuer sind: Es ist weiß, brennt sehr gut, hat keinen schlechten Geschmack und bietet keinen Widerstand. Es unterscheidet sich von dem rauhen Deckblatt einer Zigarre und von dem harten, leblosen Material, aus dem man Pfeifen herstellt. Das Papier gibt der Zigarette zugleich Flexibilität und eine strenge Gestalt: Ihr Chic spiegelt auf gewisse Weise die strenge ästhetische Disziplin des Dandys wider. Wie die Zigarette konstituiert sich der Dandy nicht durch das abwechselnde Vorhandensein, sondern durch die Vermählung von unterschiedlichen Eigenschaften: erbarmungslose Disziplin und Generosität unbegrenzter Liebe. Diese Eigenschaften fügen sich auch in der unheiligen Verbindung des Soldaten mit der Zigeunerin zusammen: zwei Gestalten, deren Verbindung einem sofort die Oper *Carmen* in den Sinn kommen läßt.

Für Nietzsche, den Propheten des Übermenschen, ist *Carmen* nicht nur die größte französische Oper, sondern auch eine, die so lange in den Repertoires bleiben wird wie sein eigenes Werk – sogar dann noch, wenn die Zeit des Übermenschen gekommen ist: »Ich bin nahe daran, zu denken, Carmen sei die beste Oper, die es gibt; und solange wir leben, wird sie auf allen Repertoiren Europas sein.« Nietzsche schrieb diese Zeilen an Peter Gast, mit dem ihn die Liebe zur Musik verband, am 8. Dezember 1881, eine Woche nachdem er der italienischen Uraufführung der Oper beigewohnt hatte, im Gran Teatro von Genua, vor einem ausverkauften Haus und einem überaus eleganten Publikum. Es war, wie er schreibt, ein »veritables Ereignis«. In den vier Stunden der Aufführung habe er mehr Dinge durchlebt und verstanden als sonst in vier Wochen. *Was* kann er verstanden haben?

In *Der Fall Wagner* vergleicht Nietzsche den Genius des kalten, nebelverhangenen Nordens mit Bizets tragischem mediterranen Geist. Er lokalisiert die zerstörerische Energie von dessen paradoxer Essenz – eine Quintessenz aus Sonne und Blut, Lachen und Fatalität – in dem tragisch-leidenschaftlichen Duo, welches die Zigeuner-Heroine, das Zigarettenmädchen Carmen, und der Dragoner Don José ihr unter einem schlechten Stern geborener Liebhaber, bilden. In der Oper sind der Soldat und die Zigeunerin in einer Mesalliance so fest zusammengeschmiedet, daß der Tod des einen unausweichlich auch den anderen zum Sterben verdammt. Es kann kein Zufall sein, daß Carmen in der Novelle Mérimées, auf der das Libretto basiert, die erste Frau in der Literatur ist, die eine Zigarette raucht; und es kann auch kein Zufall sein, daß seit 1910 *Gauloises* und *Gitanes* die beiden populärsten Zigarettenmarken Frankreichs sind. Kein Zufall, weil die paradoxen Eigenschaften, welche Nietzsche der Oper *Carmen* zuschreibt, auch für Zigaretten charakteristisch sind. Zigaretten sind in Bizets Oper omnipräsent; man könnte sagen, daß *Carmen* für die Moderne die Hauptmotive definiert, die man mit Zigaretten assoziiert.

Gauloises wurden am Vorabend des Ersten Weltkrieges in den Handel gebracht. Sie waren in patriotisches Blau gekleidet – das *bleu des vosges*, das *bleu poilu* der Uniform des Infanteristen. Auf den blauen Schachteln war ein alter gallischer Helm aufgedruckt, der von einer in sich geschlossenen Kette umgeben war, welche die Stärke nationaler Einheit symbolisieren sollte. Das ganze zwanzigste Jahrhundert hindurch verbanden sich mit den *Gauloises* ausgeprägt patriotische Assoziationen. Die Geschichte dieser Zigarette wäre einer eigenen Untersuchung wert. Uns interessiert hier aber vor allem die zweite Zigarettenmarke, die im selben Jahr auf den Markt kam: Die *Gitanes* galten als die ersten »modernen« Zigaretten, weil sie in einer Schachtel steckten, auf der die Embleme einer feurigen Frau prangten. Auf der dunkelblauen Schachtel waren ein Fächer, ein Tamburin und Sevilla-Orangen abgebildet – alles Elemente aus Mérimées Erzählung, Requisiten, die bei Carmens Zigeuner-Hochzeitsfest eine Rolle spielen. Als Carmen sich entschließt, eine Liebesnacht mit Don José zu verbringen, ihn zu ihrem *Rom* zu machen und seine *Romi* zu werden, legt sie ihr ganzes Geld zusammen, um Süßigkeiten zu kaufen: »*Yemas, Turon* [gezuckerte Eidotter, Nougat], kandierte Früchte, so viel, bis das Geld aufgebraucht war.«[1] Sie verschlingt das Konfekt »wie eine Sechsjährige«, verteilt es an andere und wirft es sogar an die Wand: »Damit die Fliegen uns in Ruhe lassen!« Es ist, als ob ihre Gier nach Süßem keine Grenzen kenne und ebensowenig ihre Generosität sich selbst und den unglücklichen Glücklichen gegenüber, denen sie ihre Liebe schenkt. Sie macht sich improvisierte Kastagnetten aus den Scherben eines Tellers, den sie zu Boden geschleudert hat, schlägt sie aneinander, als ob sie aus Ebenholz oder Elfenbein wären, dreht sich zu ihrem Stakkatorhythmus im Kreis – um die Langeweile zu töten. Nichts hemmt ihren wilden Zigeunertanz, dessen enge, leidenschaftliches Verlangen ausdrückende Kreise in den Ringen, die von ihrer Zigarette aufsteigen, wiederaufgenommen werden.

Die uns vertraute spanische Zigeunerin, die auf der Schachtel zu sehen ist, wurde zuerst von Giot für *Gitanes*-Plakate gezeichnet. 1927 wurde sie dann zum offiziellen Emblem der Marke. Das Bild dieser Zigeunerin hat mythische Dimensionen bekommen, es ist zu einer Chiffre geworden, die für die unwiderstehliche Macht der Verführung steht. Vor kurzem war *La Gitane* Anlaß zu einer Ausstellung von Graphiken im Pariser *Espace Cardin.* Alle ihre verschiedenen Inkarnationen waren von der Gestalt der Tänzerin auf der Zigarettenschachtel inspiriert, welche in der »Olé«-Pose zu verharren scheint: Ihr langgestreckter, biegsamer Körper mit dem emporgehobenen Arm zeichnet sich wie ein Rauchfäden vor dem Blau der Nacht ab. Wie die Zigaretten im Inneren der Schachtel verheißt ihr Bild auf der Packung eine Zigeunerhochzeit.

In *Tras los montes* bekennt Gautier, daß ihn der unechte »Exotismus« des spanischen Zigarettenpapiers fasziniert habe, jenes mit Lakritzensaft aromatisierten, buntgefärbten

Papiers, auf das in winziger Schrift kurze romantische Geschichten gedruckt waren. Von Papier umhüllt und mit der Kraft versehen, Wörter herbeizurufen, ist die Zigarette eine kleine Schriftrolle oder ein schmales Buch; sie breitet ihre romantischen Erzählungen in der Luft über dem Kopf des Rauchers aus. Wie Carmen ist die Zigarette ein Gegenstand, der zum Fabulieren einlädt: Mit ihren sich kräuselnden Rauchfäden schreibt sie vor dem leeren Blick des Rauchers phantasievolle Tagträume nieder.

Um 1830 war Spanien vermutlich das einzige Land auf dem europäischen Kontinent, in dem Zigaretten allgemein bekannt und von vielen genossen wurden, vor allem von Frauen. Daß in den spanischen Kolonien *papelitos* geraucht wurden, in Papier eingerollter Tabak, geht aus der 1635 erschienenen *Historia naturae* des Jesuitenpaters Nürenberg hervor. Casanova beschreibt in seinen Memoiren den *cigarrito*, den ein Gastwirt rauchte, bei dem er in Madrid abstieg, und der aus in Papier eingewickeltem brasilianischem Tabak bestand; Goya malte zweimal Zigarettenraucher. Rival zufolge gelangte die Zigarette zwischen 1825 und 1830 nach Frankreich, und zwar »aus Spanien, wo die Brasilianer sie bekannt gemacht« hatten.[2] Im *Code des fumeurs et des priseurs ou l'art defumer et de priser sans déplaire aux Belles*, welcher 1830 von »MM. E... D et C... P, anciens marchands de tabac« herausgegeben wurde, findet man die folgende Definition des *cigarrito*: »Kleines quadratisches Blatt Briefpapier, in das man Tabak füllt.«[3]

Spanien wird als das Land der Drogen angesehen, vor allem des Tabaks, und der erfundenen Geschichten, die oft von Verbrechern handeln – jedenfalls bei Mérimée, für den es auch das Land der Zigeuner ist. In der gelehrten *dissertation*, welche er der Geschichte von Carmen folgen läßt, schreibt er:

»Länder wie Spanien gehören zu jenen, in denen sich die über ganz Europa hin verstreuten und unter den Namen Bohémiens, Gitanos, Gypsies, Zigeuner usw. bekannten Nomaden heute noch in größerer Anzahl finden. Die meisten wohnen, oder genauer gesagt, leben in unstetem Umherziehen in den südlichen und östlichen Provinzen, in Andalusien, in Estremadura, im Königreich Murcia; auch in Katalonien gibt es viele. Diese letzteren kommen häufig nach Frankreich herüber. Auf allen Jahrmärkten des Südens begegnet man ihnen. Die Männer betreiben gewöhnlich ihr Gewerbe als Roßtäuscher, Viehquacksalber und Maultierscherer; sie betätigen sich dazu noch als Pfannenflicker und Drahtbinder, von der Schmuggelei und anderen unerlaubten Fertigkeiten ganz zu schweigen. Die Frauen wahrsagen [*disent la bonne fortune*], betteln und bieten allerhand mehr oder minder harmlose Mittelchen feil.«[4]

Spanische Zigeunerinnen, so fährt Mérimée fort, seien selten schön, aber in den großen Städten Andalusiens würden einige der jungen Mädchen, die ein wenig hübscher anzuschauen seien und mehr auf ihr Äußeres achteten, öffentlich für Geld tanzen. Sie führten Tänze auf, die »stark denen ähneln, die auf unseren öffentlichen Karnevalsbällen verboten sind«. Aber dieser scheinbaren Laszivität widerspricht die Loyalität, die sie ihrem eigenen Volk gegenüber zeigen, und »eine außergewöhnliche Ergebenheit«, welche sie ihren Ehemännern gegenüber an den Tag legen: »Keine Gefahr, keine Mißlichkeit gibt es, der sie nicht trotzten, um ihnen in der Not zu helfen.« Mérimée, der sich eingehend mit ihrer Sprache – *romani* oder *chipe calli* – beschäftigte, führt ein etymologisches Argument ins Feld, um die Identität der »Rasse« in der »Treue« – oder dem »Patriotismus«, wie er es nennt – zu lokalisieren, welche die vaterlandslosen Zigeuner sich gegenseitig erweisen. »Einer der Namen, den sich die Zigeuner selber beilegen, *Romé* oder die

Verheirateten, scheint mir die Achtung zu bezeugen, die dieses Volk für den Ehestand hat.« Carmen, die dem Erzähler zufolge – der einige Erfahrung hat – »unendlich schöner ist als alle Frauen ihres Volkes«, ist auch die kühnste, freieste und – tragischerweise – die loyalste Gitana in ganz Spanien. Wenn man ihre Eigenschaften auf die Zigaretten übertrüge, die sie raucht, würden diese etwas von ihrem gefährlichen Charme erhalten, von ihrer Macht, eine Liebe entflammen zu lassen, die den Liebenden am Ende tötet.

Als der Ich-Erzähler von Mérimées Novelle Carmen zum ersten Mal eine Zigarette anbietet, raucht er selbst eine der exquisiten Zigarren, welche er in einem eleganten silbernen Etui bei sich trägt. Er ist ein Franzose, der, wie Mérimée es tat, im Zuge einer privaten archäologischen Expedition durch Andalusien reist, um seine Theorien über die exakte Lage des Schlachtfelds zu beweisen, auf dem Cäsar zum entscheidenden Kampf gegen die Söhne des Pompejus, die letzten Verteidiger der Republik, antrat. Die Geschichte von Don José und Carmen wird im Rahmen von Mérimées Novelle als ein zufälliges Nebenergebnis der wissenschaftlichen Recherchen des Erzählers präsentiert – als bloße Anekdote, welche dieser sich zum größten Teil erzählen läßt und die zu einem Bereich gehört, den die Expedition, wie es ihrem wissenschaftlichen Ziel angemessen ist, bewußt außer acht läßt; die »kleine Geschichte« ist angeblich so trivial, daß »sie in nichts der reizvollen Frage nach der Lage des alten Munda« vorgreift.

Aber dieses verächtliche Abtun ist natürlich nur gespielt, die Hierarchie der Interessen, der zufolge die Geschichte Carmens weniger ernst zu nehmen ist als der Sieg Cäsars, wird selbst zur Zielscheibe der Ironie des Erzählers: »In der Erwartung, daß meine Abhandlung das topographische Rätsel endlich lösen wird, welches die gesamte gelehrte Welt Europas in Spannung hält, will ich Ihnen eine kleine Geschichte erzählen.« Der Erzähler ist hier in zweifacher Hinsicht selbstironisch: Er kann seine Entdeckung (es ist dieselbe, die der Autor machte) nicht nur durch archäologische Funde unumstößlich beweisen (sie ist allgemein von den Historikern anerkannt worden), sondern seine Geste der Distanzierung von Carmen und Don José dient auch ganz offenkundig der Verschleierung, das heißt dazu, sein eigenes leidenschaftliches Teilnehmen an der »kleinen« Geschichte zu verbergen. Bei aller Nüchternheit seines Tons gibt der Erzähler dem Leser mehrfach zu erkennen, daß ihn die Tragödie Carmens weitaus mehr berührt, als dies bei einem interessierten, aber neutralen Beobachter der Fall wäre. Obwohl die Novelle verlangt, den Erzähler als eine fiktive Schöpfung des Autors Mérimée anzusehen, müssen wir uns fragen, ob der Autor es besser als der Erzähler oder Don José vermag, sich dem Bann von Carmen zu entziehen. Und der Leser? Der Text *Carmen* ist selbst ein Carmen; er ist nicht ein fiktiver Bericht über die Liebe und den Tod der Heldin, sondern verhext den Leser im wahrsten Sinne des Wortes, übt eine Zauberkraft aus, wie Carmen selbst es innerhalb der Geschichte tut: eine Zauberkraft, welche nicht nur den Erzähler und die Gestalten seiner Erzählung, sondern auch den Autor und sein Publikum im Lauf des Erzählens oder Lesens verwandelt.

Wir erfahren die wahre Geschichte von Carmens Liebe und Tod von Don José, den der Erzähler in Sevilla am Vorabend vor dessen Hinrichtung wegen Mords trifft. Die Geschichte Carmens wird also mit der Stimme eines zum Tode verurteilten Mannes erzählt, mit dem der Erzähler, wie er uns versichert, nichts gemein hat. Allerdings erinnert er den Leser – während er in Manier eines Bauchredners Don José seine Stimme verleiht, damit dieser seine Geschichte erzählen kann – mit seiner eigenen Stimme immer wieder an die gespenstische, recht erotische Anziehungskraft, die Gesetzesbrecher im allgemeinen und dieser Bandit im besonderen auf ihn ausüben.

Bei einer Gelegenheit empfindet sich der Erzähler sogar als Rivale Don Josés um die Gunst Carmens; er grüßt seinen Banditen-»Freund« voller Verärgerung, als dieser sein Tête-à-tête mit der Zigeunerin stört: »›Sie sind es, mein Wackerer!‹ sagte ich [...] und verzog das Gesicht zu einem möglichst ungezwungenen Lachen.« Diese Verärgerung weicht erst später einem Gefühl der Dankbarkeit, als er nämlich erfährt, daß die Gitana die Absicht hatte, ihm die Kehle durchzuschneiden und das auch getan hätte, wenn Don José nicht dazugekommen wäre. (Hätte der Autor seinem Erzähler eine Stunde des Alleinseins mit Carmen gönnen wollen, hätte er natürlich irgendeinen Grund erfinden können, um Don José später auftreten zu lassen.) Die Eifersucht, die er Don José gegenüber an den Tag legt, ist das deutlichste Symptom dafür, daß er dem Zauber Carmens erlegen ist; sie zeigt, daß er – wie der Mörder und der Leser – von der unwiderstehlichen Gewalt ihres »Charmes« bezwungen worden ist, sich ihr unterworfen hat. Wer ist diese verschleierte Gitana?

Zu der ersten Begegnung mit Carmen kommt es, als der Erzähler am Kopf der Treppe sitzt, welche zum Guadalquivir hinunterführt, jenem mythenumwitterten Fluß, der durch Sevilla fließt und zu dem, wie wir erfahren, die Frauen der Stadt, die alten wie die jungen, in der Abenddämmerung hinabsteigen, um ein Bad zu nehmen. Wenn die Stunde des Angelusläutens gekommen ist, das offiziell den Einbruch der Nacht verkündet, kleiden sich die Frauen aus und steigen ins Wasser:

»Da erhebt sich ein Geschrei und Gelächter, ein wahrer Höllenlärm. Oben vom Kai aus schauen die Männer den Badenden zu, sie reißen die Augen weit auf und sehen doch nicht viel. Immerhin erregen all die hellen, verschwommenen Gestalten, die sich vom dunklen Blau des Flusses abheben, die poetischen Gemüter; und mit einiger Einbildungskraft ist es nicht schwer, sich Diana mit ihren Nymphen im Bade vorzustellen, ohne daß man das Schicksal des Aktäon befürchten müßte.«

Der Erzähler glaubt, daß er und die anderen Männer von den Badenden nichts zu befürchten haben: Weil sie in der Dunkelheit nichts erkennen können, müssen sie vor der Strafe gefeit sein, mit der Diana den Jäger belegte, der sie beim Baden beobachtete. In dem Mythos wird der Eindringling von der Göttin mit Wasser bespritzt, verwandelt sich daraufhin in einen Hirsch und wird von seinen eigenen Hunden zu Tode gehetzt. Zu den Ironien von *Carmen* gehört es auch, daß der wissenschaftlich denkende Erzähler zwar nicht ein solches Schicksal erleidet, möglicherweise aber dem zum Opfer gefallen ist, was Sartre ein Jahrhundert später als »Aktäon-Komplex« bezeichnet hat, eine psychosexuelle Perversion, deren Sublimierung jeder Art von Forschung zugrunde liegt. In *L'être et le néant* schreibt Sartre: »Jede Forschung enthält stets die Idee einer Nacktheit, die man aufdeckt, indem man die sie bedeckenden Hindernisse beseitigt, so wie Aktäon die Zweige zur Seite schiebt, um Diana im Bad besser sehen zu können. Und außerdem ist die Erkenntnis eine Jagd. Bacon nennt sie Pans Jagd. Der Forscher [*le savant*] ist der Jäger, der eine weiße Nacktheit überrascht und mit seinem Blick vergewaltigt. Die Gesamtheit dieser Bilder enthüllt uns daher etwas, was wir den *Aktäon-Komplex* nennen können.«[5]

Der Erzähler von *Carmen*, ein *savant* auf der Jagd nach historischer Wahrheit, glaubt davor geschützt zu sein, das Schicksal Aktäons zu erleiden. Da er oben auf dem Quai sitzt und unten in der Dunkelheit nur verschwommene Silhouetten erkennt, meint er, daß ihm von Diana und ihren Nymphen keine Gefahr drohe. Aber genau in dem Moment, in dem er sich eine Zigarre anzündet und in poetisches Nachsinnen verfällt, »[kam] ein weibliches Wesen die Treppe, die zum Fluß führt, herauf… und [ließ] sich ganz im meiner Nähe nieder«. Die »Badende« (*la baigneuse*), wie er sie nennt, ist niemand anders als die gefährlichste Frau der Welt, die über Dianas Macht verfügt zu verwandeln, die Zauberkraft besitzt, Männer blind und verrückt zu machen: eine »Hexe« mit außergewöhnlichen Fähigkeiten, die mit Dämonen im Bund steht und selbst eine Inkarnation des Teufels ist. Der Archäologe, der nach Spanien gekommen ist, um die Wahrheit über Rom in Erfahrung zu bringen, entdeckt in Carmen die diabolische Macht der *Roma:* »Beim Näherkommen ließ meine dem Bad entstiegene Nymphe die Mantilla von ihrem Scheitel auf die Schultern gleiten, und ›*im dunklen Glanz, der aus den Sternen niederrieselt*‹ sah ich, daß sie klein, jung und gut gebaut war und daß sie sehr große Augen hatte.« Dieses Niedersinken der Mantilla ist wie das Sich-Heben eines Vorhangs. Mérimée hebt die berühmte Zeile aus Corneilles *Le Cid* durch Kursivschrift hervor, so als ob er den Leser auf die widerspruchsvolle Beschaffenheit des Lichts, in das die Badende bei ihrem ersten Auftreten gehüllt ist, aufmerksam machen wolle: Ein Licht, welches alles, worauf es fällt, in Dunkelheit taucht, das den, dem es leuchtet, mit Sternenglut blendet. Carmen, die selbst ein Geschöpf der Dunkelheit ist, hat sehr große Augen, um alles besser sehen, sowohl in die Zukunft als auch in die Vergangenheit blicken zu können. Wie eine Zigarette eröffnet sie Perspektiven auf die Ewigkeit, auf die von einem Standpunkt außerhalb der Gegenwart aus gesehene Zeit, und schlägt ihre Bewunderer mit der Intensität ihres durchdringenden Blicks in Bann.

Der Aktäon-Komplex plagt den Mann, der jagt und wissenschaftliche Träume davon träumt, eine bislang unentdeckte Nacktheit zu enthüllen, eine verschleierte Wahrheit der Natur oder der Geschichte aufzudecken. Sein Schicksal bestätigt das scheinbar unumstößliche Dekret, daß das Entdecken der Wahrheit eine Art von Verbrechen ist, welches die Götter bestrafen müssen, indem sie den Suchenden verwunden oder dem Wahnsinn anheimfallen lassen. *Ihre* – eine weibliche – Nacktheit verbotenerweise zu enthüllen ist seine einzige Chance, denkt der Forscher. Daß ihm dies zum Verhängnis wird, merkt er erst, als er von seinen eigenen Hunden zerrissen wird. Seine Jagd führt ihn zu der Jägerin Diana – oder zu Carmen, die ihn in den Gejagten verwandelt und seine eigenen Obsessionen auf ihn hetzt, ihn durch die Wißbegierde zerstört, die sie selbst so betörend hervorgerufen hat. Der Erzähler-Archäologe von *Carmen*, der nach dem Ort jagt, an dem Cäsar »die Streiter der Republik« jagte, findet das, was er nicht zu finden erwartete: eine Göttin, die emblematische Figur des Ziels seines ganzen Suchens – und sie sitzt auf den Treppenstufen, umgeben von Dunkelheit, die Haut noch feucht vom Bad.

Indem er seine Zigarre wegwirft, bringt der Erzähler der Göttin sofort ein Opfer dar; sie aber liebt natürlich, wie alle Göttinnen, den Geruch und den Rauch, der von brennenden Objekten aufsteigt: »Sie begriff diese aufmerksame Zeichensprache echt französischer Höflichkeit und gab mir ihrerseits rasch zu verstehen, sie liebe den Tabakduft sehr und würde selber rauchen, wenn sie recht leichte Papelitos hätte. Glücklicherweise hatte ich solche bei mir und beeilte mich, sie ihr anzubieten. Sie geruhte eine zu nehmen und zündete sie an einem Stückchen brennenden Docht an, das uns ein Junge für einen Sou herbeibrachte. Während unsere Rauchwolken ineinander aufgingen, plauderten wir, die schöne Guadalquivir-Nymphe und ich, so lange, daß wir schließlich beinahe noch die einzigen auf dem Kai waren.« Daß sich die französische »Höflichkeit« des Erzählers dadurch äußert, gleich seine Zigarre wegzuwerfen, zeigt, wie mächtig das Tabu ist, welches verbietet, in der Gegenwart von Frauen zu rauchen. Carmens Bereitschaft, Verbote zu überschreiten, wird sofort durch ihren Appetit auf etwas offenbart, das, wie der Erzähler meint, Frauen verabscheuen müssen. Sie verlangt nach einem Lustgefühl, nach dem eine Frau in seinen Augen nicht verlangen dürfte – die Herrin ihrer eigenen Lust zu sein. Es ist dies das erste Mal in der Literatur, daß eine Frau eine angebotene Zigarette annimmt, und diese Geste macht sie sofort als Gesetzlose, als eine dämonische Hure erkennbar, die gegen alle Gebote weiblichen Anstands verstößt. Aber gerade diese unmenschliche und unweibliche Weiblichkeit verleiht ihr eine solche unheilvolle Schönheit: Sie ist dämonisch, weil sie so göttlich schön ist – in dieser Beziehung gleicht sie der Göttin Diana, die auch in der abscheulichen Gestalt Hekates, der Hexe, auftritt. Das Verlangen, diese Frau zu verfolgen und zu enthüllen, wird auf gefährliche Weise zwanghaft, so wie die Jagd nach Wahrheit, auch mit ähnlich bösen Folgen. Carmen ist die Zigarette, welche sie wie ein Juwel aus dem silbernen Etui des Erzählers entgegennimmt, oder vielmehr: Sie ist das feurige Herz, das *karmes*inrot an der Spitze der Zigarette glüht und jeden leuchtenden Traum in köstlichen Rauch und bittere Asche verwandelt.

Carmens Gesicht wird schlagartig von der Flamme am Ende des Dochts erhellt, die ein Junge für einen Sou herbeibringt. Wer ist dieser Junge? Ein Hexenlehrling? Eine Art von Cupido, der das dämonische Feuer der Leidenschaft im Erzähler entfacht? Oder ein Kobold der Erleuchtung? In *Sorcières espagnoles* schreibt Mérimée: »Im Spanischen gibt es kein Wort, mit dem man Gespenst [*revenant*] übersetzen könnte. Das Wort *duende*, welches man im Lexikon findet, entspricht eher unserem *lutin* [Kobold] und wird wie im Französischen auch auf ein boshaftes Kind angewandt.«[6] Dieses Kind ist ein *duende*, dessen Funktion es ist – ähnlich wie die des Geistes von Hamlets Vater –, durch seine Boshaftigkeiten das Geschehen in Gang zu setzen und den bedauernswerten Wahrheitssucher in ein Delirium des Zauderns und der Selbstzweifel zu treiben. Die Boshaftigkeit dieses koboldhaften Jungen, der einen brennenden Docht in der Hand hält, liegt ohne Zweifel darin, daß er die Zigarette der Leidenschaft anzündet, welche den Erzähler an Carmen fesselt: Die Flamme seines Dochts läßt den Erzähler ein Gesicht sehen, das zu entdecken dieser sich nie erträumt, sich immer nur erträumt hat.

Wenn zwei Menschen sich über eine Flamme beugen, um eine Zigarette anzuzünden, knistert es vor elektrischer Intensität. Eine italienische Journalistin bedauerte, daß diese Szene in neueren Filmen nicht mehr gezeigt wird: »›Mann und Frau schauen einander tief in die Augen. Er bietet ihr eine Zigarette an. Sie macht eine zustimmende Geste und streckt sanft eine Hand aus. Er zündet das Streichholz an, faßt sie am Handgelenk, nähert die Flamme ihrer Zigarette, wobei seine Augen in ihren versinken. Ein Augenblick voll elektrischer Spannung.‹ So begann ein in Rom lebender Schriftsteller vor kurzem einen Text, in dem er beschrieb, wie sich der Hollywood-Film verändert hat: das alte Cliché ist nicht mehr akzeptabel, nur die Bösen dürfen noch rauchen.«[7] In Mérimées Novelle findet man den Keim, aus dem alle diese »sündhaften« Begegnungen entstanden sind. Jener kleine Blitzstrahl, der aufzuckt, wenn man einer Frau Feuer gibt, ähnelt dem, was die Franzosen *coup de foudre* nennen: Der Blitz entzündet die Liebe und läßt die Sünde auflodern in dem Augenblick, in dem die Blicke über eine Zigarette hinweg einander begegnen. Der Raucher-Erzähler, Stellvertreter des Autors, macht sich einer Übertretung schuldig, als er Carmen im Schein der Flamme, die er an ihren *papelito* hält, in die Augen schaut. Der Erzähler, aber auch der Autor und der Leser werden auf solch verschlungene Weise mit der dem Bad entstiegenen Göttin zusammengefügt, in ihre Präsenz einbezogen: Es ist, als ob ihre geisterhaften Stellvertreter im aufsteigenden Rauch der Zigaretten ineinander aufgingen und sie *auf* untrennbare Weise mit dem tragischen Schicksal, das die Zigeunerin ereilt, verbunden würden.

Das boshafte Kind überreicht Carmen das Geschenk des Lichts, ein Licht für einen Sou. In Carmens Welt ist Geld das Prinzip, das alle Formen menschlicher Beziehungen regiert – mit einer Ausnahme: Die Ehe hat keinen Preis, sie ist nicht zu kaufen, steht außerhalb jener korrupten Ökonomie, in der die Zigeunerin, eine innere Exilantin, um ihr Überleben kämpfen muß. Oft sieht man sie in Lumpen herumlaufen, eine arme Kurtisane, bis sie dann mit Offizieren ausgeht, sich dafür bezahlen und mit Juwelen überschütten läßt, daß sie vor ihnen tanzt. Sie ist eine Schmugglerin, die lukrative Geschäfte macht und ihre Männer auf höchst gewinnbringenden Streifzügen durch die Berge führt; sie ist eine Diebin, die dem Erzähler seine goldene Uhr stiehlt – der Preis, den er dafür bezahlen muß, daß er ihr ihre Zeit nimmt – und ihm beinahe die Kehle aufschlitzt. (Man sagt »beinahe«, als ob dies im Rahmen der Erzählung tatsächlich möglich wäre, aber der Erzähler weiß, daß wir wissen, es gäbe keine Erzählung, wenn sie es wirklich täte.) Carmen ist käuflich, heimtückisch und grausam; mit Geld kann man alles erwerben, was sie besitzt, nur ihre Liebe nicht. »Siehst du nicht, daß ich dich liebe und nie Geld von dir verlange?« fragt sie Don José, der dadurch in höchste Wut gerät. Sie ist »eine Hure, eine Kupplerin und eine Hexe«, schreibt Mérimée; sie läßt sich ohne weiteres kaufen, aber »wie alle spanischen Frauen« ist sie »schwer zu befriedigen in der Wahl ihrer Liebhaber«. Wenn es um ihren Mann geht, um ihren *Rom*, so würde sie, nachdem die Ehe einmal vollzogen worden ist, lieber von der Hand dieses »Gatten« sterben, als ihn zu verlassen.

In *Le peintre de la vie moderne* zeichnet Baudelaire im Abschnitt »Les femmes et les filles« ein grausames Bild von jenen billigen Huren, welche die Pariser *lorettes* nannten, weil sie ihrem Gewerbe in der Gegend um Notre-Dame de Lorettes im Neunten Arrondissement nachgingen. In den Händen dieser

Frauen, die ganz unten auf der sozialen Stufenleiter stehen, treten zum ersten und einzigen Mal in seinen Schriften Zigaretten in Erscheinung:

»Die Leiter hinabsteigend, gelangen wir zuletzt zu jenen Sklavinnen, die in Spelunken eingesperrt sind, denen man oft den Anschein von Caféhäusern gibt; Unglückliche, die unter der Aufsicht der ärgsten Habgier stehen und die nichts ihr eigen nennen, nicht einmal den ausgefallenen Putz, der ihrer Schönheit als Würze dient.

Unter diesen findet man Vertreterinnen eines einfältigen, ungeheuerlichen Dünkels; hocherhobenen Hauptes und verwegenen Blickes tragen sie ihre Lust am Dasein offen zur Schau. (Niemand weiß, warum.) Manchmal finden sie ungesucht Haltungen von einer Kühnheit und einem Adel, die den wählerischsten Bildhauer bezaubern würden, wenn der moderne Bildhauer nur Mut und Geist genug hätte, den Adel allerorten zu suchen und aufzulesen, selbst im Schlamm. Dann wieder zeigen sie sich ermattet, in verzweifelten Haltungen der Langeweile, träge wie in einer schlecht geführten Kneipe, mit männlichen Zynismus Zigaretten rauchend, um die Zeit totzuschlagen, mit orientalischer Gleichgültigkeit in ihr Schicksal ergeben [...]«[8]

Diese *lorettes* oder, wie man sie gewöhnlich nannte, *grisettes*, waren die ersten Frauen, die es wagten, in der Öffentlichkeit zu rauchen. Daß man sie mit Zigaretten in Beziehung brachte, vielleicht auch des Reims wegen, wird durch eine Formulierung Rivals belegt, der die schnelle, tückische, lieblose Lust, die Zigaretten spenden, charakterisiert, indem er sie mit jenen Freudenmädchen gleichsetzt. Das Abschätzige an diesem Vergleich ist natürlich ironisch gemeint: »[Die Zigarette] ist die *grisette* der Raucher, nur dazu gut, Dandys und Huren zu zerstreuen.«[9] Die Zigarette gibt der *grisette* ihr *gris*, jenes rauchige Grau, in das jede *gris-erie*, jede Berauschung stürzt, welche vergiftet, indem sie beflügelt: jenes Grau, das bedrohlich und traurig wirkt. Indem es die Zeit tötet, schafft das Rauchen eine andere Zeit, läßt es für einen kurzen Augenblick eine Atmosphäre entstehen, die nicht der normalen Zeitdauer unterworfen ist, deren traumhaftes Vergehen so lange hinausgeschoben wird, bis die Zigarette zu Ende geraucht ist. Die armseligste Hütte wird durch den aufsteigenden Zigarettenrauch für kurze Zeit in einen Palast verwandelt, und all die Erniedrigten werden in einen Zustand gespenstischer, posthumer Distanz zu ihrem Leben erhoben.

Über die Schamlosigkeit, die rauchende Frauen an den Tag legen, singen die Soldaten, als sie vor der Tabakfabrik in Sevilla stehen und zusehen, wie die *cigarières* mit einer Zigarette im Mundwinkel von ihren Arbeitsplätzen kommen:

> Voyez-les! Regards impudents,
> mines coquettes!
> Fumant toutes, du bout des dents,
> la cigarette![10]
>
> Schaut sie an! Ihre schamlosen Blicke,
> ihre koketten Mienen!
> Alle halten sie zwischen den Lippen
> eine brennende Zigarette.

Frauen fällt es schwerer als Männern, mit dem Rauchen aufzuhören; vielleicht deswegen, weil man es sogar heute noch als ein dreistes, respektloses Verhalten ansieht, wenn eine Frau raucht. Für viele Frauen stellt das Anzünden einer Zigarette in bestimmten Augenblicken den gesellschaftlich anerkannten Modus dar, feindselige oder aggressive sexuelle Gefühle zu signalisieren, die durch das störende Eindringen einer anderen Subjektivität ausgelöst werden. In Situationen, in denen ein Mann seinem Ärger freien Lauf läßt oder handgreiflich wird, zünden sich Frauen oft eine Zigarette an, holen sie Feuer und Rauch zur Hilfe, stoßen sie mit der Spitze einer Zigarette zu, die sie zwischen den Fingern oder den Lippen halten. Dies erklärt, warum von allen Frauen zunächst jene mit dem Rauchen begannen, die dafür bezahlt wurden, daß sie ihren Körper anboten oder zur Schau stellten: Schauspielerinnen, Huren, Zigeunerinnen. Solche Frauen verstoßen gegen das traditionelle Rollenverhalten, indem sie sich voller Trotz selbst aktiv ihr Vergnügen verschaffen, anstatt es passiv zu empfangen. Sich eine Zigarette anzuzünden ist eine Demonstration von Selbstbestimmung, die den Vorstellungen von weiblicher *pudeur* zuwiderläuft. Die Geste widerspricht der Erwartung, daß eine Frau, die ihre Unschuld oder Würde bewahren will, Verlegenheit fühlen – oder zumindest bekunden – sollte, wenn sie etwas tut, was sie nicht tun sollte. Eine rauchende Frau mag als weniger »feminin« angesehen werden, weil sie aktiver, aggressiver, herrischer ist. Deswegen wirkt sie aber, in ihren eigenen Augen und denen vieler Männer, nicht »maskuliner«; sie kann sogar begehrenswerter werden, weil sie freier zu sein scheint. Kein Wunder also, daß es Frauen schwerer fällt, das Rauchen aufzugeben.

»You've come a long way, baby«, dieser Werbespruch für die »Damen«-Zigarette *Virginia Slims* bezieht sich auf einen entscheidenden Fortschritt im Kampf der Frauen um ihre Freiheit: Daß sie das Recht erwarben zu rauchen, gilt als eine entscheidende Etappe auf dem langen Weg von infantiler Abhängigkeit zu Selbstverantwortlichkeit. Wenn dieses Lob jedoch als Werbeslogan auf Plakaten zu lesen ist, die eine in der Mode der Jahrhundertwende gekleidete Frau zusammen mit einer in einem modernen Hosenanzug steckenden zeigen, setzt es die

Freiheitsbestrebungen der Frau herab, trivialisiert sie, indem es suggeriert, daß sexuelle Gleichberechtigung zu erlangen nichts anderes heißt, als den langen Weg vom Fischbeinkorsett zum Hosenanzug zurückzulegen – als ob Freiheit nur bedeutete, daß man die Freiheit hat, die Beine übereinanderzuschlagen. Die Reklame mag aber tatsächlich in Frauen, die aus der Geschichte oder aufgrund eigener Erfahrungen wissen, welchen Diskriminierungen rauchende Frauen ausgesetzt waren, eine Saite zum Klingen bringen.

Der Zusammenhang von leichten Frauen und Zigaretten wird auch in einem anderen kleinen Gedicht hergestellt, welches aus derselben Zeit stammt, in der Baudelaires Text entstand:

Au quartier de Lorette
L'on aime au jour le jour
Et bien plus qu'un amour
Dure une cigarette.[11]

Im Quartier de Lorette
Liebt man von Tag zu Tag
Und länger als die Liebe
Dauert eine Zigarette.

Nichts ist flüchtiger als die Zeit, die es dauert, eine Zigarette zu rauchen, als die Liebesgefühle, welche die *lorettes* entbrennen lassen. Für diese Mädchen ist die Liebe, wie die Zigarette, dazu da, die Zeit totzuschlagen, die Dauer von dem, was öde fortdauert, zu verkürzen.

Der Sergeant Moralès deckt in der einleitenden Arie von Bizets Oper *Carmen* die Moral der Geschichte auf, von der die Zigaretten künden:

À la porte de garde,
pour tuer le temps,
on fume, on jase, l'on regarde
passer les passants.

Vor der Tür der Wachstube
rauchen wir, um die Zeit totzuschlagen,
schwatzen wir und sehen den
Vorübergehenden zu.

Indem er raucht und nicht handelt, sich um des reinen Vergnügens willen mit anderen unterhält, desinteressiert die Vorüberkommenden beobachtet, nimmt der Raucher einen ästhetischen Standpunkt ein. Er stellt sich außerhalb des Bereichs der Nützlichkeit oder der Ethik und tötet die Zeit der Arbeit oder des verantwortungsvollen Handelns, um das reine Vergehen der Zeit zu bezeugen. Das Drama von Carmen, Don José und dem Torero mag im Mittelpunkt des Bühnengeschehens stehen, aber es ist eingebettet in den Rauch unzähliger Zigaretten, der das in sich kreisende Pendant zur sich in der Zeit entfaltenden Musik bildet.

Das durch den Tabak gebildete Band, das den Erzähler von Mérimées Novelle mit der weiblichen Hauptfigur verknüpft, verbindet ihn auch von Anfang an mit dem Schicksal Don Josés. In Spanien haben die Gesetze der Gastfreundlichkeit absoluten Vorrang vor allen kodifizierten bürgerlichen Gesetzen. In diesem Fall äußert sich die Gastfreundlichkeit durch das Anbieten einer Zigarre; und indem diese angenommen wird, wird ein Pakt besonderer Art geschlossen. Zu Beginn der Novelle berichtet der Erzähler, wie er, von der sengenden spanischen Sonne erschöpft und geschwächt, unerwartet auf eine kleine Oase stößt. Zwischen steilen Felswänden sprudelt eine wunderbar kühle Quelle, die inmitten der kargen Landschaft eine Art Garten Eden voll üppig wuchernder Gräser und immergrüner Eichen hervorgebracht hat. Als er sich dieser verzauberten Quelle nähert, die auch die Quelle aller seiner folgenden Abenteuer ist und der Ausgangspunkt seiner Erzählung, entdeckt er, daß sich am Rand des Wassers bereits ein Mann »von sehr kräftigem Aussehen, mit finsterem und stolzem Blick« niedergelassen hat. Der Führer des Erzählers erkennt in dem Fremden sofort einen berühmten gefährlichen Banditen. Von Neugier angetrieben, schenkt der Erzähler den Warnungen des Führers keinerlei Beachtung und läßt sich auch nicht von dem Gewehr beeindrucken, das der finstere Kerl in die Hand nimmt, als er von den beiden Reisenden überrascht wird:

»Ich [...] streckte mich ins Gras und fragte den Mann mit dem Gewehr ganz unbefangen, ob er Feuer bei sich habe. Dabei holte ich mein Zigarrenetui hervor. Der Unbekannte fuhr, immer noch ohne ein Wort zu sagen, suchend in seine Tasche, brachte sein Feuerzeug heraus und ließ es für mich unverzüglich aufflammen. Er wurde zusehends menschenfreundlicher; denn er nahm mir gegenüber Platz, ohne allerdings seine Waffe aus der Hand zu legen. Als meine Zigarre brannte, wählte ich aus meinem restlichen Vorrat die beste aus und fragte ihn, ob er Raucher sei.

›Ja, Señor‹, gab er zur Antwort.

Das waren die ersten Worte, die ich von ihm zu hören bekam, und mir fiel dabei auf, daß er das S auf andalusische Art aussprach, woraus ich schloß, daß er ein Reisender war wie ich, wenn auch wohl weniger ein nach Altertümern forschender.«

Der angebotene Tabak macht den Mörder zu einem menschlichen Wesen und ermöglicht einen zivilisierten Umgang mit ihm. Der Bandit spricht die ersten Worte, um auf das Angebot zu antworten, und dieses »Ja, Señor« ermöglicht es dem Erzähler, damit zu beginnen, den Unbekannten in einen sozialen Kontext einzuordnen. Der Bandit zündet seine Zigarre an der des Erzählers an, und dieses Entgegennehmen von Feuer stellt einen *socius*, ein Abkommen oder einen Pakt her, der dem Erzähler bei dieser Gelegenheit und bei späteren das Leben (und für uns die Geschichte) rettet:

»›Diese da wird Ihnen einigermaßen zusagen‹, bedeutete ich ihm und bot ihm eine echte Habana-Regalia an.

Er nickte mir leicht zu, zündete seine Zigarre an meiner an, dankte mir mit einer nochmaligen Kopfbewegung und gab sich dann mit allen Anzeichen lebhaftesten Behagens dem Rauchen hin.

›Ach!‹ stieß er hervor und blies dabei langsam die erste Rauchwolke aus Mund und Nasenlöchern in die Luft. ›Wie lange ist es her, seit ich zum letzten Mal geraucht habe!‹

In Spanien stellt eine dargebotene und angenommene Zigarre gastfreundliche Beziehungen her, ganz wie im Morgenlande das miteinander geteilte Brot und Salz.«

Es ist einigermaßen verblüffend, demselben Klischee in Hemingways *Wem die Stunde schlägt* wiederzubegegnen, einem Roman, der mehr als hundert Jahre später verfaßt wurde. Als Hemingways Held, Robert Jordan, bei den republikanischen Partisanen ankommt, bietet er, bevor er etwas anderes tut, allen in der Runde seine russischen Zigaretten an. Er kann dabei das Mädchen mit den dunklen Augen nicht anschauen, ohne daß seine Stimme einen anderen Klang bekommt, und es wird ihm bewußt, daß er »im Begriff [ist], sich gegen die zweite jener beiden Regeln zu versündigen, die man beachten muß, wenn man mit spanisch sprechenden Menschen gut auskommen will: Gib den Männern Tabak und laß die Weiber in Frieden.« Für Mérimées Erzähler laufen die Gesetze spanischer Gastfreundschaft auf genau dasselbe hinaus: Den Tabak muß man immer teilen, die Frauen aber nie (sie sind einem Austausch vorbehalten).

Der Tabak vermag die Bestie zu zähmen und eine höfliche Form des Umgangs zwischen dem Erzähler und dem mordgierigen Schurken zu etablieren, er schafft geradezu eine Atmosphäre der Glückseligkeit. Von jeder Hilfe abgeschnitten, ohne Waffen, mit denen er sich schützen könnte, der Gnade eines Mannes ausgeliefert, der keine Gnade kennt – kurz, am Rande eines Abgrunds stehend –, verspürt der Erzähler doch nicht den geringsten Anflug von Furcht: »Ich hegte keinen Zweifel daran, daß ich es mit einem Schmuggler zu tun hatte, vielleicht mit einem Räuber. Was machte mir das aus? Ich kannte die spanische Wesensart zur Genüge, um völlig sicher zu sein, daß ich von einem Mann, der mit mir gegessen und geraucht hatte, nichts zu befürchten brauchte. Ja, seine Gegenwart war für mich sogar der sicherste Schutz gegen jede üble Begegnung. Und dann war es mir auch recht angenehm, endlich einmal einen richtigen Briganten kennenzulernen. Man bekommt nicht alle Tage einen zu Gesicht, und es hat außerdem einen gewissen Reiz, einem gefährlichen Wesen nahe zu sein, vor allem dann, wenn es einem sanft und zahm vorkommt.«

Kant schreibt in der »Analytik des Erhabenen«:

»Kühne, überhangende, gleichsam drohende Felsen, am Himmel sich auftürmende Donnerwolken, mit Blitzen und Krachen einherziehend, Vulkane in ihrer ganzen zerstörenden Gewalt, Orkane mit ihrer zurückgelassenen Verwüstung, der grenzenlose Ozean in Empörung gesetzt, ein hoher Wasserfall eines mächtigen Flusses u. dgl. machen unser Vermögen zu widerstehen in Vergleichung mit ihrer Macht zur unbedeutenden

Kleinigkeit. Aber ihr Anblick wird nur um desto anziehender, je furchtbarer er ist, wenn wir uns nur in Sicherheit befinden; und wir nennen diese Gegenstände gern erhaben, weil sie die Seelenstärke über ihr gewöhnliches Mittelmaß erhöhen und ein Vermögen zu widerstehen von ganz anderer Art in uns entdecken lassen, welches uns Mut macht, uns mit der scheinbaren Allgewalt der Natur messen zu können.«[12]

Wie Kants Reisender ist auch Mérimées Erzähler willens, der größten Gefahr entgegenzutreten und dem Tod ins Antlitz zu schauen, weil er weiß, daß er inmitten eines magischen Schutzkreises steht, den die Macht des Tabaks um ihn herum gezogen hat. Er verspürt keine Furcht, sondern Vergnügen angesichts der Gelegenheit, der Drohung unbewaffnet, aber ohne Gefahr für Leib und Leben entgegentreten zu können. Daß Mérimée selbst solche Tollkühnheit gezeigt hätte, dürfen wir bezweifeln. Doch seine Vorrechte als Erzähler dieser Geschichte schützen ihn, innerhalb der Geschichte, mehr, als es eine dargebotene Zigarette tun würde. Aber vielleicht sollen wir auch seine narrative Unverwundbarkeit auf die träumerischen Illusionen zurückführen, die der Tabakrauch entstehen läßt. Der Kreis, den das Rauchen schafft, hebt, wie das Reich der Fiktion, den Autor für einen Augenblick aus dem Bereich normaler Sterblichkeit heraus, erhöht seine »Seelenstärke über ihr gewöhnliches Mittelmaß« und verwandelt ihn in einen Erzähler des Erhabenen.

Carmen ist nicht nur eine Diebin und Mörderin, sie ist auch eine »Gottlose«. Bei ihrem ersten Treffen am Ufer des Guadalquivir fragt der Erzähler, ob sie nicht eine Schwarze, eine Maurin sei, »›oder [...]‹ Ich stockte, ich mochte nicht geradeheraus sagen: ›Jüdin‹.« Aber sie ist schwärzer als schwarz, ausgestoßener als der ewige Wanderer: »Ach, geht, geht! Ihr seht recht gut, daß ich Zigeunerin bin; soll ich Euch *la baji* [die mehr oder weniger gute Zukunft] sagen? Habt Ihr schon von der Carmencita gehört? Die bin ich!« Der Erzähler bemerkt, daß er selbst auch ein Ungläubiger ist. Sein leidenschaftliches Interesse an denjenigen, die außerhalb der Gesetze des Staates und der Kirche leben, führt dazu, daß er »nicht gleich schaudernd zurückwich beim Anblick einer Hexe«. Jede Eigenschaft Carmens, dieser spanischen Hexe, wird um ihr jeweiliges Gegenteil vermehrt, jedem Reiz steht ein Makel gegenüber, ihre Schönheit ist untrennbar mit ihrer Häßlichkeit verbunden. In den Augen des Erzählers ist Carmen ebenso anziehend wie abstoßend:

»Um Sie, meine Zuhörer, hier nicht mit einer zu weitschweifigen Beschreibung zu langweilen, sei Ihnen rundheraus versichert, daß mit jedem ihrer Mängel sich ein Reiz verband, der vielleicht durch den Gegensatz um so stärker in die Augen sprang. Es war eine seltsame, wilde Schönheit, mit einem Gesicht, das einen fürs erste fremd anmutete, das man aber nicht mehr vergessen konnte. Ihre Augen vor allem hatten einen zugleich wollüstigen und grausamen Ausdruck, wie ich ihn nie wieder in eines Menschen Blick gefunden habe. ›Zigeunerauge – Wolfsauge‹ ist eine spanische Redensart, die von guter Beobachtung zeugt. Wenn Sie keine Zeit haben, in den Zoologischen Garten zu gehen, um den Blick eines Wolfes zu ergründen, brauchen Sie nur Ihrer Katze zuzusehen, wenn sie einem Spatzen auflauert.«

Wie ihr Liebhaber Don José ist sie zugleich bedrohlich-wild und zahm, Wölfin und gewöhnliche Hauskatze. In ihren schwarzen Zigeuneraugen, die wollüstig und grausam sind, entdeckt der Erzähler den Abglanz der diabolischen Kraft, über die sie verfügt, weil sie die Logik der Liebe begriffen hat. Das Romani-Wort *calés* bedeutet »schwarz«, erklärt Mérimée und fügt an, daß dies der Name ist, »womit sie sich oft selbst bezeichnen«. Er stellt die Theorie auf, daß die Zigeuner aus Indien kamen und ihre Schwärze von dort mitbrachten. In seinem Lob von Bizets *Carmen* bringt Nietzsche jedoch die machtvolle Wirkung der Oper mit einem anderen Kontinent in Zusammenhang: »Ihre Heiterkeit ist afrikanisch, sie hat das Verhängniss über sich, ihr Glück ist kurz, plötzlich, ohne Pardon. Ich beneide Bizet darum, dass er den Muth zu dieser Sensibilität gehabt hat, die in der gebildeteren Musik Europa's bisher noch keine Sprache hatte, – zu dieser südlicheren, bräuneren, verbrannteren Sensibilität [...] Wie die gelben Nachmittage ihres Glücks uns wohlthun!«[13] Nietzsche scheint hier schon eine Art von Musik zu entdecken, die im zwanzigsten Jahrhundert als Jazz erfunden wird, eine Musik, deren Glück »kurz, plötzlich, ohne Pardon« ist. Die südlichere, bräunere, verbranntere Sensibilität, welche Nietzsche in Bizets Musik vernimmt, und die verhängnisvollen Untertöne, die aus der afrikanischen Heiterkeit aufsteigen, finden einen zweiten – gewissermaßen emblematischen – Ausdruck in einem Bild, das diese Musik heraufbeschwört: das einer metallisch-schimmernden Dunkelheit, einer glänzenden, polierten Oberfläche, hinter der sich eine geheime Grausamkeit verbirgt, die jenseits von Gut und Böse ist. Carmens verführerische Wildheit ist unlösbar mit dem Geheimnis verbunden, das in den Tiefen ihrer Augen liegt. Was Don José dort entdeckt, ist letztendlich nichts als Schwärze. Als er beim Haus des Offiziers ankommt, dem Carmen eine Falle gestellt hat, beobachtet er die Zigeunerin, die ihrerseits die Straße beobachtet: »Ihr Fensterladen stand halb offen, und ich sah ihr großes schwarzes Auge, das dahinter nach mir ausspähte.« Der Anblick dieses schwarzen Auges scheint sich unauslöschlich in seine Erinnerung eingegraben zu haben, ihn geradezu zu verfolgen. Er erzählt, wie er es unter seinem Messer wieder vor sich sah: »Beim zweiten Stich sank sie um, ohne

Schrei. Noch ist mir's, als sähe ich ihr großes schwarzes Auge mich anstarren; dann wurde es trübe und schloß sich.« In ihrem Auge sieht er die Möglichkeit einer Vision, die in das Herz der Dunkelheit hineinführt.

Schwarz zu sein ist das Wesensmerkmal von Carmens Volk. Für Carmen, und für Mérimée, ist es auch gleichbedeutend mit völliger persönlicher Freiheit: »Als mein Rom hast du das Recht, mich, deine Romi, zu töten; aber Carmen gehört niemandem als nur sich selbst, immer und ewig. Als Calli ist sie geboren, als Calli wird sie sterben.« Als Don José sie am Ende der Geschichte zu töten droht, wenn sie nicht Spanien verläßt und ihm nach Amerika folgt, gibt sie nicht nach, obwohl sie ahnt, daß sie von der Hand ihres Liebhabers sterben wird: »José [...] du verlangst Unmögliches von mir. Ich liebe dich nicht mehr; du, du liebst mich noch, und darum willst du mich umbringen [...] Ich könnte dich ja noch belügen; aber ich will mir nicht mehr die Mühe machen.« Ihr Verlangen nach völliger Unabhängigkeit ist von einer unerschütterlichen Loyalität begleitet – bis dieses Nebeneinander unvereinbarer Gefühle eine rasche und erbarmungslose Auflösung erfährt. Carmens Tod ist grausam, aber sie erleidet ihn mit einer trotzigen Heiterkeit, die sich vielleicht ihrer prophetischen Gabe verdankt, ihr eigenes Sterben gleichsam aus einer posthumen Perspektive zu sehen. Wie die Zigarette, die sie raucht, ist Carmen schwarz wie Asche und rot wie Glut; die Arabesken, die in ihren Augen wirbeln, beschwören Vorahnungen des Todes herauf: In diesen Augen spiegelt sich eine Art von heiterem Wissen um die grausame Endlichkeit des Lebens.

Don José stand vor der Tabakfabrik Wache, als er irgendeinen Zivilisten sagen hörte: »Da kommt die Gitanilla«; »Ein Freitag war's; ich werde ihn nie vergessen. Ich sah die Carmen, die Ihr kennt [...]« Der *coup de foudre* trifft Don José an einem Freitag – das ist derselbe Tag, an dem Petrarca zum ersten Mal

Laura erblickte und ihr verfiel. Und wie bei Petrarca hat dieser kurze Augenblick des Sich-Verliebens eine Art von negativer Konversion zur Folge; Don José verkauft seine Seele dem Teufel:

»Ein sehr kurzes rotes Röckchen hatte sie an, das weiße, von mehr als einem Loch durchbrochene Seidenstrümpfe sehen ließ, und niedliche rotlederne Schuhe mit feuerroten Bändern. Ihre Mantilla hielt sie auseinandergeschlagen, um ihre Schultern zu zeigen und einen großen Akazienstrauß, den sie im Hemdausschnitt stecken hatte. Im Mundwinkel wippte ihr auch noch eine [rote] Akazienblüte, und so schritt sie dahin und wiegte sich dabei in den Hüften wie ein Füllen aus dem Gestüt von Córdoba. Bei uns daheim hätte alle Welt sich vor einem Weib in solchem Aufzug bekreuzigt [...]

[Dann] schnellte sie die Akazienblüte, die sie aus dem Munde genommen hatte, mir mit einem Daumenschnippen mitten zwischen die Augen. Señor, da war mir, als hätte mich eine Kugel getroffen. [...]«

Carmens satanische Röte – welche durch ihren Namen, der wie das lateinische Wort für »rot« klingt, noch hervorgehoben wird – zieht sich über ihren ganzen Körper, bis hin zu ihren anbetungswürdigen Zehen. Sie sei der Teufel, sagt sie Don José, als sie ihn nach ihrer ersten Liebesnacht wieder verläßt: »Mein Junge, glaub mir, du bist noch gut weggekommen. Dem Teufel bist du in den Weg geraten, ja, ja, dem Leibhaftigen; er sieht nicht immer ruhig aus, und den Hals hat er dir auch nicht umgedreht. Ich hülle mich zwar in Wolle, aber ich bin was andres als ein Schaf.« In dieser Geschichte ist sie der Wolf und er das Lamm; ihre Macht, ihn zu bezaubern und einzunehmen, ist von übernatürlicher Art und bewirkt seine Vernichtung. Gegen einen solchen Werwolf kann man sich nur mit dem Kreuz zur Wehr setzen. Wenn sie einem eine Blüte wie ein Geschoß zwischen die Augen schnellt, dann kann man sie nicht mehr vergessen. Als sie schon vertrocknet ist, verströmt diese rote Blüte »immer noch ihren süßen Duft«. »Wenn's Hexen gibt«, versichert Don José dem Erzähler, »diese da war eine.« Mérimée widmete einen seiner vier *Lettres adressées d'Espagne* dem Thema der »spanischen Hexen«. Er berichtet darin von seiner Begegnung mit einer anderen Carmencita, der Wirtin einer Spelunke, in der er und sein Diener – dieser sehr gegen seinen Willen – Rast machen. Diese Frau beschäftigt »den Teufel als Koch«. Der Diener, der die Alte erkennt, erzählt wilde Geschichten über sie, welche er mit einem spanischen Sprichwort einleitet: »Primo p[utana], luego alcahueta, pues bruja«, (Erst eine Hure, dann eine Kupplerin, schließlich eine Hexe).

Mérimée stellt seiner Geschichte von Carmen ein bekanntes griechisches Epigraph voran. Im Original lautet es:

Pasa gunei cholos estin. Echei d'agathas duo oras,
Tein mian en thalamo, tein mian en thanato.[14]

Böse [*cholos*] ist jedes Weib – doch zwei gute Stunden hat es;
die eine im Arm des Bräutigams, die andere im Arm des Todes.

Was sich in diesem Epigraph des Palladas von Alexandria (des zynischen Aphoristikers aus dem fünften Jahrhundert nach Christus) nach vulgärer Misogynie anhören mag, klingt ganz anders, wenn man es im Kontext der griechischen Literatur betrachtet, die von der Vorstellung der todgeweihten Braut, wie man sagen könnte, geradezu besessen war. Die Zeugnisse reichen von zahlreichen rührenden Inschriften auf den Grabstellen von Mädchen, die am Tag ihrer Hochzeit starben, bis hin zu Euripides' *Medea*: In diesem Drama legt die junge Braut Jasons die Hochzeitskleider an, die ihr von Medea, der verschmähten Frau, übersandt wurden; die Kleider sind mit einem Gift getränkt, das der Prinzessin das Fleisch vom Körper ätzt. In dieser Verwandlung von Hochzeitskleidern in Leichentücher zeigt sich »der tragische Witz«, der – wie Nietzsche in seinen Ausführungen über Bizets Oper schreibt – »das Wesen der Liebe macht«. Der nicht wahrnehmbare Unterschied zwischen Leichentuch und Hochzeitskleid wird im Epigraph zu *Carmen* durch das nahezu homonyme *thalamo/thanato* angedeutet. Die Frau, die man heiratet, ist selbst schon tot und bringt den Tod. Sowohl in Mérimées als auch in Bizets *Carmen* wird die Identität von Liebe und Tod in den beiden eindringlichsten Szenen nachdrücklich bestätigt: bei ihrem Hochzeitsfest und bei ihrem Tod. Zwei gute Stunden, könnte Palladas sagen.

Die Identifikation der Braut mit dem Tod ist das zentrale Thema von Freuds Aufsatz *Das Motiv der Kästchenwahl.* Es ist ein recht idiosynkratischer Text, weil Freud in ihm auf Material zurückgreift, das er Volkserzählungen und anderen populären Geschichten entnommen hat, und nicht wie sonst üblich auf Fälle, die ihm in seiner Praxis begegnet sind. Dies ermöglicht es ihm, so etwas wie den Mythos des kollektiven männlichen Unterbewußtseins aufzuzeichnen, dem zufolge Männer ihre Bräute mit dem Tod selbst identifizieren. Er beginnt, indem er zwei Szenen aus Shakespeares *Der Kaufmann von Venedig* und *König Lear* untersucht. In beiden wird ein Mann mit der Notwendigkeit konfrontiert, zwischen drei Frauen – oder ihren Surrogaten – zu wählen, und die Wahl fällt in beiden Fällen auf diejenige, die anfangs die am wenigsten »kostbare« zu sein scheint, sich aber am Ende als die begehrenswerteste erweist. Im *Kaufmann von Venedig* wählt Bassanio das Kästchen aus Blei, dem am wenigsten edlen Metall, anstelle der Kästchen aus Silber und Gold, und entdeckt in diesem das Porträt Portias, wodurch er sie zur Frau gewinnt.

Freud merkt an, daß Bassanios Rede wenig überzeugend klingt, wenn er anfängt, die Vorzüge wertlosen Bleis aufzuzählen. In einer vergleichbaren Situation wie er befindet sich am Ende von *König Lear* der König, dem nur die Leiche der von ihm verstoßenen Tochter Cordelia bleibt, die es am meisten wert war, geliebt zu werden.

Freud kommt von dieser literarischen Analyse aus zu der Frage: Warum muß der Mann immer zwischen drei Frauen wählen, und warum wählt er immer jene Frau, die am wenigsten einnehmend zu sein scheint? Wie er nachweist, ist die dritte Frau immer mit Attributen ausgestattet, die sie mit dem Tod verbinden: Cordelias Stummheit und das stumpfe graue Blei sind für Freud beredte Sinnbilder der Sterblichkeit. Er kommt zu dem Schluß, daß beide Dramen Shakespeares den Traum eines Mannes veranschaulichen, sich seinen eigenen Tod zu wählen – einen Traum, der dadurch noch wirkungsvoller und verführerischer wird, daß es in der Realität genau umgekehrt ist: Der Tod erwählt sich den Mann. Einem witzig gemeinten Spruch zufolge bedeutet Bigamie »eine Frau zuviel zu haben. Und Verheiratetsein bedeutet dasselbe.« Jede Ehe ist Bigamie, oder Polygamie, denn für Freud gibt es im Leben jedes Mannes drei Frauen, drei Mütter: Die erste ist die leibliche Mutter, die einem das Leben schenkt, die dritte und letzte ist die Mutter Erde, sie nimmt einen auf, wenn man tot ist; die zweite ist die Frau, die man heiratet, welche ein Abbild der ersten und der dritten ist. Jede Frau, sagt Freud, ist in Wirklichkeit drei Frauen – drei Mütter –, und die Heirat ist daher eine heroische Tat. Ein Mann, der eine Ehe eingeht, wählt seinen Tod, heiratet ihn und gründet auf diese Wahl sein Leben. Die Frau, die er heiratet, repräsentiert die Vergangenheit (seine leibliche Mutter) und die Zukunft (den Schoß der Mutter Erde); sie ist ein Abbild der beiden anderen Mütter, in dem sowohl der Ursprung als auch das Ende dargestellt sind, nicht nur Gold und Blei, sondern auch das Silber des Spiegels, in welchem er sein Schicksal erblickt.

Vielleicht gibt es die Frau, wie Männer wie Freud sie verstehen, in Wirklichkeit nicht. Oder wenn es eine Idee oder ein Ideal von einer Ehefrau gibt, nach dem alle Frauen (und Männer) streben, dann vielleicht das, eine Zigeunerbraut zu sein: »Du mein *Rom,* ich deine *Romi*«, ruft Carmen aus, als sie sich selbst Don José zur Ehefrau gibt. Du bist mein *Rom,* mein Bräutigam, mein Gatte; ich bin deine *Romi,* deine Braut, deine Gattin. Die Ehe mit Carmen führt – wie die des Rauchers mit der Zigarette – am Ende zum Tod, aber ihr liegt das Streben nach einem unmöglich zu erreichenden Ideal zugrunde, dem Ideal einer ehelichen Verbindung, welche die erhebendsten Ausblicke auf Freiheit mit den einengendsten Fesseln gewohnheitsmäßigen Genusses verbindet.

Thérèse Desqueyroux ist eine weitere böse Frau, die gut ist. In ihrem Namen wird der Name der den Märtyrertod gestorbenen heiligen Theresa mit Klängen in Verbindung gebracht, die Verzweiflung, *Dés-e-spérée,* und die karminrote Farbe der Höllenflammen, *roux,* heraufbeschwören. Ihr Schöpfer François Mauriac nennt sie im Vorwort »widerwärtig« und gesellt sie jenen Menschen zu, die Baudelaire »Ungeheuer« nennt. In diesem Vorwort gesteht er, daß er auch eine Heilige geschaffen haben könnte: »[...] lange Zeit habe ich gewünscht, du solltest des Namens der heiligen Locusta würdig werden«[15]; aber er habe befürchtet, daß es den Frommen wie Gotteslästerung vorgekommen wäre, wenn er diese Frau kanonisiert hätte. Sueton, der römische Geschichtsschreiber des zweiten Jahrhunderts nach Christus, hat den Namen der Locusta für die Nachwelt festgehalten, jener kaiserlichen Giftmischerin, deren Talente erst von Agrippina und dann von deren Sohn Nero in Anspruch genommen wurden, um den Kaiser Claudius beziehungsweise den Rivalen Britannicus aus dem Weg zu räumen. Locusta heiligzusprechen, Sympathie für den Teufel zu erwekken, würde für den gläubigen Katholiken Mauriac das Risiko bedeuten, die schlimmste Blasphemie zu begehen. Aber genau dieses Risiko geht er ein, indem er *Thérèse Desqueyroux* schreibt, die Geschichte einer Frau, die ihren Gatten vergiftet, damit aber eine Einstellung beweist, die viel eher zur geistigen Besinnung auffordert als die all der braven, rechtschaffenen und gehorsamen Katholiken, die in diesem Roman vorkommen. In dieser Geschichte versinnbildlichen die Zigaretten der jungen Frau sowohl ihre Heiligkeit als auch das ihr innewohnende Böse.

Sehr lange ereignet sich im Leben Thérèses nichts, was außergewöhnlich oder gar dramatisch wäre: Sie heiratet einen langweiligen, selbstgefälligen Mann, gebiert ihm ein Kind, um das zu kümmern sie sich weigert, und raucht Zigaretten, viele Zigaretten. Sie träumt auch sehr viel, zumeist davon, die vielen Hektar Kiefernwald in dem kargen Landstrich südlich von Bordeaux zu zerstören, auf denen der bescheidene Wohlstand ihrer Familie gründet. Sie ist in dieser abweisenden Landschaft, in den öden Sümpfen, die sich von Bordeaux bis zum Meer erstrecken, aufgewachsen. Dieses *Landes* genannte Gebiet ist unfruchtbar, Heideland, mit vereinzelten Büschen bestanden und hier und da mit Kiefernwäldchen. Durch die Kultivierung dieser Bäume ergänzt ihre Familie seit dem Ende des neunzehnten Jahrhunderts ihr mageres Einkommen. Es ist, wie Mauriac sagt, ein Land »am Ende der Welt«. Diese Landschaft findet in dem grauen Einerlei von Thérèses Leben ihre Entsprechung – Thérèse ist ein Produkt und ein Opfer der öden Engherzigkeit, perversen Grausamkeit und blutleeren Rigidität des katholischen Großbürgertums. Sie hat Bernard Desqueyroux geheiratet, weil er der andere Großgrundbesitzer der Region ist und diese Vereinigung im Interesse der Familie seit langem geplant war; er ist auch weniger stupide als die meisten anderen Männer, die sie kennt. Sie haßt ihren Gatten nicht, sie ist nicht wirklich daran interessiert, daß er stirbt, hat kein eigentliches Motiv, seinen Tod herbeizuführen. Sie wird dazu getrieben, ein paar bitter schmeckende Tropfen Gift der Medizin hinzuzufügen, die ihm der Arzt verschrieben hat, weil sie einfach sehen will, wie er im Angesicht des Todes reagiert, weil sie seine unerschütterliche Selbstgefälligkeit erschüttern will. Es ist eine Tat von unbegründeter Bösartigkeit, ein »reines« Verbrechen: Wegen des Fehlens jeden Motivs kann man es als Auflehnung gegen die erstickende, bigotte Gemeinheit der reaktionären Klasse, welcher sie selbst angehört, ansehen. Mauriac hat die Wette gewonnen: Thérèse/Locusta wird durch den Mordversuch, den sie unternimmt, zur einzigen Heiligen dieses Buches, zu einer Märtyrerin, die für ihr Verlangen nach Transzendenz Leid auf sich nimmt.

Die Dosis Gift ist zu gering, und Thérèses Mann überlebt. Sie wird von dem Arzt, der dem Verbrechen auf die Spur kommt, angezeigt. Nur die Intervention ihres Vaters, eines angesehenen Senators, und die Bereitschaft ihres Mannes, um ihretwillen einen Meineid zu leisten, bewahren sie vor dem Gefängnis. Sie bezahlt jedoch damit, daß sie zur Gefangenen ihrer Familie wird: Man verbirgt sie, um den Schein aufrechtzuerhalten und die politische Karriere des Vaters und das Ansehen der Familie vor Schaden zu bewahren.

Die Macht, die Thérèse auf die Menschen um sie herum ausübt, ist heimtückisch und unerklärlich, geheimnisvoll und magisch. Wenn sie lächelt, sagen die Leute, »fragt [man] sich nicht, ist sie hübsch oder häßlich, man erliegt ihrem Zauber [...].« Dieselben Leute sagen auch, daß sie »zuviel raucht«. Dabei raucht jeder in diesem Roman. Sogar Bernard, ihr Mann, dreht sich hin und wieder eine Zigarette. Aber sie »raucht so viel, daß ihre Finger und ihre Nägel so gelb sind, als hätte sie sie in Arnika getaucht«. Die Nikotinflecken an ihren Fingern sind das sichtbare Zeichen für den mörderischen Impuls, der sie dazu veranlaßt, ihrem Mann »Akonitin« zu verabreichen: ein Gift, dessen Name sich auf jenen des Giftes in ihren Adern reimt. Kurz gesagt: Thérèse ist eine Hexe.

Aber das unmäßige Rauchen ist auch ein – von der moralisierenden Klasse, in die sie hineingeboren wurde, klar verstandenes – Zeichen für ihre radikale Andersartigkeit: eine moralische Andersartigkeit, welche die guten Bürger mißbilligen und fürchten, aber auch eine geistige Andersartigkeit, deren dunkle Transzendenz diese Bürger nicht begreifen können, die der allwissende Erzähler aber immer wieder betont. Ihre Schwiegermutter meint: »Leider teilt sie nicht unsere Grundsätze; so zum Beispiel raucht sie ständig: aus reiner Angabe [...].« Dieses viele oder »zu viele« Rauchen versinnbildlicht in dem Roman ihre Weigerung, sich den erstickenden Zwängen des provinziellen Lebens zu unterwerfen, ihre Weigerung, den »ausgefahrenen Gleisen« zu folgen, in denen sich alle anderen Familienmitglieder mit ungetrübt gutem Gewissen voranbewegen.

Die Nikotinflecken an ihren Fingern sind ein Sinnbild für Thérèses grausam-paradoxes Wesen, für ihre Weigerung, sich jenes simple Gut/Böse-Denken zu eigen zu machen, mit dem diese selbstgerechte Gesellschaft Reichtümer anhäuft, Dienstboten ausbeutet, ihre Privilegien erhält und ihre Herzen gegen das Eindringen von jeglichem »Abenteuer« abhärtet, gegen Begeisterung, Neugier oder Neuerung – und gegen Fremde: wie Jean Azévédo einer ist, aus Paris kommend, belesen und geistig unabhängig, allgemein für einen Juden gehalten. Thérèse verführt diesen Mann sofort, läßt ihn dann aber wieder fallen, nachdem sie es geschafft hat, ihn ihrer Schwägerin zu entfremden, die ihn aufrichtig liebte. Thérèse bringt ihren Mann und die anderen Menschen in ihrer Umgebung mit ihren Haarspaltereien, mit ihrem Bemühen, stets »geistreich« zu sein, zur Verzweiflung. Die Familie vermag nicht zu begreifen, wo sie ihre Ideen herbekommt: »Thérèse behauptet [...]. nichts verdrehe den jungen Mädchen so sehr den Kopf wie die von der ›Stiftung für gute Bücher‹ empfohlenen Liebesromane. Aber sie ist so verstiegen.« Bernard »zuckte die Achseln: Sie langweilte ihn nachgerade tödlich mit ihren Verstiegenheiten. Es ist kein Kunststück, geistreich zu sein: Man braucht nur stets das Gegenteil dessen zu behaupten, was vernünftig ist.« Wie wir im dritten Kapitel gesehen haben, gebiert die Logik des Rauchens Paradoxa. Sie sind oft so fatal wie jene, die Bernard »tödlich langweilen« und das intellektuelle und moralische Wesen Thérèses mit ihren unwiderlegbaren Antinomien, ihrer diabolischen Wahrheit, kontaminieren.

Thérèses Rauchen stellt nicht nur eine Bedrohung für die moralischen Prinzipien dieser rigiden katholischen Gesellschaft dar, sondern auch für deren ökonomisches Wohlergehen, ja sogar Überleben:

»In der Familie redeten sie endlos über die Ursachen des Unglücksfalls [eines Waldbrands]; eine weggeworfene Zigarette? Böswillige Absicht? Thérèse träumte, sie stände eines Nachts auf, verließe das Haus, erreichte den am dichtesten mit Heidekraut bestandenen Wald, dort würfe sie ihre Zigarette hinein, so daß ungeheurer Rauch den Morgenhimmel verdunkelte. [...] Aber sie verscheuchte den Gedanken, denn die Liebe zu den Kiefern lag ihr im Blut; nicht gegen die Bäume richtete sich ihr Haß.«

Thérèse wird zwischen ihrem Verlangen, Verwüstungen anzurichten, und ihrer inneren Verbundenheit mit den Kiefernwäldern hin- und hergerissen: »Der Besitz hat ihr immer im Blut gesteckt.« »Die Taxierung der Ländereien interessierte sie leidenschaftlich. Kein Zweifel, daß die mögliche Herrschaft über ein großes Waldgebiet sie verführte.« Sie weiß, daß schon der kleinste Funke einen Waldbrand auslösen könnte, und wahrt auch in der Stadt noch gewisse Vorsichtsmaßnahmen: »Sie warf ihre Zigarette weg und trat sie nach Art der Bewohner der Heide sorgfältig aus.« Bei anderen Gelegenheiten träumt sie aber von dem Verderben, das eine weggeworfene Zigarette anrichten könnte – von der apokalyptischen Zerstörung des Landes und aller seiner Bewohner.

Zigaretten sind eine Droge, die berauscht und vergiftet: »[…] sie tat unrecht daran, so viel zu rauchen: Sie vergiftete sich!« Sie vergiftet sich selbst, und indem sie dies tut, vergiftet sie die Menschen um sich herum. Ihre Zigaretten sind eine Waffe, ein Instrument ihres Hasses, ein Werkzeug ihrer Rache. Verzichtet sie einmal auf ihre Zigaretten, deuten die anderen das als einen uncharakteristischen Liebesbeweis: »[…] Madame de la Trave versicherte, sie [Thérèse] liebe ihre Tochter auf ihre Weise: ›Gewiß, man darf nicht von ihr verlangen, daß sie dabei ist, wenn das Kind gebadet wird, oder daß sie es trokkenlegt, das liegt nicht in ihrer Art; aber ich habe gesehen, wie sie abendelang neben der Wiege saß und sich das Rauchen versagte, um den Schlaf der Kleinen zu beobachten‹ […].«

»Bernard sagte: ›Sei vorsichtig mit deiner Zigarette; es kann noch zum Brand kommen; in der Heide ist kein Wasser mehr.‹ Sie hatte gefragt: ›Stimmt es, daß die Farne Blausäure enthalten?‹ Bernard wußte nicht, ob die in ihnen enthalten Menge genügte, um sich zu vergiften.«

Im Kampf gegen ihren Gatten werden ihre Zigaretten zu Dolchen. Seine wütende Verteidigung des Werts der Familie und der Werte seiner Familie ist in Thérèses Augen die Folge seiner dumpfen Selbstgefälligkeit, seiner Befriedigung darüber, daß er immer alles auf einen Blick durchschaut, immer alles sofort weiß:

»›Also bitte, Thérèse, streite doch nicht, nur um zu streiten. Alle Juden sind gleich [...] und außerdem ist das eine degenerierte Familie, schwindsüchtig bis ins Mark, wie jeder weiß.‹

Mit einer Bewegung, die Bernard immer gestört hatte, zündete sie sich eine Zigarette an.

›So sag mir doch einmal, woran dein Großvater und dein Urgroßvater gestorben sind.‹«

Die Geste des Zigarettenanzündens bereitet den entscheidenden Schlag vor; sie versetzt Bernard einen kleinen Schock, der den vernichtenden Angriff auf seine Verteidigung der makellosen Integrität der Familiengene einleitet. Die Geste Thérèses kommt für ihn einem unerträglichen Zurschaustellen weiblicher Unbotmäßigkeit und Schamlosigkeit gleich. Schon früh im Roman erfahren wir, daß Bernard auf der Hochzeitsreise »ostentativ ein Variété« verließ, »dessen Darbietungen ihn empörten: ›Wenn man bedenkt, daß die Fremden sich das anschauen. Eine Schande! Und danach beurteilen sie uns dann [...]‹« Das Verführerische von Thérèses narzißtischer Unabhängigkeit, die in ihr liegenden befreienden Möglichkeiten können diesen Mann nur beleidigen, weil sich darin der Wille ausdrückt, nicht einmal die beruhigende Illusion weiblicher Subordination aufrechtzuerhalten.

Eine in der Öffentlichkeit rauchende Frau verletzt das sittliche Empfinden jener, die der Meinung sind, daß Frauen einen Schleier tragen sollten. Im privaten Bereich, zwischen einem Mann und einer Frau wird es zu einem Signal ihrer Entschlossenheit, sich seinen männlichen Ansichten, seinem Verlangen, ihr seinen Adams-Atem einzuhauchen, zu widersetzen. Jeder ihrer Züge an der Zigarette sagt ihm, daß sie entschlossen ist, etwas einzuatmen, das ihr ganz allein gehört. Vor dem Ersten Weltkrieg, als es für Frauen tabu war zu rauchen, gab es Reklameplakate, auf denen ein Mädchen abgebildet war, das unter einem Sternenhimmel neben einem Mann auf einer Bank saß und ihn bat: »Blas ein bißchen in meine Richtung.« In einem ihrer eskapistischen Träume sieht Thérèse sich in Paris ein Leben in Luxus und völliger Freiheit führen: »Sie sah das Restaurant im Bois de Boulogne wieder, wo sie gewesen war, doch ohne Bernard, mit Jean Azévédo und jungen Frauen. Sie legte ihr Schildpattetui auf den Tisch, zündete sich eine *Abdullah* an. Sie redete, machte ihrem Herzen Luft, und das Orchester spielte gedämpft.« Mauriac hat das Porträt einer Frau gezeichnet, die davon träumt, ihr aufklaffendes »Etui« ganz freimütig auf den Tisch legen zu können. Aber Thérèses Traum nimmt dadurch noch eine andere Dimension an, daß es eine *Abdullah* ist, welche sie sich anzündet. Wer sonst hätte jemals in der Heidelandschaft südlich von Bordeaux davon geträumt, eine parfümierte türkische Zigarette mit Goldmundstück zu rauchen, deren Name die Silben enthält, aus denen sich das arabische Wort für Gott zusammensetzt? Für Thérèse, wie für Mauriac, ist Rauchen ein Mittel der Verführung und eine Form des Gebets. In ihm findet ihr tiefstes Verlangen Ausdruck. Es ist ein kleines Ritual, ein Mittel, welches es erlaubt, sich selbst für die Möglichkeiten der eigenen Freiheit zu öffnen.

Bevor man ihr schließlich ihre Zigaretten wegnimmt, muß Thérèse sich gegen den erstickenden Geruch zur Wehr setzen, den die »Pfeife« ihres Mannes verströmt; dieser Geruch fesselt sie an ihre Vergangenheit, während die blonden Zigaretten ihr die Aussicht auf eine Zukunft voller Freiheit und Abenteuer eröffnen: »Bernard ging an dem Tag nicht aus. Thérèse rauchte, warf die Zigarette weg, trat auf den Flur und hörte, wie ihr Mann im Erdgeschoß von einem Raum in den anderen wanderte; ein Pfeifengeruch stieg langsam in ihr Zimmer hinauf, überlagerte den Geruch ihres blonden Tabaks, und sie fand den Geruch ihres früheren Lebens wieder. Der erste Schlechtwettertag.«

Als Thérèses Hinfälligkeit ihren Höhepunkt erreicht, Isolation und Verzweiflung, in die sie durch die Familie getrieben wird, sie völlig zerrüttet haben – sie ist kaum noch in der Lage, ihr Bett zu verlassen –, ißt und trinkt sie nur noch, um danach rauchen zu können: »Sie aß nur einige Bissen vom Eingemachten und trank Kaffee, um rauchen zu können (auf nüchternen Magen ertrug sie den Tabak nicht mehr).« Zigaretten sind lebenserhaltend geworden, sie nähren mehr als jede Nahrung. Weit mehr als ihre äußere Erscheinung, die sie immer öfter vernachlässigt, ist ihre Zigarette der augenfällige Ausdruck ihres Inneren. Die Identifikation Thérèses mit der Zigarette wird schon früh in dem Roman vorgenommen, als ihre Schwägerin sie sucht:

»›Thérèse, wo bist du?‹
›Hier auf der Bank.‹
›Ah, ja, ich sehe deine Zigarette.‹«

Die schlimmste Strafe, die ihre Gefängniswärter ihr antun können, besteht darin, ihr die Zigaretten wegzunehmen. Dies kommt einer Art von psychischer Ermordung gleich.

Die Zigaretten einzubüßen bedeutet für sie soviel, wie sich selbst, das eigene Leben zu verlieren: »Thérèse befürchtete, daß man ihr die Zigaretten weggenommen hatte, und streckte die Hand zum Tisch aus: die Zigaretten waren nicht mehr da. Wie sollte sie leben, ohne zu rauchen! Ihre Finger mußten unaufhörlich dieses kleine trockene und warme Ding berühren; sie mußte sie andauernd riechen können, und ihr Zimmer mußte von einem Dunst gefüllt sein, den ihr Mund eingeatmet und wieder ausgestoßen hatte. [...] Sie schloß die Augen, und ihre gelbfleckigen Finger machten noch die gewohnten Bewegungen um eine Zigarette.«

Als sie die Augen schließt, ihr Bewußtsein zu erlöschen

scheint, gibt sie nur noch die allerschwächsten Lebenszeichen von sich, unsichere Bewegungen, die dem rein mechanischen Klopfen des Herzens ähneln: Ihre Finger schließen sich um eine nichtexistente Zigarette. Das kleine warme und trockene Objekt ist so etwas wie ein klitorales Surrogat ihrer selbst: Es zwischen die Finger zu nehmen bedeutet soviel, wie sich in einen masturbatorischen Narzißmus zu flüchten. Das Einatmen und Ausstoßen des Rauchs ermöglicht es ihr, den Körper auszuweiten und so Besitz von dem Raum zu ergreifen, in den man sie eingeschlossen hat, ihn in eine Wolke der Selbstbestimmung einzuhüllen.

Als sie sich schließlich allmählich aus jener Lethargie befreit, in die sie als Gefangene ihrer Familie versunken war, beginnt sie wieder, sich nach draußen zu wagen, Pläne zu machen – und eine Zigarette nach der anderen zu rauchen. Jede gerauchte Zigarette ist einer der zögernden Schritte, die ein Rekonvaleszent nach langer Krankheit macht; jede dieser Zigaretten bedeutet einen kleinen Sieg, und jeder Sieg führt zu einem weiteren, bis Thérèse sich ganz erholt und fliehen kann. Zum ersten Mal beginnt sie von einem anderen Leben zu träumen, einem Leben in Paris, ohne Zwänge, offen für jede Art von Abenteuer, in Freiheit. Eine Freiheit, die sich auch darin ausdrückt, exotische, türkische Zigaretten rauchen zu können, die in einem Etui aus durchscheinendem Schildpatt vor ihr liegen. Am Schluß des Romans setzt sie diesen Traum in Wirklichkeit um: Sie findet sich plötzlich allein im Café de la Prax, denn Bernard hat sie voller Erleichterung ihrem Schicksal überlassen und ist in seine »eingefahrenen Gleise« zurückgekehrt. Er braucht diese Wegspuren, so wie ein Karren sie braucht. Thérèse genießt ihre Freiheit und bringt das Herz eines in der Nähe sitzenden aufmerksamen jungen Mannes zum Entflammen, der sich zu ihr herüberbeugt und ihr sein Feuerzeug hinhält, als sie zu einer Zigarette greift: »Dank einer halben Flasche Pouilly kam eine warme Zufriedenheit sie an. Sie bestellte Zigaretten. Ein junger Mann an einem Nebentisch hielt ihr sein brennendes Feuerzeug hin, und sie lächelte.«

In seinem Vorwort teilt Mauriac uns mit, daß er der Versuchung widerstand, sein Ungeheuer am Ende des Romans in eine Heilige negativer Transzendenz zu verwandeln: das heißt in eine Figur, die eine spirituelle Erhöhung erfährt, indem sie in die Schrecken des Verbrechens hinabsteigt. Aber die Möglichkeit einer solchen Verwandlung wird in den letzten Zeilen des Buches angedeutet: »Thérèse hatte ein wenig getrunken und viel geraucht. Wie eine Beseligte lachte sie allein vor sich hin. Sie schminkte mit Sorgfalt Wangen und Lippen; dann trat sie auf die Straße und überließ ihren Weg dem Zufall.« Sie setzt ein neues Gesicht auf, stürzt sich in die Menge und überläßt sich den Unwägbarkeiten des Zufalls – der höchste Ausdruck von Freiheit.

Humphrey Bogart

FÜNFTES KAPITEL

Die Freundin des Soldaten

You ask what we need to win this war. I will tell you, we need tobacco, more tobacco – even more than food.

General John J. Pershing
to the Minister of War

Das Bild des roten Zuaven auf jeder Schachtel *Job*-Zigarettenpapier erinnert an ein Ereignis, das vielleicht das entscheidenste des ganzen Krimkrieges gewesen wäre – wenn es sich wirklich zugetragen hätte. Einer Anekdote zufolge stellte ein türkischer Soldat, dessen Pfeife von einem Geschoß zerschmettert worden war, 1852 die erste Zigarette her, indem er seinen Tabak in eine leere papierene Patronenhülse stopfte. Tatsächlich aber fanden Zigaretten schon ungefähr zwanzig Jahre zuvor von Spanien aus Verbreitung in Frankreich. Die Anekdote erklärt aber vielleicht den Ursprung der Redensart »wie ein Türke qualmen«, die exzessives Rauchen bezeichnet. Sie deutet jedoch auch die symbolische Identifikation der Patrone, die der Soldat abfeuert, mit jenem Geschoß aus Nikotin an, das er in die eigenen Adern jagt, um sich Mut zu machen.

Französische Soldaten, die aus Sardonopolis zurückkehrten, importierten das neue Genußmittel nach Frankreich, und eine kurze Zeit lang waren Zigaretten in Paris en vogue. Es ist, wie die Marxisten zu sagen pflegten, kein Zufall, daß ihre Popularität 1848, als Frankreich und der Rest Europas von revolutionären Erhebungen erschüttert wurden, stark zunahm. Alle Gesellschaften wissen um den Nutzen und den Wert von Zigaretten in Zeiten, die von sozialen Unruhen, Krieg oder einer Wirtschaftskrise geprägt sind: Das zeigt schon das sprunghafte Ansteigen des Zigarettenkonsums und die Art und Weise, in der die Einstellung der Öffentlichkeit gegenüber dem Rauchen sich abrupt wandelt. Dies ist im zwanzigsten Jahrhundert mehrfach geschehen: In Zeiten von sozialen Spannungen und gesellschaftlicher Überbelastung werden Zigaretten allgemein toleriert. Sie werden zu Objekten, mit denen sich patriotische Gefühle verbinden und zu denen man eine Art sentimentaler Zuneigung entwickelt. Ein schlagendes Beispiel dafür ist der Bericht, der 1925 vom Automobilhersteller André Citroën vorgelegt wurde. Citroën war von der Régie, der französischen Tabak-Monopolanstalt, aufgefordert worden, sich darüber Gedanken zu machen, wie man die Vorzüge französischer Zigaretten besser herausstreichen könne. Er verfaßte daraufhin eine äußerst chauvinistische Elegie, in welcher er den unter dem martialischen Namen *Caporal* bekannten »schwarzen« französischen Tabak in den Himmel hob: »Unser gewöhnlicher *Caporal*, knisternd, aufbauend, männlich, gesund, ein Kamerad, ein guter Junge, ein Kumpel, was für eine Persönlichkeit er besitzt! Anders als die meisten exotischen Tabaksorten mit ihrer blonden Drahtigkeit, die ganz plötzlich schlaff wird, wie weiches, fades Lametta, das man für sentimentale Neurotiker mit Parfüm getränkt hat.«[1] Für Louis Pauwels roch französischer Tabak wie »frisch gemähtes Gras, umgepflügte Erde, Wolle, feuchtes Leder, ein Feuer im Wald, der Offiziersclub«.[2] Für Citroën und Pauwels wurden die *Gauloises*, in denen schwarzer Tabak steckte, für echte Männer gemacht, die er zu Kumpanen zusammenschweißte, während die weichen *blondes* für sentimentale neurotische Einzelgänger hergestellt wurden (oder vielleicht auch von ihnen?). Wahre Männer ziehen die belebende Kameraderie – um nicht von Homophilie zu reden – vor, die in einem Offiziersclub herrscht.

Amerikaner, die von der gegenwärtigen Hysterie ergriffen sind, haben natürlich vergessen, daß die Uniformfarbe des einfachen Infanteristen liebevoll als *Lucky-Strike-Green* bezeichnet wurde. Sie wissen auch nicht mehr, welcher amerikanische Stolz und welche Hoffnungen auf seiten der europäischen Alliierten sich mit dem Versprechen verbanden, daß »die *Camels* kommen« würden. Wenn sie heute die Briefe von General Pershing läsen, dem Oberbefehlshaber der amerikanischen Truppen, wären sie vielleicht über die Dringlichkeit überrascht, mit der er R. J. Reynolds bittet, um Himmels willen mehr Zigaretten zu schicken, oder über den sogar noch insistierenderen Ton, den er 1918 in dem eingangs zitierten Brief an den Verteidigungsminister anschlägt.

Welchen Vorteil oder Wert haben Zigaretten im Krieg, worin liegt ihr Nutzen, worin besteht ihre Schönheit? Sie nähren nicht und heilen keine Wunde, und doch sind sie im Krieg die kostbarsten aller Gebrauchsgegenstände, lebenswichtiger als jede Nahrung und so gut wie Gold. Das universelle Tauschobjekt Tabak ist in Amerika »Goldwährung« genannt worden, und *Old Gold* hieß eine Zigarettenmarke. Ned Rival schreibt: »Im besetzten Frankreich des Jahres 1940 [...] erhielt Tabak den Wert von Gold [*valeur-or*], auf dem Schwarzmarkt wurde er täglich höher bewertet.«[3] Den ganzen Krieg hindurch waren Zigaretten im Grunde eine Währung: Mit einer Stange amerikanischer Zigaretten konnte sich ein GI praktisch alles kaufen, was er begehrte. In jüngerer Zeit, als die Revolution gegen

Ceausescu zu Ende ging, wurden in Bukarest Zigaretten der Marke *Kent* für eine kurze Zeit anstelle des rumänischen Lei zum Hauptzahlungsmittel. Im russischen Tbilissi gingen Aufständische auf die Straßen, nicht etwa um gegen die Lebensmittelknappheit zu protestieren, sondern um Maßnahmen gegen den plötzlich eingetretenen Mangel an Zigaretten zu fordern.

In Drancy, dem in Frankreich gelegenen Konzentrationslager, in dem Gefangene vor ihrem Abtransport nach dem Osten festgehalten wurden, schwankte der Preis für ein Päckchen zwischen zweihundert und fünfhundert Franc. »Eine Zigarette,« erzählt Denise Aimé in *Relais des errants*, »kostet am Abend vor einer Deportation hundertfünfzig Franc, und für das Anrecht auf einen einzigen Zug muß man zehn Franc zahlen, zehn Franc für einen letzten Zug voller Freiheit und Träume.«[4]

Die letzte Zigarette erfüllt dieselbe Funktion wie Galgenhumor, der alles aus der Perspektive des Über-Ichs sehen läßt, wie Freud sagt. Das Über-Ich ist der *locus* des Bewußtseins, umfaßt die höchsten Werte, das höchste Gefühl von sich selbst, und ermöglicht es, auf den herannahenden Tod hinunterzuschauen und zu lachen. Da die Werte zeitlos sind, glaubt das Über-Ich nicht an seine eigene Vernichtung, sondern fühlt sich angesichts seiner bevorstehenden Exekution unzerstörbar. Der Nutzen, den Zigaretten – wie »trotzige« Witzeleien[5] – jenen geben können, die bald sterben werden, liegt darin begründet, daß sie aus einer posthumen (oder göttlichen) Perspektive auf das eigene Leben blicken lassen – außerhalb der Zeit, in einer anderen Zeit und an einem anderen Ort, wo man für einen Augenblick in heiterer Unverwundbarkeit verweilt. Denken Sie an den Tod Walter Raleighs.

Le Baïonette, eine Zeitung, die 1917 in den Schützengräben herausgegeben wurde, bestätigt, daß Zigaretten eine solche heilige Berufung hatten, dem Soldaten beizustehen und denen Trost zu spenden, die sich in größter Not befanden. In ihr erschienen regelmäßig »Tabaklitaneien«, »Gebete des Danks und der Lobpreisung«: »o Perlot [eine bestimmte Art von Tabakblatt], mit deiner Farbe von Herbstblättern und reifem Hafer, o gewöhnlicher *Caporal*, sei gesegnet, o Tabak, Tröster aller Soldaten im Feld. Du nährst jede Art von Träumen, milderst alle Schmerzen, du weißt sogar manchmal, die Trübsal auszuräuchern, o göttlicher Tröster.«[6] Der Wert von Zigaretten, ihre Funktion als universelles Tauschobjekt, hängt von ihrer Einbeziehung in das System des Schenkens ab. Zigaretten geben die Gabe zu geben: einem anderen, sich selbst, dem Jenseits. Sie sind der Index und der greifbare Beweis für die Generosität des Soldaten; aus einem brüderlichen Impuls heraus kann er sie seinen Kameraden anbieten oder selbst welche entgegennehmen. In Augenblicken größter Angst oder Sorge helfen sie ihm, sich zusammenzureißen, seine Fassung wiederzugewinnen. Sie sind das kleine Geschenk, das er sich selbst überreicht, um sein Selbst wiederzuerlangen, seine Fähigkeit, Geschenke zu machen oder anzugreifen. Aber sie sind auch eine unerschöpfliche Quelle des Trostes, aus der er vielleicht vierzigmal am Tag trinkt, ein Zaubertrank gegen Verlust, Depressionen und die Langeweile des Wartens. Ähnlich wie Weihrauch vermögen sie die Erde mit dem Himmel zu verbinden, laden den Raucher deshalb dazu ein, die Negativität des Hier und Jetzt hinter sich zu lassen und sich einem Reich höherer Zwecke zuzuwenden, das heißt, von einer umfassenderen Perspektive aus auf die ihn umgebenden Greuel zu schauen.

In einer Zeit, in der Tabak wieder einmal zum Dämon erklärt worden ist, kann die Erinnerung daran nützlich sein, daß er in präkolumbianischer Zeit als kleinere Gottheit angesehen wurde, die unter den eingeborenen Stämmen – von den Irokesen im heutigen Staat New York bis hin zu den Mayas in Yukatan – ihre Verehrer hatte. Der glühende Tabak im Kalumet vereinte den Stamm mit den Geistern der Ahnen. Durch seine Macht, eine Flucht aus der Zeit zu ermöglichen, die Vergangenheit heraufzubeschwören oder eine Ahnung der Zukunft zu geben, verband er die Indianer mit ihren Toten, in denen sie sich selbst erkannten. Er löste ihr kollektives Verlangen danach aus, in Zukunft eine Tapferkeit zu beweisen, die der ihrer Ahnen gleichkäme oder sie sogar noch überträfe, um so die Last der Verpflichtungen leichter zu machen, die ihre Ahnen ihnen auferlegten.

Sogar im privaten Bereich erfüllt der einfache – ohne Hast und mit Konzentration ausgeführte – Akt des Inhalierens und Ausatmens die Bedingungen eines Gebets; er gestattet dem Raucher, »seinem Leiden eine Art von Aufmerksamkeit entgegenzubringen, es hinzunehmen und sich gleichzeitig von ihm zu lösen… und dann dieses Leiden Gott darzubieten«[7] – Gott oder mit welchem Namen auch immer man das Transzendente bezeichnet. Die Verbindung zwischen Rauchen und Beten wurde schon früh hergestellt. 1856 hatte sich die Zeitschrift *Paris fumeur*, die den Vergnügungen des Rauchens gewidmet war, »Qui fume prie« zum Motto gewählt; und Annie Leclerc, um ein Beispiel aus jüngerer Zeit anzuführen, schrieb in ihrem Buch *Au feu du jour*, das sich ebenfalls mit dem Rauchen beschäftigt, genauer damit, wie man mit dem Rauchen aufhören kann: »Die Zigarette ist das Gebet unserer Zeit.«[8]

In den »Tabaklitaneien« wird die Fähigkeit von Zigaretten beschworen, »Träume hervorzurufen«, den Raum und die Zeit zu erweitern, so daß Tagträume sich verlängern lassen. Jeder Zug aus einer Zigarette läßt für einen Augenblick eine Art von graublauer Blase über dem Kopf des Rauchers entstehen, einen wunderbaren Raum zum Träumen, in den man sich vor den bitteren Zwängen des Notwendigen und der grausamen Bedrohung durch den Tod flüchten kann. Jeder Zug ist ein letzter Zug voller Freiheit und Träume. Im Moment des Inhalierens oder Ausatmens ist man frei jeder Angst; es ist ein kurzer Augenblick der Meditation, der die Realität außer Kraft setzt und es einem gestattet, sich mit dem Universum verbunden zu fühlen: ein Augenblick, der einem ganz kurz den Geschmack der Unsterblichkeit vermittelt. Die Rauchwolke ähnelt der Sprechblase in einem Cartoon oder einem Gemälde, in welche die Phantasien und Vorstellungen des Rauchers hineinprojiziert werden können, wie ein Film auf eine Leinwand. Auf italienisch heißt diese kleine Wolke, in der die gesprochenen Worte oder die Gedanken einer Comic-Strip-Figur enthalten sind, *il fumo*, der Rauch. In der Zeit, die das Rauchen einer Zigarette dauert, kann der Raucher einen kleinen persönlichen Kinofilm abspielen lassen, um sich seine kühnsten Wünsche in der Phantasie zu erfüllen.

Dieses Tagträumen scheint vor allem auf einem Vergessen zu beruhen: Der Tabakrauch wird zu einer Metapher für die Macht von Zigaretten, die grausame Realität des Krieges zu verbergen. Rauchen fördert das Vergessen, und die Vergeßlichkeit ist die Schutzheilige des Soldaten, seine »göttliche Trösterin«. Ein Historiker des Tabaks ist auf dieses Thema des Vergessens eingegangen: »Der Soldat raucht aus demselben Grund, aus dem andere trinken – um zu vergessen. [...] Man raucht, um der Langeweile begegnen zu können, der Furcht, der Kälte oder der Hitze, der Disziplin, welche die jämmerliche geistige Starrheit in den Armeen entstehen läßt, der Ungerechtigkeit des Lebens und des Sterbens; man raucht, um einen Ersatz zu haben für die Liebe, die Freiheit, das Bedürfnis, sauber zu sein und unbedeckten Hauptes, allein, dort wandeln zu können, wo die Luft frisch und frei ist.«[9]

Es fällt schwer, sich des Wertes zu besinnen, den Zigaretten einst hatten, in einer Zeit, in der die Gesellschaft immer perversere Gesetze gegen sie erläßt: mit der Begründung, daß man die Bevölkerung vor dem Rauch schützen müsse, der aus den Zigaretten anderer Leute aufsteigt. Flugpassagieren das Recht abzusprechen zu rauchen, in ihrer eigenen Abteilung, wo die Luft durch eine Klimaanlage gesäubert wird, bedeutet, ihnen das wirksamste Mittel vorzuenthalten, das jemals auf der ganzen Welt ersonnen wurde, um im Angesicht einer Gefahr Trost zu spenden (ähnlich wie ein Gebet), und das es ihnen ermöglicht, sich gelassen in ihr Schicksal zu fügen. Im Krieg spürt man voller Dank und Liebe jenen kleinen kompakten Zylinder aus Papier und Tabak zwischen den Lippen oder den Fingern – Glut, Feuer und Asche – wie die Perlen eines Rosenkranzes oder irgendeines anderen göttlichen Trösters. In einer solchen Zeit ist die Zigarette ein kleiner Dämon, der zwischen einem selbst und den Göttern vermittelt, und gleichzeitig ein allerengster Freund, ein treuer Begleiter, der es nie versäumt, ein Wort an das einsame Selbst zu richten – sei es in Augenblicken des größten Heroismus oder solchen von absoluter Leere und unerträglicher Langeweile.

Zigaretten befreien den Soldaten, indem sie vorübergehend die Grausamkeit seiner Lebensbedingungen verbergen. Ihre Wirkung liegt weniger darin begründet, daß sie narkotisieren, sondern daß sie es möglich machen, sich von der Realität zu lösen und einen intellektuellen Standpunkt einzunehmen, von dem aus man in die Vergangenheit oder in die Zukunft blicken, sich entweder nostalgischen Erinnerungen hingeben oder träumerisch über das Kommende spekulieren kann. Aber Zigaretten bieten mehr als eine Therapie. Es genügt nicht, darauf hinzuweisen, daß sie, wenn sie auch schädlich für den Körper sind, so doch psychische Leiden lindern können. Denn sie dienen dem Soldaten noch auf eine ganz andere, eine viel rätselhaftere und in Friedenszeiten weniger offensichtliche Weise. General Lassalle (1775 – 1809), ein Held der Napoleonischen Kriege, soll, bevor er in der Schlacht bei Wagram den Heldentod starb, den enigmatischen Ausspruch getan haben: »Ein Husar muß rauchen; ein Kavallerist, der nicht raucht, ist ein schlechter Soldat.«[10] Was soll das bedeuten? Der General macht nicht die geringsten Anstalten, seine Behauptung, daß es eine Verbindung zwischen dem Rauchen und den soldatischen Tugenden gebe, durch Beweise zu untermauern. Er spricht sie einfach ganz apodiktisch aus, wie es auf andere, auf stumme Weise auch die Werbeplakate für *Marlboro* oder *Camel* tun, auf denen ein Mann zu sehen ist, für den es ganz eindeutig eine Sache der Routine ist, sich im Kampf gegen die Naturgewalten zu behaupten.

Zu gewissen Zeitpunkten in der jüngeren Vergangenheit wurde eine Weigerung zu rauchen als »antiamerikanische« Einstellung gewertet, als Zurückweisung der Vorstellung – manche würden von einem Mythos sprechen –, daß es einen ausgeprägten Heroismus erfordere, ein Leben an den *frontiers*, an den Grenzen zwischen Zivilisation und Wildnis zu führen. Mit Heroismus ist dabei (im strengen Sinne Hegels) Mut im Angesicht des Todes gemeint. Wenn man raucht, saugt man nicht lediglich an einer tröstenden Zitze; Zigarettenrauch kommt nicht immer, nicht oft, vielleicht nie, der Muttermilch gleich – er schmeckt meistens schlecht, erzeugt einen leichten Ekel, vermittelt einem mit jedem Zug das Gefühl, dem Tod ein wenig näher zu kommen. Aber gerade das Gift in den Zigaretten macht das Rauchen zur heroischen Tat. Es ist ein starkes Gift: Um einen Erwachsenen zu töten, bedarf es einer geringfügig kleineren Menge von Nikotin als zum Beispiel von Heroin oder Kokain. Jeder Zug schmeckt ein wenig nach dem Tod; deswegen ist Zigarettenrauchen die ureigene Disziplin des guten Soldaten.

Annie Leclerc schreibt in *Au feu du jour*: »Die Zigarette ist das Objekt, das ich meiner Begierde liefere, damit sie fortdauern kann, aber auch damit sie erlischt. Damit sie sich einstellt, verweilt und *stirbt.*«[11] Die Zigarette ist nicht nur ein Instrument, das für das Weiterbestehen der Begierde sorgt, sondern sie auch tötet. Sie läßt den Tagtraum aufsteigen, um ihn dann zerplatzen zu lassen. Sie setzt den Prozeß träumerisch-glimmender Wunscherfüllung in Gang, um ihn dann jäh abbrechen zu lassen, die Glut abrupt zu ersticken. In dieser Hinsicht unterscheiden sich Zigaretten von allen anderen Drogen, wie zum Beispiel Heroin, deren narkotischer Effekt auf eine endlose Verlängerung der von ihnen ausgelösten Lustgefühle, sogar bis in den Tod hinein, angelegt ist. Zu einer Zigarette greift man in dem Wissen, sogar in der Begierde, daß der Wunsch, die Realität zu vergessen, eine Weile lang erfüllt und dann selber vergessen wird. Das Vergessen des Vergessens – der Moment, in dem das Gift sich bemerkbar macht – wird als ein schmerzhaftes Zurückfallen in die Welt erfahren. Dies ist es, was Zigaretten ihre kräftigende Eigenschaft verleiht: Sie steigern den Sinn für die Realität, in die man unvermittelt zurückversetzt wird, nachdem man sie vorübergehend von einem Standpunkt außerhalb ihrer betrachtet hat.

Die letzte Zigarette vor einer Exekution ist keineswegs mit einer Morphiuminjektion zu vergleichen: Sie stärkt dem Verurteilten das Rückgrat, tötet seine Hoffnung auf Entkommen und fördert die Ergebung ins Unausweichliche, die ihm den Mut gibt, dem Tod ins Auge zu sehen. Weil es einen aus der Zeit herausgenommenen Augenblick gebiert und ihn dann wieder dem Tod anheimfallen läßt, kommt das Rauchen einer Zigarette einer Vorwegnahme des Sterbens gleich. Mit der letzten Zigarette spielt man gleichsam in kontrolliert fiktiver Weise das Sterben durch, vor dem man sich fürchtet. Sie läßt in dem Delinquenten die Illusion entstehen, der Tod all seiner Träume sei von ihm selbst gewollt und die Exekution in Wirklichkeit eine Art von Selbsttötung, über die er bis zum Schluß selbst bestimmt. Die Erhabenheit des Rauchens (und – Schiller zufolge – auch des Selbstmords) liegt darin begründet, daß es die Illusion aufkommen läßt, von einem Standpunkt außerhalb unserer selbst unserem eigenen Sterben zuzusehen, es selbst zu beschließen, sozusagen in den Nachwirkungen des Giftes posthum zu leben, in einem Augenblick privaten Heroismus'. In einer Zeit, in welcher der Krieg aus der westlichen Welt verbannt zu sein scheint, ist das Zigarettenrauchen eines der letzten uns verbliebenen Abenteuer. Die Annahme, die Warnungen der Ärzte könnten die Leute vom Rauchen abhalten, läßt die spezifische Verführungskraft der Zigaretten außer acht – diese Verführungskraft beruht nämlich gerade auf den Risiken und Unannehmlichkeiten, die das Rauchen in so erhabener Weise mit sich bringt.

Folgt man Remarque, war das Austeilen von Zigarren und Zigaretten auf dem Schlachtfeld ein Zeichen dafür, daß die Stunde des Angriffs nahe war. Tabak hat nicht die Funktion, den Soldaten zu betäuben, sondern er soll seine Nerven stählen und es ihm ermöglichen, die Angst zu überwinden, welche die Grundbedingung seiner Existenz ist. Die Zigarette ist mit Sicherheit ein ausgezeichnetes Mittel, um die körperlichen Auswirkungen der Angst in den Griff zu bekommen; weniger klar ist, welche Rolle sie dabei spielt, die Symptome der Furcht einzudämmen. Nach Heidegger besteht der Unterschied zwischen Furcht und Angst – letzteres ist für ihn eine grundlegende Bedingung des »In-der-Welt-Seins« – darin, daß sich das Objekt der Angst durch Unbestimmtheit auszeichnet. Anders als die Furcht, die vor etwas Bestimmtem oder Bestimmbarem, das unmittelbar gegenwärtig ist, zurückweicht, dieses »flieht«, steht die Angst zu keinem bestimmten »Hier« oder »Dort« in Beziehung: Sie »›weiß nicht‹, was es ist, davor sie sich ängstet«.[12]

Immer wenn man, Angst verspürend, zu einer Zigarette greift, bringt das Nikotin zwei unterschiedliche physiologische

Effekte hervor, die in koordinierter Weise zusammenwirken. Wenn es ins Blut eindringt, beschleunigt das Nikotin plötzlich und oft in dramatischer Weise den Puls und erhöht den Druck in den Arterien; paradoxerweise verschärft es die unangenehmen Gefühle des Angespanntseins, welche die Zigarette beseitigen sollte. Macht man einen tiefen Zug, der den Rauch bis in die Lungenspitzen strömen läßt, verschlimmern sich die körperlichen Symptome, die mit der Angst einhergehen. Aber diese Verschlimmerung hat den vorteilhaften Effekt, die physiologischen Symptome zu einer spezifischen, bestimmten oder bestimmbaren Ursache in Beziehung zu setzen: zu der Zigarette, welche ich rauche. Während zuvor durch die vage Antizipation einer unbestimmten Gefahr Angst ausgelöst wurde, sind die unangenehmen Gefühle jetzt ganz bestimmt und pointiert. Diese Gefühle auf eine konkrete, bestimmte Ursache zurückzuführen ist der erste Schritt auf dem Weg zu ihrer Überwindung: Man nimmt sie aus dem Bereich der Angst heraus und lokalisiert sie in etwas, das präsent und greifbar ist, das man fühlbar in der Hand hält. Die Substitution einer vagen Quelle des Unbehagens durch eine, die auf schmerzhafte Weise »präzise« ist, steht am Anfang des Prozesses, der schließlich zur Elimination der Angst und ihrer körperlichen Auswirkungen führt.

Um Heideggers Termini zu verwenden: Die Zigarette »besorgt die Umkehrung dieser Angst in eine Furcht vor einem ankommenden Ereignis«. Das ist der erste Schritt, dem dann der zweite folgt: »Die als Furcht zweideutig gemachte Angst wird [...] als Schwäche ausgegeben, die ein selbstsicheres Dasein nicht kennen darf. Was sich gemäß dem lautlosen Dekret des man ›gehört‹, ist die gleichgültige Ruhe gegenüber der ›Tatsache‹, daß man stirbt. Die Ausbildung einer solchen ›überlegenen‹ Gleichgültigkeit *entfremdet* das Dasein seinem eigensten, unbezüglichen Sein-können.«[13] Vom Standpunkt des existentiellen »Seins zum Tode« aus stellt die Zigarette des Soldaten ein Herausfallen aus der »authentischen Seinsweise in der Angst« in eine *»entfremdete* Seinsweise in der Furcht« dar, welche für Heidegger gerade deswegen »zweideutiger« ist, weil sie die Quelle der Gefahr klarer, definierbarer, greifbarer zu machen scheint, den unbezüglichen Charakter der Angst ersetzt, eine Beziehung schafft zu der »Tatsache« des bevorstehenden Todes, angesichts deren man sich stählen kann. Die Zigarette »besorgt [...] eine *ständige Beruhigung* über den Tod«, indem sie dazu beiträgt, ihn in ein wohlbekanntes Ereignis zu verwandeln, ein Ereignis, das sich in der Welt vollzieht, das mir natürlich auch eines Tages geschehen wird, das aber jetzt, in diesem Augenblick, nichts mit mir zu tun hat. Für Heidegger stellt die Umwandlung der »existenzialen« Gewißheit der vagen, indeterminierten Angst in die »Zweideutigkeit« der auf ein bestimmtes Ereignis gerichteten Furcht einen Rückfall in eine entfremdete, uneigentliche Seinsweise dar – für den Soldaten mag diese Umwandlung die Voraussetzung dafür sein, sich in den Angriff zu stürzen.

Das Vermögen einer negativen Erfahrung – eines schmerzhaften Gefühls, eines kleinen Todes –, Impulse zu binden, wird von Freud in seinem Aufsatz *Jenseits des Lustprinzips* klar dargelegt. Was er den dem Lustprinzip zugrunde liegenden »Todestrieb« nennt, organisiert die Entladungen des Organismus, die ansonsten ungezügelt und unregelmäßig erfolgen, läßt sie nach vorhersagbaren Mustern ablaufen. Indem der Organismus eine bestimmte Quantität Nikotin in sich aufnimmt, beschleunigt er sein Sterben, setzt er sich schädlicheren Einwirkungen aus, als wenn er die Angst ertrüge. Aber der Tod, dem er sich näher bringt, ist sein eigener Tod; er setzt seine Annäherung an den Tod an die Stelle eines Prozesses, über den er keinerlei Kontrolle hat. Zigaretten zu rauchen, um seine Angst zu überwinden, bedeutet soviel, wie einer bestimmten Form des

Sterbens den Vorzug vor einer unerträglichen Form des Lebens zu geben. In dieser Hinsicht ist es eine heroische Aktivität. Unter gewissen Umständen ist es erträglicher, sich eine größere Unannehmlichkeit selbst zu bereiten, als eine kleinere passiv zu ertragen; auf einen Tod seiner eigenen Wahl zuzusteuern ist begehrenswerter, als ein Leben zu erleiden, auf das man keinen Einfluß hat. Nur seine Freiheit zu verlieren ist schlimmer als der Krieg.

Aber Nikotin entfaltet seine Wirkung auf den Körper in zwei unterschiedlichen, aufeinanderfolgenden Phasen. Es läßt nicht nur den Blutdruck steigen und den Puls schneller werden, sondern einen Augenblick später senkt es den Blutdruck, beruhigt den Herzschlag und läßt ein ausgeprägtes Gefühl der Entspannung und Erleichterung entstehen. Nachdem die Ängste überwunden sind, indem sie auf eine präzise Ursache zurückgeführt wurden – wodurch das Gefühl des Unbehagens sich verstärkte –, erhält der Organismus eine kleine Belohnung für seine heroische Tat: Dem plötzlichen Anfall von Unbehagen, der mit der Aufnahme des Gifts einhergeht, folgt ein Augenblick der Beruhigung, wenn der Organismus die erhöhte Spannung wieder abbaut. Die Erweiterung der Blutgefäße und die Verlangsamung des Herzschlags lassen nach den Anstrengungen des Körpers, das Gift wieder auszustoßen und seine Symptome zu bekämpfen, ein Gefühl der Entspannung aufkommen. Von einem psychologischen Gesichtspunkt aus verstärken sich die gegensätzlichen Wirkungen – wie Kant zufolge die des Erhabenen – gegenseitig in paradoxer Weise: Weniger Behagen ist die Voraussetzung für mehr Behagen. Dieser Mechanismus funktioniert ganz anders als jener, der beispielsweise durch eine Impfung in Gang gesetzt wird: In letzterem Fall nimmt man eine kleine Menge Gift in sich auf, um eine größere Menge zu bekämpfen, oder setzt sich der milderen Form einer bestimmten Krankheit aus, um sich vor der heftigeren Form zu schützen. Zigaretten dienen dazu, sich gegen Ängste zu wehren, indem sie die Unruhe verstärken und so die Voraussetzung dafür schaffen, daß diese Unruhe umgewandelt und abgemildert werden kann. Es ist so, als ob das lustvolle Gefühl von Beruhigung eine Funktion der Entfernung sei, die der Körper zwischen Anspannung und Entspannung zurücklegt, selbst wenn er sich am Ende in einem angespannteren Zustand befindet, als es normal ist, und selbst wenn er dort nur hingelangt, indem er eine Phase wachsenden Unbehagens durchläuft.

Die gegensätzlichen physiologischen Auswirkungen des Rauchens ermöglichen es, Zigaretten in vielfältiger Weise psychologisch einzusetzen. In unterschiedlichen Situationen, unter unterschiedlichen Bedingungen können Zigaretten aus unterschiedlichen Gründen geraucht werden: Ihr Hauptwert kann darin bestehen, die Konzentration zu erhöhen, aber auch Erleichterung und Entspannung hervorzurufen, zu Tagträumereien einzuladen. In wieder anderen Situationen kann die Zigarette auch dazu dienen, eine transzendente Perspektive zu eröffnen.

Um zu veranschaulichen, auf welch vielfältige Weise Zigaretten in einem Krieg zum Einsatz kommen können, habe ich aus mehreren herausragenden Kriegsromanen alle die Stellen herausgesucht, in denen Zigaretten angezündet oder ausgedrückt, weggeworfen oder in der Nacht ausgelöscht, mit anderen geteilt oder gehortet, verabscheut oder geliebt werden, in denen sie als Instrumente zur Folter oder für einen chirurgischen Eingriff, als Zeichen der Freundschaft oder Liebe in Erscheinung treten. Die Liste der Romane umfaßt Erich Maria Remarques Meisterwerk über den Ersten Weltkrieg, *Im Westen nichts Neues*, Ernest Hemingways Roman über den Spanischen Bürgerkrieg, *Wem die Stunde schlägt*, Norman Mailers *Die Nackten und die Toten*, der von vielen als der beste

Roman über den Zweiten Weltkrieg angesehen wird, William Styrons Roman über den Koreakrieg *The Long March, Platoon* von Dale A. Dye – ein Vietnamroman, der auf Oliver Stones ergreifendem Drehbuch basiert – und schließlich, um zu zeigen, daß Zigaretten in der Literatur immer noch eine Rolle spielen, Tom Clancys neueste Darstellung des kalten Krieges: *The Cardinal of the Kremlin.*

Im Westen nichts Neues beginnt mit einer Szene, die zu einem Klischee wurde, das in vielen Kriegsromanen des zwanzigsten Jahrhunderts wiederbegegnet: Es wird beschrieben, wie ein Leben, das einer normalen zivilen Existenzform ähnelt, sich Soldaten darstellt, die gerade von der vordersten Kampflinie zurückgekehrt sind. Der dicke Koch, der neun Kilometer hinter der Front das Essen an die Soldaten ausgibt, will um jeden Preis seine Töpfe leer bekommen und teilt daher, wunderbarerweise, allen eine doppelte Portion Bohnen und Rindfleisch zu; einige Soldaten können sich sogar einen Vorrat für später in ihr Kochgeschirr füllen. Die Wirkung dieser Szene ist fast unheimlich: Was sich dem Leser als etwas völlig Vertrautes darbietet, ist aus der Perspektive des erzählenden Soldaten das exotischste Ereignis, das man sich vorstellen kann; ein Vorgang, der unter normalen Umständen als notwendig erachtet werden könnte, um ein Grundbedürfnis zu befriedigen, nimmt in dieser Situation die unwirklichen Züge einer ausschweifenden Orgie an.

William Styron, der das Genre des Kriegsromans sorgfältig studiert hat, läßt seinen Roman *The Long March* ebenfalls an einer solchen Essensausgabestelle beginnen, aber an einer, die völlig verwüstet worden ist. In den einleitenden Abschnitten beschreibt er Soldaten, die tot oder verwundet um die großen Töpfe herum auf dem Boden liegen: Eine versehentlich abgefeuerte und zu kurz geflogene Granate ist mitten in der Kantine eingeschlagen. Die Darstellung des Augenblicks, in dem die am weitesten hinter der Front gelegene Etappe plötzlich zum vordersten Kampfschauplatz wird, kehrt – wie eine Halluzination – in Kriegsromanen immer wieder. Vielleicht kommt in solchen Darstellungen das grundlegende erzählerische Gesetz des Genres in gleichsam konzentrierter Form zur Anwendung, welches darin besteht, den Leser zwischen dem Geschehen auf dem Schlachtfeld und dem Leben hinter der Front, zwischen Schrecken und Unbehagen, Furcht und Angst hin und her wechseln zu lassen. Auf dem Höhepunkt des Kampfgeschehens richtet sich die Furcht des Soldaten auf den Feind, oder genauer, es ist der Feind, der dieser Furcht ihre Richtung gibt, der dem Soldaten das Objekt liefert, auf das er seine Angst konzentrieren kann, so daß er sie zu überwinden vermag und zum Handeln fähig wird. Alle Reaktionen und Aktionen des Soldaten an der Front werden durch die Notwendigkeit ausgelöst, der Gefahr ins Auge zu blicken, sein Gesicht der Bedrohung zuzuwenden, die von einer feindlichen Macht ausgeht.

Hinter der Front, in der Etappe, wo sich das Ritual der Essensausgabe ereignet, wird die Furcht abgeschwächt, und die Angst kehrt zurück. (Styrons »Etappe« ist ein Ausbildungslager in North Carolina während des Koreakrieges.) Die gesteigerte Angst wird als eine Art von Irrsinn dargestellt, der den Soldaten überfällt, wenn er ißt und trinkt und sich wieder auf »friedlichere« Lebensbedingungen einstellt; wenn er sich wieder den Gedanken gestattet, daß es auch möglich wäre, zu leben wie jeder andere, der zwar in den Krieg verwickelt ist, aber nicht auf dem Schlachtfeld steht. Dieser Irrsinn ist nichts anderes als das manische Leugnen des uns zumeist unbewußten Wissens, daß wir uns unaufhaltsam auf den Tod zu bewegen. An einem Ort, der von jenem, an dem man zu sterben erwartet, weit entfernt ist, scheint der Tod plötzlich etwas Unmögliches zu sein. Styron läßt eine Granate inmitten der essenden Soldaten explodieren und zerstört so diesen manischen Augenblick durch das, was in ihm am unerwartetsten ist: durch das Eindringen des Todes. Genau in dem Moment, in dem der Soldat aufhört, sich zu fürchten, um zu leben, wird er von einem Instrument des Todes vernichtet, gegen das ihn seine Furcht geschützt hat. Der Wiedereintritt ins Leben wird voller grausamer Ironie in ein endgültiges Abtreten verkehrt. In der Eingangsszene von Clancys *Patriot Games* kommt der unverwüstliche Held des Buches, Ryan, beinahe ums Leben, als er, auf Urlaub in London, zufällig in einen Terroristenanschlag gerät.

Für den Soldaten Paul, den Erzähler von Remarques Roman, sind die an jenem Tag ausgeteilten doppelten Essensrationen jedoch nicht das Entscheidende: »Das Wichtigste aber ist, daß es auch doppelte Rauchportionen gegeben hat. Für jeden zehn Zigarren, zwanzig Zigaretten und zwei Stück Kautabak, das ist sehr anständig. Ich habe meinen Kautabak mit Katczinsky gegen seine Zigaretten getauscht, das macht für mich vierzig Zigaretten. Damit kommt man schon einen Tag aus.«[14] Normalerweise sind die Zigaretten rationiert: Wie viele jeden Tag zugeteilt werden, hängt von der Versorgungslage ab und von der Laune der Offiziere, die erkannt haben, welchen Einfluß Tabak auf die Moral des Soldaten hat. Einen Vorrat an Zigaretten zu besitzen stellt einen phantastischen Luxus dar und bedeutet auch ein gewisses Maß an Freiheit: Befreiung von der totalitären Kontrolle, welcher der Soldat ansonsten permanent unterworfen ist. Für eine kurze Zeitspanne tritt dadurch der Überfluß an die Stelle der gewohnten Knappheit; der Soldat kann selbst über etwas verfügen und muß nicht darauf warten, es zugeteilt zu bekommen. Aber was die doppelten Rauchportionen noch wichtiger macht, ist die Tatsache, daß Zigaretten – anders als bloße Nahrung – den Menschen vom Tier abgrenzen.

Der Mensch, so haben wir behauptet, unterscheidet sich

vom Tier dadurch, daß er raucht. Kein anderes Lebewesen atmet freiwillig den Rauch von Tabak oder anderen brennenden Substanzen ein, und im Krieg erhält dieses Inhalieren von Rauch eine herausragende Bedeutung, einen besonderen Wert, der keineswegs darauf gründet, daß es irgendwelche natürlichen Bedürfnisse befriedigt, sondern Ansprüche erfüllt, welche die Kultur hat entstehen lassen. Rauchen trägt in keiner Weise zum Überleben des Soldaten bei, es gilt sogar als gefährlich, weil es Spuren hinterläßt oder eine glimmende Zigarette dem Feind als Zielobjekt dienen kann. Im Dschungel spenden Zigaretten dem Soldaten nicht nur ein Gefühl der physischen oder sinnlichen Befriedigung, sondern sie lassen ihn den Geschmack der Zivilisation verspüren, bereiten ihm ein ästhetisches Vergnügen, geben ihm das Gefühl, Mensch zu sein. Denn indem man schmeckt, urteilt, unterscheidet und Gefallen an etwas findet, erhebt man sich über das Tier.

Auf einem Latrinenkasten sitzend gerät Paul ins Nachsinnen: »[...] rund um uns liegt die blühende Wiese. Die zarten Rispen der Gräser wiegen sich, Kohlweißlinge taumeln heran, sie schweben im weichen, warmen Wind des Spätsommers, wir lesen Briefe und Zeitungen und rauchen, wir setzen die Mützen ab und legen sie neben uns [...] Leicht hätte es sein können, daß wir heute nicht auf unsern Kästen säßen, es war verdammt nahe daran. Und darum ist alles neu und stark – der rote Mohn und das gute Essen, die Zigaretten und der Sommerwind.«[15]

Gerade noch einmal davongekommen zu sein ist für Remarques Erzähler fast gleichbedeutend damit, erwischt worden zu sein: Das Leben danach ist wie ein Nachleben. Er fühlt sich, wie er da im warmen Sonnenschein sitzt und »selig« raucht, wie neugeboren, als ob er gestorben und zum Himmel aufgefahren sei: Der Soldat wird zu den Heiligen emporgehoben und mit einem Leben gesegnet, das ewig zu währen und in dem jedes Gefühl »neu und stark« zu sein scheint. Er kommt sich sehr »real« und sehr frei vor, ist wieder in der Lage, zu schmekken, zu fühlen und zu riechen. Auf sprachlicher Ebene spiegelt die parataktische Aneinanderreihung, das Aufzählen von Elementen, Dingen und Lustgefühlen dieses allmähliche Zurückkehren seiner Fähigkeit wider, auf Reize zu reagieren, die nichts mit dem bloßen Überleben zu tun haben: Als Neugeborener beginnt er, ein Gefühl für den Augenblick zu entwickeln und die ephemere Schönheit, die Schönheit des Ephemeren wiederzuentdecken – den Rauch, der sich in der warmen Sommerluft auflöst. Im Gegensatz dazu werden die schlimmsten Augenblicke des Krieges häufig dadurch charakterisiert, daß eine Romanfigur den Geschmack einer Zigarette haßt – so zum Beispiel bei Styron, der seinen Helden einen Zustand verzweifelter Erschöpfung folgendermaßen durchleben läßt: »Das Blut pochte ärgerlich in seinen Schläfen, hinter seinen Augen, und er war durstig genug, um in gieriger Unbesonnenheit seine Feldflasche um fast ein Drittel zu leeren. Er zündete sich eine Zigarette an: sie schmeckte ekelhaft und metallisch, und er schnippte sie weg. Seine an soviel Marschieren nicht gewöhnten Knie und Schenkel waren steif und entkräftet.«[16] Dieser Soldat ist an einem Punkt angelangt, den Styron häufig darstellt: Seine Selbstdisziplin bricht unter dem Gewicht der Erschöpfung zusammen. Nichts schmeckt mehr gut, die Zigaretten sind zu Metall geworden.

In *Die Nackten und die Toten* beschreibt Mailer, wie die Männer in höchster Alarmbereitschaft in ihren Landungsbooten sitzen und sich darauf vorbereiten, den Strand zu stürmen: »Red hatte angefangen, eine Zigarette in Brand zu setzen, die fünfte, seitdem ihr Boot zu Wasser gelassen worden war, und sie schmeckte schal und unangenehm.«[17] Oder ein weiteres Beispiel aus diesem Roman: »Er zündete sich eine Zigarette an und atmete den Rauch vorsichtig aus, da seine Lungen noch von der Anstrengung des Marsches schmerzten. Die Zigarette schmeckte unangenehm, aber er rauchte sie weiter.«[18] Wie Styron weiß auch Mailer um die Unvereinbarkeit zwischen den körperlichen Anstrengungen, die der Krieg erfordert, und dem Rauchen: Zigaretten beflügeln nicht gerade auf einem Marsch.

Aber beide Autoren vermögen auch zwischen der physiologischen Wirkung einer Zigarette und ihrer kulturellen Bedeutung zu unterscheiden. Zigaretten sind das Wichtigste, was es für einen Soldaten gibt, sagt Remarque: Sie sind, was von der Zivilisation übrigbleibt, wenn der Krieg die letzten Spuren einer liberalen Erziehung ausgelöscht hat.

In *Im Westen nichts Neues* erinnern sich Paul und seine Kameraden, von denen die meisten dieselbe Schule besucht haben, voller Verachtung an ihren Lehrer, Kantorek, der ihnen nur nutzlose Dinge beigebracht oder Lügen erzählt hat. Paul erklärt, das meiste von dem damals Gelernten vergessen zu haben: »Von dem ganzen Kram wissen wir nicht mehr allzuviel. Er hat uns auch nichts genutzt. Aber niemand hat uns in der Schule beigebracht, wie man bei Regen und Sturm eine Zigarette anzündet [...]«[19] Für einen Soldaten stellt dieses Wissen die höchste Form der Kultur dar, die einzige Art von Bildung, die zu haben sich lohnt: in der Lage zu sein, inmitten der tobenden Elemente eine Zigarette anzuzünden. Darauf ist die Bildung in der Brust der Kampfmaschinen oder -bestien zusammengeschrumpft, zu denen Soldaten im Krieg werden müssen. Nicht in der Lage zu sein, sich eine Zigarette anzuzünden, wird als brutale Deprivation erfahren. Völlig am Boden zerstört ist der Soldat dann, wenn sich die durchweichte Zigarette zwischen seinen Fingern auflöst, der Tabak auf die Erde fällt und mit dem Schlamm unter seinen Stiefeln eins wird. »Toglio versuchte, eine Zigarette anzuzünden, aber sie wurde naß und zerfiel zwischen seinen Lippen, bevor er die Streichhölzer aus dem wasserdichten Beutel hervorholen konnte. Er warf sie auf die Erde und sah zu, wie sie sich im Schlamm auflöste. Obwohl er schon völlig durchnäßt war, schmerzte der Regen immer noch; jeder der Tropfen, die seinen Rücken hinunterrannen, fühlte sich wie eine kalte schleimige Schnecke an, erschreckend und widerwärtig.«[20]

Zigaretten schützen den Soldaten gegen das, was erschrekkend und widerwärtig ist; sie töten auch Schnecken und Blutegel. Dies erklärt wohl, daß in der Kriegsliteratur ein bestimmtes Motiv häufig begegnet: Der Soldat benützt die glühende Spitze seiner Zigarette, um einen Parasiten wegzubrennen, der sich an der Haut festgesaugt hat:

»Rhah hatte ein vollgesogenes Exemplar an Taylors Lippe entdeckt und zwang den Blutegel mit dem brennenden Ende einer aufgeweichten Zigarette loszulassen.«[21] Die Zigarette wird mit dem brennenden Ende voran zum Mund geführt, mit einer prometheischen Geste, und befreit den Soldaten aus dem Zugriff dessen, was das Bösartigste am Krieg ist.

Und so klingt Norman Mailers Version dieser Allegorie, in der eine haarige Raupe, die schwarz und golden gefärbt ist, also die heraldischen Farben eines heldenhaften Todes trägt, von einer Zigarette versengt wird, vom Feuer der Zivilisation, das wie eine Waffe gegen die Demütigung eingesetzt wird: »Verzweifelt versuchte sie, sich aufzurichten, bis Wyman seine brennende Zigarette in die Nähe ihres Rückens brachte. Die Raupe wand sich und sackte dann wieder zusammen, ihr Rükken war zu einem L gekrümmt, und ihre Beine zappelten hilflos in der Luft. Es sah aus, als ob sie sich verzweifelt anstrenge zu atmen.«[22] Die Soldaten verwandeln die widerwärtige Ausscheidung des tropischen Dschungels in einen Buchstaben des Alphabets, der vielleicht für die Liebe einer Frau steht – »ihre Beine zappelten hilflos in der Luft«.

Der Macht der Zigarette, die Inhumanität des Krieges zu humanisieren, werden in der Literatur Grenzen gezogen. Oft aber wird ihre Reichweite so ausgedehnt, daß sie auch noch in die feindlichen Reihen hineinreicht und auf diese Weise die arbiträre Natur der Trennungslinien, die der Krieg zieht, deutlich wird: Wenn ein Mann sich selbst in dem feindlichen »Anderen« auf der anderen Seite der Front wiederentdeckt. So zum Beispiel in der Episode in *Wem die Stunde schlägt*, in der Robert Jordan von oben auf den Wachtposten an der Brücke hinabschaut, die zu zerstören seine Mission ist:

»Der Posten saß mit dem Rücken gegen die Wand. [...] Er wirkte schläfrig, und Robert Jordan sah, wie er gähnte. Dann zog er einen Tabaksbeutel und ein Päckchen Zigarettenpapier aus der Tasche und drehte sich eine Zigarette. Das Feuerzeug wollte nicht funktionieren, und schließlich steckte er es ein, ging zu dem Kohlenbecken, bückte sich, griff hinein, holte ein Stück Holzkohle hervor, jonglierte es zwischen den Fingern, während er draufblies, zündete dann die Zigarette an und warf den Kohlenbrocken in das Becken zurück.

Robert Jordan beobachtete durch das achtfach vergrößernde Zeissglas sein Gesicht, wie er so an der Wand des Wachthäuschens lehnte und an der Zigarette sog. Dann setzte er das Glas ab, klappte es zusammen, steckte es in die Tasche.

Ich werde nicht mehr hinschauen, sagte er sich.«[23]

Die auch Robert Jordan vertraute und durch das Fernglas in seine Nähe gerückte Handlung – das Drehen und Anzünden der Zigarette und schließlich das tiefe Inhalieren des Rauchs – stellt eine Intimität zwischen ihm und dem Feind her, welche diesen fast zu einer Art von Gast macht. Die Zigarette des Postens ist ein Spiegel. Jordan, der entschlossen ist, den Mann zu töten, wird nicht mehr zu ihm hinschauen, weil er sonst möglicherweise keine feindselige Andersartigkeit, sondern freundschaftliche Gleichartigkeit sehen würde.

Zigaretten werden häufig demokratische, internationale und kosmopolitische Züge verliehen. Sie überwinden die Barrieren, die der Krieg errichtet. In Dyes Roman wird dargestellt, wie ein Stoßtrupp in ein Dorf der Vietcong eindringt: Nicht alle Amerikaner sind bereit, alte Männer, Frauen und Kinder zu massakrieren. Einige von ihnen halten sich immer noch an das moralische Prinzip, daß die Bitte um Feuer nicht abgeschlagen werden kann: »Schließlich hielt der alte Dorfbewohner eine knorrige Hand hoch, in der eine handgedrehte Zigarette steckte; er schob sie in den Mund, wo sie zwischen von Betelsaft rotgefärbten Lippen heraushing. ›Er will Feuer. Gib ihm Feuer, Tony.‹ Hoyt riß ein Streichholz an, es gelang ihm aber nicht, die verkrumpelte Zigarette des Mannes anzuzünden.«[24]

Der Fremde wird zu einem Bekannten oder Vertrauten, indem er in den magischen Kreis des Rauchens eintritt. Als Robert Jordan bei den Partisanen ankommt, die ihm selbst und seiner Mission mit großen Vorbehalten gegenüberstehen, schätzt er den Grad ihres Vertrauens und ihrer Loyalität nach ihrer Bereitschaft ein, die angebotenen Zigaretten zu akzeptieren:

»Anselmo brachte einen mit Rohleder bespannten Schemel, und er setzte sich an den Tisch. Pablo schaute ihn an, als wollte er wieder etwas sagen, griff dann nach den Zigaretten.

Robert Jordan schob die Schachtel zu den anderen hin. Noch blickte er keinen der Männer an, aber er merkte, daß der eine Zigaretten nahm und die beiden anderen nicht [...][25]

›Was schaust du so?‹ fragte der eine der Brüder, der mit der Narbe.

›Ich schaue dich an‹, sagte Robert Jordan.

›Siehst du etwas Besonderes an mir?‹

›Nein‹, sagte Robert Jordan. ›Zigarette?‹«[26]

Die Zigaretten, die Robert Jordan den Partisanen anbietet, sind russische Zigaretten und künden als solche schon von seiner politischen Zuverlässigkeit. Sie stammen nämlich aus dem Vorrat des russischen Generals, den Stalin entsandt hat, um den Republikanern im Kampf gegen die Faschisten beizustehen. Das Annehmen dieser Zigaretten erhält daher eine rituelle Bedeutung, die derjenigen entspricht, welche in regulären Armeen dem Salutieren zukommt:

»›Es gibt bald was zu essen‹, sagte er [Anselmo]. ›Hast du Tabak?‹

Robert Jordan ging zu den Rucksäcken hinüber, öffnete den einen, tastete nach einer Innentasche und holte eine der flachen Schachteln mit russischen Zigaretten hervor, die er in Golz' Hauptquartier bekommen hatte. Er ritzte mit dem Daumennagel den Rand der Schachtel, öffnete den Deckel und reichte die Zigaretten Pablo hin, der sich ein halbes Dutzend nahm. Pablo, die Zigaretten in der riesigen Hand, hielt eine davon gegen das Licht. Es waren lange schmale Zigaretten mit Pappmundstück.

›Viel Luft und wenig Tabak‹, sagte er. ›Ich kenne sie. Der andere mit dem sonderbaren Namen hat solche gehabt.‹

›Kaschkin‹, sagte Robert Jordan und bot die Zigaretten dem Zigeuner und Anselmo an, von denen jeder eine nahm.

›Nehmt mehr‹, sagte er, und sie nahmen noch eine. Er gab jedem noch vier dazu, und sie dankten ihm mit einem zweimaligen Winken der Hand, die die Zigaretten hielt, so daß das Zigarettenende nach vorne wippte, wie ein Degen, den man zum Gruße senkt.«[27]

Die Zigarette, die zum militärischen Gruß gesenkt wird, bezeugt Loyalität, Anerkennung der Hierarchie. Das Annehmen einer angebotenen Zigarette kann zu einer Art von Salutieren werden, mit dem man einem militärischen Vorgesetzten Respekt erweist; es kann aber auch eine radikalere Art der Unterwerfung unter den anderen signalisieren:

»Der Verhörende erkannte, daß er gewonnen hatte. Man konnte es immer an ihren Augen ablesen. Die trotzigen, die harten Burschen bewegten ihre Augen nie. Sie starrten einem entweder unverwandt in die Augen oder – was öfter geschah – auf einen bestimmten Punkt an der Wand hinter einem, aber immer fixierten die harten Burschen eine einzige Stelle und zogen Kraft daraus. Dieser hier tat das nicht. Seine Augen wanderten unstet im Zimmer herum, suchten nach etwas, aus dem sie Kraft ziehen konnten, und fanden nichts. Mit dem hier würde es also wohl einfach sein. Vielleicht nur noch eine einzige Geste [...]

›Würden Sie gerne rauchen?‹ Der Verhörende fischte ein Päckchen aus der Tasche und schüttelte eine Zigarette auf den Tisch.

Der Kurier nahm sie in die Hand, und das weiße Papier der Zigarette wurde zur Flagge, mit der er seine Kapitulation signalisierte.«[28]

Auf die Rolle, die Zigaretten als universelles Tauschobjekt spielen, wurde schon hingewiesen. Im Krieg dienen sie auch oft dazu, jemanden zu bestechen. In *Im Westen nichts Neues* versucht der Erzähler, mit ihnen eine Morphiuminjektion für einen verwundeten Kameraden zu erkaufen:

»Rasch lege ich mich ins Mittel und gebe dem Sanitäter zunächst mal eine Zigarette. Er nimmt sie. Dann frage ich: ›Darfst du denn überhaupt eine [Injektion] machen?‹

Er ist beleidigt. ›Wenn ihr's nicht glaubt, was fragt ihr mich–‹

Ich drücke ihm noch ein paar Zigaretten in die Hand. ›Tu uns den Gefallen –‹

›Na, schön‹, sagt er […]«[29]

»Beim Aufbrechen fragt Kat mich: ›Was meinst du zu Gänsebraten?‹

›Nicht schlecht‹, finde ich.

Wir klettern auf eine Munitionskolonne. Die Fahrt kostet zwei Zigaretten.«[30]

Die Zigarette ist aber mehr als ein Mittel, um jemanden zu schmieren; sie ist vor allem auch eine Art von Unterpfand, ein sichtbares Zeichen für die Kameradschaft, die einen Soldaten mit dem anderen zusammenschmiedet. Sie ist ein Schleier, der sich – wie die Dämmerung nach einem Tag des Kämpfens – mildtätig über die Furcht eines jeden einzelnen legt und ihn dazu bewegt, großzügig gegenüber dem anderen zu sein:

»Es ist ein warmer Abend, und die Dämmerung erscheint uns wie ein Tuch, unter dessen Schutz wir uns wohl fühlen. Sie verbindet uns; sogar der geizige Tjaden schenkt mir eine Zigarette und gibt mir Feuer […]«[31]

»Wir sind Brüder und schieben uns gegenseitig die besten Stücke [Fleisch] zu. Hinterher rauche ich eine Zigarette, Kat eine Zigarre.«[32]

Nicht nur kann man sich nicht weigern, dem anderen eine Zigarette (oder Feuer) zu geben, sondern man kann sich auch nicht weigern, eine von ihm entgegenzunehmen – sogar wenn es seine letzte ist. Selbst wenn ein Soldat den letzten »Groschen« anbietet, mit dem er in jenem besonderen Wirtschaftssystem des Krieges noch etwas ergattern könnte, ist es schlimmer, diesen nicht anzunehmen, als ihn mit leeren Händen zurückzulassen. »›Kannst du mir einen Glimmstengel borgen, Mann?‹ Chris starrte in das ausgemergelte Gesicht des Soldaten und schämte sich, daß er jemandem, der so erbärmlich dran war, um etwas bat. [...] Der Mann griff mit zwei Fingern in eine Brusttasche seines Hemdes und fischte ein Viererpäckchen Winston aus der eisernen Ration heraus. In der Schachtel war nur noch eine zerdrückte Zigarette. Chris hätte sich beinahe geweigert, die letzte Zigarette des Mannes anzunehmen, aber er fürchtete sich, das zu tun.«[33] Die letzte Zigarette eines Mannes entgegenzunehmen, der sich in erbärmlicher Verfassung befindet und nichts anderes herzugeben hat, bedeutet, diesem die Gabe des Gebens wiederzugeben, also etwas, auf das seine Selbstachtung in dieser Situation dringend angewiesen ist. Die Zigarette abzulehnen würde den Mangel an Generosität zum Ausdruck bringen, die eigene Unfreundlichkeit oder das eigene Mißtrauen: Man würde dem anderen damit die Freiheit absprechen, sich großmütig zu verhalten, würde seine Geschenke abqualifizieren und ihn beleidigen. Damit wäre kein gegenseitiges Vertrauen mehr möglich und auch kein Gespräch.

Zu einer der ergreifendsten Szenen in Remarques Roman kommt es, als der Erzähler Heimaturlaub erhält. Man könnte erwarten, daß er sich überschwenglich freut, der Hölle des Krieges für eine Zeit zu entkommen. Tatsächlich aber stimmt ihn der Gedanke, seine Kameraden verlassen zu müssen, traurig. Viele von ihnen sind schon gefallen, und er fragt sich, wie viele noch am Leben sein werden, wenn er wieder an die Front zurückkehrt:

»Natürlich muß ich in der Kantine einen ausgeben. Wir sind alle ein bißchen angetrunken. Ich werde trübselig; es sind sechs Wochen, die ich fortbleiben werde, das ist natürlich ein mächtiges Glück, aber wie wird es sein, wenn ich zurückkomme? Werde ich sie hier noch alle wiedertreffen? Haie und Kemmerich sind schon nicht mehr da – wer wird der nächste sein?

Wir trinken und ich sehe einen nach dem anderen an. Albert sitzt neben mir und raucht, er ist munter, wir sind immer zusammen gewesen; – gegenüber hockt Kat mit den abfallenden Schultern, dem breiten Daumen und der ruhigen Stimme, Müller mit den vorstehenden Zähnen und dem bellenden Lachen; – Tjaden mit den Mauseaugen; – Leer, der sich einen Vollbart stehen läßt und ausschaut wie vierzig.

Über unseren Köpfen schwebt dicker Qualm. Was wäre der Soldat ohne Tabak!«[34]

Die Rauchwolke zieht einen Ring um die kampfgestählten Kameraden und schließt sie wie mit einer Umarmung ein. Was wäre der Soldat ohne Tabak? Er wäre völlig allein mit seiner Trübsal und seiner Trauer. Der Zigarettenrauch hält die bösen Geister im Zaum, holt – wie bei den Indianern – die Geister der Verstorbenen in den kleiner gewordenen Kreis der Lebenden zurück, verknüpft die Gegenwart mit der Vergangenheit und läßt die wohltuende Illusion entstehen, daß die Gegenwart ewig währt und es so etwas wie »Verlust« nicht gibt. Zigaretten sind ein Gegengift gegen das Gift der Depression und daher das Kostbarste für jeden, der einen Verlust erlitten hat.

Aber Zigaretten stimulieren auch, schärfen den Verstand und fördern den Entschluß zu handeln. In Kriegsromanen werden sie oft von Offizieren angezündet, die einen Plan ausarbeiten oder einen Befehl erteilen müssen. Es ist eine fast unerläßliche Bedingung für jemanden, der das Kommando hat, Entscheidungen erst nach einem Augenblick der Konzentration und Besinnung zu fällen: Zeichen dafür, daß er erst nach kühlem Überlegen und Abwägen des Risikos das Leben seiner

Männer aufs Spiel setzt: »Leutnant Wolfe [...]: ›Wir sind zu verwundbar hier drin.‹ Barnes steckte sich in aller Ruhe eine Zigarette an. ›Wie ist es mit den Flanken, Leutnant? Haben Sie irgend jemand an die Flanken gestellt?‹« (Dye) Auf die Aufgeregtheit des Leutnants reagiert der abgebrühte alte Sergeant damit, daß er sich in aller Ruhe eine Zigarette anzündet, bevor er seinem Vorgesetzten als präzise Fragen getarnte Befehle erteilt. Die kurze Pause, die durch den Griff zur Zigarette entsteht, signalisiert, daß er in dieser Situation das Kommando übernommen hat und im Gegensatz zu dem nervösen und unentschiedenen Offizier mit Überlegung vorgeht. In Filmen wird oft durch das Anzünden einer Zigarette zum Ausdruck gebracht, daß der Betreffende nachdenkt; in Kriegsromanen wird enthüllt, was sich wirklich hinter dieser Geste verbirgt: »Cummings seufzte und zündete eine Zigarette an. ›Wir müssen unser Vorgehen bei dieser Sache sorgfältiger koordinieren. Würden Sie bitte Hobart und Conn sagen, daß ich sie heute auch hier haben will.‹« (Mailer) »Der General zündete die Zigarette an und löschte das Streichholz mit einem langsamen Handwedeln aus. ›Ich versichere Ihnen, Robert, es gibt kaum etwas anderes, über das ich mir Gedanken mache.‹« (Hemingway)

Das Aufflammen des Streichholzes zeigt an, daß die Zeit vorüber ist, die man braucht, um zu einer Entscheidung zu gelangen, das heißt: um zu dem Schluß zu gelangen, daß man genug nachgedacht hat. In der Literatur erfolgt diese Geste oft in kritischen Momenten und signalisiert, daß eine folgenschwere Entscheidung gefallen ist: »Mit etwas Glück würden sie einen Durchbruch erzielen, aber es war unwahrscheinlich, daß der Frontalangriff so erfolgreich sein würde. Wie auch immer, die Zeit könnte günstig sein. Er zündete sich eine Zigarette an. Die Sache war nicht ohne Reiz.« (Mailer)

Wie oft für Frauen ist die Zigarette für den Soldaten manchmal eine Waffe in dem Krieg, den er neben dem eigentlichen gegen jene führt, die aufgrund ihres Rangs berechtigt sind, ihm Befehle zu geben, auch wenn sie nicht über das nötige Wissen oder die nötige Erfahrung verfügen: »Barnes [der Sergeant] ließ sich aus O'Neils Sturmfeuerzeug Feuer für seine Zigarette geben und blies einen irritierenden Rauchstrahl in Wolfes [des feigen Leutnants] Augen. [...] Seine Gesichtszüge waren irgendwo zwischen einer Grimasse und einem höhnischen Grinsen steckengeblieben. Schweigend nahm er einen tiefen Zug aus seiner Zigarette.« (Dye) Manchmal ist die Zigarette aber auch ein Zeichen der Liebe, die sogar Soldaten bisweilen verspüren: etwas, das man auf dem Altar der Liebe opfern kann. In Remarques Roman lernen die Kameraden einige französische Mädchen kennen. Sie entschließen sich, ihnen heimlich einen Besuch abzustatten, müssen dazu aber den Einbruch der Dunkelheit abwarten und dann durch einen Kanal schwimmen. Um sich die Wartezeit zu vertreiben, gehen sie in die Kantine: »Die Erregung packt uns und läßt uns nicht los. Wir können es nicht an einem Fleck aushalten und gehen zur Kantine [...] Unsere Hände sind ruhig, wir paffen ungezählte Zigaretten, bis Kropp sagt: ›Eigentlich könnten wir ihnen auch ein paar Zigaretten mitbringen.‹ Da legen wir sie in unsere Mützen und bewahren sie auf.«

Eine Quelle des Trostes, ein Mittel gegen die Angst, eine Droge, die Entspannung verschafft, den Hunger und die Langeweile vergessen macht, ein Mittel, Höflichkeit zu bezeigen, eine Entscheidungshilfe, ein Wachmacher, der Pfeil Cupidos und eine Waffe gegen die Vorgesetzten – die Zigarette, die ein Soldat raucht, gibt ihm alles, was er braucht. Was wäre der Soldat ohne Tabak! Er wäre nicht er selbst. In Romanen wird die Zigarette oft zu einem Surrogat des Selbst, zu einem sichtbaren Zeichen für den Verstand und das Herz. Rauch ist die Substanz, die am meisten den Gedanken ähnelt; das glühende

Ende repräsentiert das Feuer, das im Soldaten lodert, seinen Willen, zu überleben und zu leben. Wenn es erlischt, dann stirbt er. Von allen Greueln, die in dem Roman *Platoon* vorgeführt werden, bleibt vor allem eine beinahe surreal anmutende Szene in Erinnerung, die Beschreibung eines toten Soldaten, den die anderen auf ihrem Rückzug ganz kurz erblicken: »Einem waren die Beine und der ganze Unterkörper weggerissen worden. Er lag tot im Schützengraben, mit den Gesicht, das gelb wie eine Zitrone war, nach unten; zwischen den rötlichen Haaren seines Bartes ragte eine immer noch brennende Zigarette hervor. Sie glühte, bis sie zwischen seinen Lippen erlosch.«[35] Die noch brennende Zigarette zwischen den Lippen besitzt die Surrealität eines Traumes, in dem Leben und Tod die Plätze tauschen. Was tot ist, hat gerade eben noch gelebt, und was – für kurze Zeit – noch lebt, ist nur ein totes Ding: ein Röhrchen aus Papier und Tabak. Die Zigarette des noch lebenden Soldaten war nur eine banale Verlängerung seiner Finger, ein unbedeutendes Anhängsel seiner Existenz, deren ganzes Ziel darin bestand zu überleben. Nach seinem Tod wird sie zum metonymischen Zeichen für seinen soeben ausgehauchten Atem. Sie brennt noch eine Weile und signalisiert so, daß der Tod zwar eingetreten, sein Körper aber noch voller Lebenswärme ist. Erst als die Zigarette erlischt, wird der Körper des Soldaten wirklich zu einer Leiche. Die brennende und dann erlöschende Zigarette im Mund des Toten zeichnet den Übergang vom Leben zum Tod nach, das Verlöschen der Lebensflamme. Am Ende bleibt nur kalte Asche zurück.

In jüngeren Kriegsromanen lassen die Szenen, die das Rauchen einer Zigarette beschreiben, eine bemerkenswerte Neuerung erkennen. Bis ungefähr 1970 war eine Zigarette nur eine Zigarette, über deren Identität und Verwendungsmöglichkeiten Einigkeit herrschte. Seit dem Vietnamkrieg jedoch konnte es dem Soldaten, der arglos von einem Kameraden eine Zigarette entgegennahm, passieren, daß sich ihm ganz neue Möglichkeiten eröffneten, die Schrecken des Krieges zu mildern:

»King [...] zündete etwas an, das wie eine selbstgedrehte Zigarette aussah [...].

Crawford atmete laut aus und kicherte. Chris hatte gesehen, wie er den Rauch inhaliert hatte, es war aber nichts wieder aus seinem Mund herausgekommen.

›Du hast dich freiwillig für diese Scheiße gemeldet, Mann?‹

Crawford schüttelte nur den Kopf und schluckte noch einen Mundvoll Rauch. King nahm ihm die Zigarette aus der Hand und drehte sich zu Chris um [...].

King bot die Zigarette an, die er sich mit Crawford geteilt hatte. Sie war schweißgetränkt, aufgeweicht und nicht besonders einladend. ›Los. Zieh dir ein bißchen hiervon rein. Nach ein paar Zügen wirst du nichts mehr fühlen.‹

Das bestätigte Chris' Verdacht. In der Zigarette war Gras.«[36]

Ist ein Joint eine Zigarette? Bedeutet einen Joint anzubieten soviel, wie eine Zigarette anzubieten? Wohl kaum. Der herkömmliche Sinn der Geste wird in sein Gegenteil verkehrt, die Geste selbst wird parodiert. Wenn der Tabak Gras ist, dann erhält das Rauchen einer solchen Zigarette eine andere Bedeutung, löst andere Konnotationen aus und wird auch anders bewertet. Eine Zigarette zu rauchen ist normalerweise ein individueller Akt – außer in Zeiten großer Not. Gras zu rauchen ist hingegen ein gemeinschaftlich ausgeführtes Ritual, bei dem die Initianden auf die Probe gestellt werden: Einige von ihnen werden in den Kreis einbezogen, andere aus ihm ausgeschlossen. In *Platoon* nimmt der Protagonist zunächst nur eine kleine Prise zu sich, bald aber »zicht« er sich das Rauschgift in großen

Mengen durch den Lauf eines Gewehrs »rein«. Das bedeutet, daß er »angekommen«, daß er zu einem Soldaten unter anderen Soldaten geworden ist:

»Es war wohl eine Vertrauensprobe, dachte Chris. Man machte entweder gemeinsame Sache mit ihnen oder nicht. Vorsichtig preßte er seine Lippen gegen die kalte Mündung der Waffe und blinzelte zu den Gesichtern der anderen hoch, die in Beifallsrufe ausgebrochen waren. [...] Chris fühlte, wie eine warme Welle von seinen Achselhöhlen bis zu seiner Schädeldecke hochstieg. Er schloß die Augen und vernahm kaum Kings begeisterte Schreie:

›Ist das denn zu glauben? In einer Nacht hat der Junge es dazu gebracht, sich den Stoff mit dem Gewehr reinzujagen. Ich glaub, der Mann ist angekommen.‹«[37]

SECHSTES KAPITEL

»L'air du temps«

Je ne veux pas travailler, je veux fumer.

Guillaume Apollinaire

Warum muß ich lachen, wenn ich mir die Photos in diesem Buch anschaue? Ich finde einige von ihnen schon, andere ergreifend, alle ohne Ausnahme aber witzig. Ich frage mich, ob Aufnahmen von Leuten, die rauchen, per se etwas Witziges oder Komisches an sich haben. Eigentlich kann das heutzutage nicht so sein. In dem gegenwärtigen Klima, in dem man, was das Rauchen betrifft, ständig in einen Zustand des Alarms versetzt wird, sieht man bei jedem dieser Photos noch ein latentes Negativ mit: eine Art von Röntgenaufnahme, welche die gemarterten Lungen des Rauchers oder der Raucherin zeigt. Ein paar der Aufnahmen wurden mit dem Ziel gemacht, den Betrachter zum Lachen zu bringen, wie zum Beispiel das Porträt von Cocteau (S. 126). Aber um in der Mehrzahl der anderen etwas Komisches zu entdecken, muß man sie schon von einem ganz besonderen Standpunkt aus betrachten – und selbst dann fühlt man sich möglicherweise nicht belustigt. Roland Barthes findet Photos fast nie witzig, und wenn er es doch tut, dann behagt ihm das überhaupt nicht. In *Die helle Kammer* kritisiert er eine Aufnahme des großen ungarischen Photographen André Kertész, auf der zwei Statuen zu sehen sind, die durch ein Fenster auf die Straße schauen: »Ich mag Kertész, aber Humor mag ich weder in der Musik noch in der Photographie.«[1]

Auf der anderen Seite mag Barthes Bilder, die ihn verwunden, die im wörtlichen Sinne ins Auge »stechen«. Ihm gefallen Photographien, in denen er einen »Punkt« (entdecken kann, ein aussagekräftiges Detail, das ihn zutiefst berührt, ihn trifft, so etwas wie melancholisches Ergriffensein auslöst und Gelegenheit bietet, über das unwiderrufliche Vergangensein jenes Augenblicks nachzusinnen, den das Photo festhält:

»Ein Wort gibt es im Lateinischen, um diese Verletzung, diesen Stich, dieses Mal zu bezeichnen, das ein spitzes Instrument hinterläßt; dieses Wort entspricht meiner Vorstellung um so besser, als es auch die Idee der Punktierung reflektiert, und die Photographien,von denen ich hier spreche, in der Tat wie punktiert, manchmal geradezu übersät sind von diesen empfindlichen Stellen; und genaugenommen sind diese Male, diese Verletzungen Punkte. Dies Element [...] möchte ich daher *punctum* nennen; denn *punctum,* das meint auch: Stich, kleines Loch, kleiner Fleck, kleiner Schnitt – und: Wurf der Würfel. Das *punctum* einer Photographie, das ist jenes Zufällige an ihr, das *mich besticht* (mich aber auch verwundet, trifft).«[2]

Die Zigaretten auf den Photos in diesem Buch berühren mich in ähnlich eindringlicher Weise, aber der Hieb, den sie mir versetzen, ähnelt mehr einem kleinen Stoß in die Rippen, der kitzelt und mich lachen macht. Und anders als für Barthes, der nie im voraus weiß, wo der *locus* seines launischen, unsteten *punctum* sein wird, ist für mich dieser Punkt immer derselbe. Auf jedem Photo ist es immer das kleine weiße Stäbchen, das meine Heiterkeit auslöst. Für meine Augen befindet sich der witzigste *punctum* stets an der Spitze der Zigarette, es ist jener kleine Feuer-Punkt, der selten auf den Photographien eingefangen ist.

Feuer wird normalerweise nicht wie andere substantielle Dinge »gesehen«; seine Energie wird durch die Bewegung der Luft, die es hervorruft, sichtbar gemacht. Feuer *ist* seine Bewegung; wenn man diese zum Erstarren bringt, dann geht es aus. Ihm eignet nicht jene Unbeweglichkeit, welche die Voraussetzung für das Einnehmen dessen ist, was Barthes eine »Pose« nennt. »Wenn ich ein Photo betrachte«, sagt Barthes, »so schließe ich unweigerlich in meine Betrachtung den Gedanken an jenen Augenblick, so kurz er auch gewesen sein mag, mit ein, als sich etwas Reales unbeweglich vor dem Auge befand.«[3] Aber Feuer ist nicht genau das, was man ein »Ding« nennen könnte; es ist seine Beweglichkeit, seine Energie, sein *ergon*: eine Kraft, die sich über einen gewissen Zeitraum hinweg in Bewegung befindet. Seine Darstellung entzieht sich der Photographie, deren Wirkung auf der Illusion beruht, die Zeit anhalten zu können, deren Reiz darin besteht, einen Augenblick für immer einzufangen, so daß man sich seiner bemächtigen und ihn aufbewahren kann. Künstler stellen das Feuer zumeist symbolisch dar; sie bilden es nicht eigentlich ab, sondern deuten es an, indem sie die herkömmlichen Zeichen für Feuer verwenden.

Ein Photoapparat kann das feurige Herz am Ende einer Zigarette nicht einfangen – ebensowenig, wie er die Sonne aufnehmen kann. Das Licht des Feuers ist der Gott der Photographie, ein Gott, dessen Gesicht man nie erblicken darf, dessen Stellvertreter aber immer wieder, wie ein kleines Idol, zwischen den Fingerspitzen oder an die Lippen gepreßt auftaucht. Jede Zigarette auf einem Photo ist ein Fetisch des Gottes, der in ihrer Spitze sitzt, der aber auf dem Photo, mit dem ihm gehuldigt wird, selbst unsichtbar bleibt.

Daß es generell unmöglich ist, das Rauchen mit den Mitteln der Photographie abzubilden, das ist der kleine Scherz, der witzige »Punkt«, den alle in diesem Buch enthaltenen Photos auf verschiedene Weise ins Bild setzen. Auf jedem Photo, das den »Akt« des Zigarettenrauchens darstellen soll, ist in Wirklichkeit die Zigarette abgebildet, aber nicht das Rauchen – es sind die Bedingungen dafür dargestellt, daß er möglich wird, die Mittel, mit denen er ausgeführt wird, nicht aber der Akt selbst. Das weiße Röhrchen auf dem Bild ist nur eine Metonymie für das Rauchen. Das Auge des Betrachters wird immer zu der feurigen Spitze hingezogen, zu jenem funkelnden Surrogat für den Geist des Rauchers, aber weder das Feuer noch der Geist sind auf dem erstarrten Bild zu sehen. So wie der Augenblick, den es festhält, ist auch die Glut auf dem Photo ausgelöscht. Es ist, als ob das Feuer durch die photographische Abbildung eingefroren sei. Die Kamera »tötet« – wie auch die Angehörigen vieler Kulturen glauben: Barthes erklärt die Weigerung vieler Chinesen, sich photographieren zu lassen, damit, daß sie vor dem »bösen Blick« der Kamera Angst hätten. Die tote Zigarette auf dem Bild ist der unauslöschliche Beleg für das aggressive Eindringen des fremden, spionierenden Blicks des Photographen in das Privatleben des Photographierten: Sie legt Zeugnis davon ab, daß die Photographie einer Illusion erliegt, wenn sie glaubt, mit Hilfe der Kamera das Wesen des Subjekts bloßlegen, seine innere Wahrheit aufdecken zu können. Auf solch witzige Weise rächt sich das Subjekt an der Kamera, entlarvt es die Anmaßung, die es bedeutet, das Leben des Geistes vor dem Objektiv darstellen zu wollen. Die Zigarette verweist auf das undarstellbare innere Leben des Subjekts, dessen Gewohnheiten, Gedanken und intime Vergnügungen evoziert werden sollen, indem es rauchend abgebildet wird. Die tote Zigarette macht deutlich, daß die Kamera nur die Faktizität aufzuzeichnen vermag und nicht das, was Sartre die Transzendenz nennen würde. Die Photographie stellt ein *en-soi* dar, ein *An-sich,* das Bild eines körperlichen Selbst, das sich selbst in seiner substantiellen Wesenhaftigkeit gegenwärtig ist; aber sie kann nicht – es sei denn figürlich – die Fähigkeit des Selbst einfangen, etwas radikal anderes zu sein, als es zu sein scheint oder als es in diesem eingefrorenen Augenblick ist.

Ich bin nicht der einzige, der Bilder von rauchenden Menschen komisch findet. 1927 nahm Jacques-Henri Lartigue im Verlauf weniger Monate fünfundneunzig berühmte oder auch völlig unbekannte Frauen auf, die rauchten – oder für ihn so taten, als ob sie rauchten. Lartigue veröffentlichte diese Photos in einem kleinen Bildband, dem er den Titel *Les femmes aux cigarettes* gab. Der zeitgenössische Betrachter muß diesen Band wohl für eine Hymne an die Schönheit weiblicher Gesten und Posen gehalten haben. Aber Lartigues Haltung gegenüber den von ihm Porträtierten war, wie er in seinem kurzen Vorwort eingesteht, keineswegs von Verehrung geprägt: Er schreibt, daß er eine Zigaretten rauchende Frau nicht anschauen konnte, ohne zu lachen: »Für mich war eine Frau, die Zigaretten rauchte, etwas äußerst Komisches. Der absurde Akt, daß eine Frau sich ein zusammengerolltes und mit Tabak gefülltes Stückchen Papier in den Mund schob, verblüffte mich, ja mehr noch, er belustigte mich. Und ich habe nie ein Photo gemacht, ohne daß ich diesen einen Gedanken im Kopf gehabt hätte: mich zu belustigen. Mein Interesse ist es immer gewesen, etwas Komisches zu machen, und *Les femmes aux cigarettes* – das war komisch.« Lartigue gesteht, daß ihn die »Absurdität« einer Zigaretten rauchenden Frau verblüffte, aber auch amüsierte. Alles, was rätselhaft bleibt, aber dennoch Gelächter auslöst, hat seinen Ursprung in der Wiederkehr einer verdrängten Möglichkeit. In diesem Fall ist es ohne Zweifel der Anblick weiblicher Freiheit, der lachen macht: eine Freiheit, die durch das von den Männern aufgestellte Verdikt, daß eine

Frau nicht rauchen darf, jahrhundertelang unterdrückt wurde, die sich auf den Photos aber äußert, weil dieses Tabu für die Kamera gebrochen wurde. Frauen sollten nicht rauchen, daher tun sie es nicht: Das ist die von Wunschdenken geprägte Behauptung, die Hitler im ganzen Reich proklamieren ließ: »Die deutsche Frau raucht nicht.« Das Rauchen ist auch ein Sinnbild für das erotische Leben der Frau. Jedenfalls stellt es sich so den Männern dar, für die der Anblick einer rauchenden Frau gleichzeitig bedrohlich und äußerst erregend ist.

Häufig gibt der Raucher zu erkennen, daß er sich nicht gerne photographieren läßt, indem er die brennende Zigarette in provokativer oder feindseliger Manier zwischen den Lippen oder den Fingern hervorragen läßt. Oft wird die Zigarette mit einer Art von Impertinenz oder Koketterie geschwungen, wie eine Waffe oder auch wie ein Schleier, der vor dem Auge der Kamera schützen soll, deren neugieriges Eindringen abwehrt und es dadurch nur noch um so mehr herausfordert. Im allgemeinen geht von der Zigarette um so mehr Aggressivität aus, je näher sie sich am Mund des Porträtierten befindet. Frauen, die Zigaretten zwischen den Zähnen halten oder sie von den Lippen herabhängen lassen, geben dem Photographen auf geistreiche Art und Weise (vielleicht auch unwissentlich) zu verstehen, wo er sich das Objektiv seiner Kamera hinstecken kann. Mary McCarthy tut mit der Zigarette, die sie in ihrer emporgereckten linken Hand hält, eine Vielzahl von Dingen: Sie dirigiert ein Musikstück, setzt den Tanz ihrer Schreibfeder fort, verschafft sich ein digitales Lustgefühl, nimmt eine Pose ein und bedeutet dem Eindringling, der sie beim Essen stört, wie mit einem aufgerichteten Finger, was sie von ihm hält. Lartigues Lachen bei solch einem Anblick wird durch genau jene zwei Faktoren ausgelöst, die Freud in *Der Witz und seine Beziehung zum Unbewußten* als die generelle Voraussetzung für das Lachen angibt. Als kompromißhafte Äußerung zwischen der Furcht vor dem Gesetz und dem Verlangen nach Vergnügen bricht das Lachen dann aus, wenn ein bedrohlicher psychischer Gehalt (wie aggressive weibliche Sexualität) zur Schau gestellt, aber in seiner Wirkung gemildert wird, da er in eine triviale, neutrale äußere Form gekleidet ist – wie zum Beispiel in ein zusammengerolltes, mit Tabak gefülltes Stückchen Papier. Die Leserin mag an dem, was Lartigue lachen macht, überhaupt nichts komisch finden. Aber wenn sie gnädig gestimmt ist, kann sie zu dem Schluß kommen, daß seine Reaktion ihn zu einem Dummkopf macht, daß sein Lachen einfach lächerlich ist.

Für Lartigues nervös-verunsicherte Reaktion auf den Anblick rauchender Frauen gibt es natürlich historische Parallelfälle. Ein gutes Beispiel dafür bietet der Film *Casablanca,* in dem alle Personen unablässig rauchen – alle, mit Ausnahme der Frauen. Man bekommt keine Frau zu Gesicht, die wirklich einen Zug aus einer Zigarette nimmt. In einer der einleitenden Szenen ist eine Unbekannte zu sehen, die in Rick's Café Americain neben Sams Piano sitzt und eine brennende halbgerauchte Zigarette zwischen den Fingerspitzen hält. Sie ist gerade dabei, diese Zigarette zum Mund zu führen, hält dann aber in der Bewegung inne und lächelt, als ob sie plötzlich auf einen anderen Gedanken gebracht worden sei oder Sams Klavierspiel sie für einen Augenblick völlig verzaubert habe. In Wirklichkeit wurde sie wohl durch ein Zeichen des Regisseurs daran gehindert, tatsächlich an ihrer Zigarette zu ziehen. Daß es 1942 noch tabu war, in Hollywood-Filmen rauchende Frauen zu zeigen, vermittelt uns eine Vorstellung davon, welchen kleinen Skandal Lartigue mit seinen *Femmes aux cigarettes* auslöste.

Die Zeiten haben sich jedoch geändert. Was Lartigue belustigte, finden wir heute nicht mehr komisch. Jetzt ist *Casablanca* der Skandal – nicht nur, weil in diesem Film die Frauen nicht rauchen dürfen, während die Männer nichts anderes tun, sondern auch weil dieses Tabu nur Teil eines umfassenden Repertoires von männlich-chauvinistischen Anmaßungen ist, die aus *Casablanca* einen in paradigmatischer Weise phallischen Film machen. Eine Frau, die sich *Casablanca* ansieht, muß, wenn sie sich von dem Film nicht mitreißen läßt, wütend werden. Falls sie nicht wütend wird, dann kann sie nur darüber lachen, wie die Männer ihre Zigaretten manipulieren und ihrem, ihnen selbst unbewußten Anspruch darauf, die »Herren« zu sein, durch die Art und Weise, wie sie ihre Zigaretten anbieten, annehmen, anzünden, auf den Boden werfen, mit ihnen herumfuchteln, an ihnen ziehen und den Rauch wieder ausatmen, Geltung verschaffen wollen. Wenn Lartigue – wie andere Männer – den Anblick einer rauchenden Frau komisch findet, dann können Frauen über die rauchenden Männer in *Casablanca* mit gleichem Recht lachen – aber aus den entgegengesetzten Gründen.

In diesem Buch habe ich es zumeist bewußt vermieden, auf den phallischen Charakter von Zigaretten einzugehen. Wenn man jedesmal, wenn in einem Text ein dem männlichen Organ ähnliches Objekt vorkommt, dieses als Metapher für den Phallus nimmt, trivialisiert man den Begriff vom Phallussymbol, dem Freud in seinen Schriften wesentlich komplexere Funktionen zuweist. Solche Phallussymbole aufzuspüren ist heute oft das einzige Anliegen von Textinterpretationen, und vielen amerikanischen Jugendlichen wird im Literaturunterricht nichts anderes beigebracht. (Zu den trivialsten Phallussymbolen gehören Pistolen, Megaphone, Teleobjektive und nackte Zigarren, wie rauhe Männer sie lieben; wenn sie wie auf dem Photo von Sam Fuller alle in dieselbe Richtung zeigen, ist das witzig. Aber der Witz geht auf Kosten des harten Burschen in dem Regiestuhl, der nicht weiß, daß Freud zufolge eine Vielzahl von Penissen keineswegs ein Zeichen für männliche Potenz, sondern für Kastration ist.)

Wenn auch die Gleichsetzung mit dem Phallus generell zu reduktiv ist, kann man nicht leugnen, daß es Gelegenheiten gibt, bei denen die Zigarette mehr als nur eine Zigarette ist. Die meisten Kritiker stimmen darin überein, daß Humphrey Bogart den Rick, die Hauptfigur von *Casablanca,* als »Prick« darstellt. Zu Beginn des Films weigert er sich, ein Mitglied der Résistance vor den Klauen der Vichy-Polizisten zu retten, und er behandelt Frauen, die ihn lieben und seiner bedürfen, mit grausamer Gleichgültigkeit, ja sogar mit Brutalität. Sein phallischer Charakter wird durch seine Zigarette versinnbildlicht, welche von Anfang an sein Erkennungsmerkmal ist. Nachdem die Kamera den Zuschauer durch die rauchgeschwängerte Bar von Rick's Café hindurchgeführt und ihn dann in das Sanktum Sanktorum eingelassen hat, den Raum mit den Roulettetischen, tritt Humphrey Bogart zum ersten Mal in Erscheinung. Bevor wir ihn selbst, das heißt sein Gesicht, erblicken, sehen wir eine Hand, seine Hand, die in Richtung auf einen Aschenbecher aus Kristall quer über die Leinwand fährt. Diese Hand hält eine Zigarette, und zwar charakteristischerweise zwischen den Spitzen des Daumens und des Zeigefingers. Mit einer unmerklichen Bewegung schnippt sie etwas Asche ab, bevor sie die Zigarette im Aschenbecher deponiert, wo diese eine Zeitlang unbeachtet vor sich hin raucht. Die jetzt freie Hand nimmt von einem Kellner einen kleinen Schreibblock entgegen, legt diesen auf den Tisch und ergreift einen Füller; sie setzt »O. K. Rick« über eine punktierte Linie, die laut Aufdruck für die *authorisation* bestimmt ist, und autorisiert so die Auszahlung von eintausend marokkanischen Pfund durch Rick's Café. Die Hand reicht den Block zurück. Ein Finger berührt dann die in eine Mitra auslaufende Figur eines weißen »Bischofs« (wie der Läufer im Schachspiel auf englisch heißt), die von dem Brett entfernt worden ist: Bogart, der in dem Film ein »Denker« ist (und sich im wirklichen Leben ernsthaft mit dem Schachspiel beschäftigt hat), spielt eine Partie gegen sich selbst. Soll der Zuschauer daraus schließen, daß der Spieler auch einen hohen bischöflichen Würdenträger in seiner »Gemeinde‹, hat, die sich aus Angehörigen der Upper Class von Casablanca zusammensetzt, oder daß er einfach *fou* ist? Die Hand greift dann wieder nach der Zigarette. Das Gesicht Bogarts sehen wir zum ersten Mal, als er die Zigarette, die er wieder zwischen Daumen und Zeigefinger hält und in der Art eines Soldaten in der Handfläche birgt, zu den Lippen führt und in den Mundwinkel schiebt. Er läßt den Rauch tief in sich hineinströmen – ungefiltert natürlich – und macht eine Grimasse, als er gegen das momentane Unwohlsein ankämpft, welches das Eindringen des Nikotins hervorruft. Dann atmet er das Gift wieder aus, und in dem Hochgefühl, einen kleinen Sieg über sich selbst davongetragen zu haben, läßt er den Rauch durch die Nase ausströmen, so daß er sich über seinem Kopf sammelt und diesen mit einem fahlen Glorienschein umgibt.

»O. K. Rick« ist das, was wir Bogart auf das Blatt schreiben sehen, bevor wir Bogart sehen, der Rick spielt, den Besitzer des Lokals, in das die Kamera uns gerade hineingeführt hat, und gleichzeitig den Autor des Schauspiels, das in diesem Lokal stattfindet, dem politischen und emotionalen Mittelpunkt von Casablanca: in diesem Innenraum, der eine Allegorie für die vom Krieg zerrissene Welt draußen ist. *Everybody Comes to Rick's* war der Titel des nie aufgeführten Dramas, auf dem das Drehbuch des Films basiert. Aber für den Fall, daß wir uns immer noch im Zweifel über den Autor des Schauspiels befinden sollten, das wir gleich darauf zu Gesicht bekommen werden, signiert Bogart ein zweites Mal: Er bestätigt sozusagen, daß er der Urheber des Schauspiels ist, indem er es mit der kleinen Szene beginnen läßt, in der er seine »Signatur«-Zigarette raucht, die Zigarette, welche Annie Leclerc in *Au feu du jour* die »Humphrey-Bogart-Zigarette« genannt hat. Daß man zwischen dem Schauspieler hinter der Filmfigur und der Rolle, die der Star spielt, nicht unterscheiden kann, erschwert die Aufgabe einer biographischen Interpretation, lädt aber gleichzeitig dazu ein, über das Verhältnis zwischen dem Mann und den Gestalten, die er in Filmen verkörpert, zu spekulieren. Den ganzen Film hindurch huscht der Strahl eines Leuchtturms über die Szenerie. Ein Kritiker hat diesen Lichtstrahl ganz richtig als Symbol für »Flucht oder Gefangenschaft« gedeutet: eines der Hauptthemen dieses Films, der in einer Stadt spielt, die zwischen zwei vom Krieg zerrissenen Kontinenten liegt und in der jeder »wartet, wartet, wartet«. Dieser Lichtstrahl ist aber auch ein Spotlight, das Bogart beleuchtet und ihm oft bei seinen Auftritten und Abgängen folgt: Nur er wird durch diesen Strahl in einen Lichtschein getaucht. Bei einer einzigen Gelegenheit sehen wir nur seine dunkle Silhouette, die sich vor einem runden Schatten abzeichnet, der wie ein Negativ des Lichtflecks des Leuchtturms wirkt. Es ist die Szene, als er aus dem großen Wandsafe in seinem Büro das Geld holt, das die Hauptantriebsfeder für das Handeln der von ihm verkörperten Figur – vielleicht auch für sein eigenes –, zu sein scheint. Er hebt sich im Profil von der Wand ab, und man sieht eine Zigarette aus seinem Mund ragen. Bogarts Genie kommt darin zum Ausdruck, wie er sich selbst ständig in der Person, welche er darstellt, zu erkennen gibt, die Idiosynkrasien des Stars durch die Rolle hindurch, die er spielt, sichtbar werden läßt. Die Zigarette, welche er raucht, ist nicht nur Rick Blaines, sondern auch Humphrey Bogarts Zigarette. Es ist bekannt, daß Bogart seinen Text in *Casablanca* größtenteils improvisiert hat. Mit dem mehrfachen »Signieren« meldet Bogart Ansprüche auf seine (Mit-)Autorschaft an, signalisiert er, daß er selbst dem Rick Blaine die Züge eines hartgesottenen Burschen verliehen hat, die Züge jenes Typus, den er erfunden und ständig weiterentwickelt hatte. Diese Gestalt besitzt ein eigenes Leben; eines, das viele sich zum Vorbild genommen haben – wie Woody Allen in *Play It Again, Sam* und wie Bogart selbst.

Man könnte zu dem vorschnellen Schluß kommen, daß Annie Leclerc die »Humphrey-Bogart-Zigarette« nur von einer feministischen Warte aus interpretieren kann – wenn sie nicht gleich einleitend davon erzählte, wie eine Frau, die Ähnlichkeit mit ihr selbst hat, eine solche Zigarette raucht:

»Jetzt erinnere ich mich wieder an den Geschmack jener Zigarette, an ihren üblen, herben Geschmack der Lüge. Es ist keine fade Zigarette. Wie viele Filme würden ihren Geschmack, wie viele Figuren ihre Eindringlichkeit verlieren, wenn man ihnen diese Zigarette nähme. Es ist die ›Humphrey-Bogart-Zigarette‹. Die Zigarette des Bullen, des Journalisten, des Schurken, die Zigarette von dem, der Bescheid weiß, der gewarnt ist. Es ist die Zigarette des Politikers, des Wissenschaftlers, der militanten Menschen beiderlei Geschlechts. Es ist immer die militärische Zigarette, die koloniale, imperiale. Es ist das Phantom der Macht, die begehrt wird, nach der gestrebt wird, das so lange geraucht wird, bis es schließlich Form annimmt, zu etwas Solidem wird. [...]

Ich sage nicht, daß alle Zigaretten aus demselben Tabak gemacht sind, auch nicht, daß jeder Raucher bei der einen oder anderen Gelegenheit eine dieser Zigaretten geraucht hat. Ich sage nur, daß ich neulich eine ›Humphrey-Bogart-Zigarette‹ in der Hand einer Frau gesehen habe und daß ich diese Frau gewesen sein könnte. Ich könnte diese Zigarette geraucht haben – und dies versetzte mich in Erschrecken.

Warum war es notwendig, warum ist es immer notwendig, Demütigung in Arroganz umzuwandeln, Schwäche mit orthopädischen Mitteln zu kaschieren? Warum verbirgt sich das Angsthaben vor allem hinter der Vorspiegelung, vor gar nichts Angst zu haben?«[4]

Die Lüge, welche Humphrey Bogarts Zigarette erzählt, ist im Grunde die Lüge der – wie Leclerc es an anderer Stelle nennt – Phallokratie, die in solchen pompösen Maskierungen auftritt, wie sie hier aufgelistet werden: als Polizist, Politiker, Soldat, Kämpfer. Die Phallokratie läßt Phantome der Macht entstehen, deren großspuriges Selbstbewußtsein den arbiträren Charakter ihres Anspruchs maskiert, die Autorität innezuhaben und auch zu wissen, wie man sie einsetzt. Die »Humphrey-Bogart-Zigarette« ist eine dieser Masken: Sie verleiht den Ausdruck furchtloser Arroganz und verbirgt die Leere im Inneren. Annie Leclerc diagnostiziert die Impotenz, die durch die Unverschämtheit der Pose – durch das Sich-Aufspielen als harter Bursche – verdeckt werden soll. Sie legt die männlichen Selbstzweifel bloß, die Bogart durch die Gesten deutlich werden läßt, mit denen er in diesem Film die phallokratische Zigarette raucht. Wie sie da rauchend zwischen seinen verächtlichen gekräuselten Lippen steckt, ist die Zigarette die erigierte Verkörperung seines Machtstrebens, das Form und Objekt gewordene Phantom der Macht.

Mit dieser Deutung der »Humphrey-Bogart-Zigarette« scheint sich Annie Leclerc einer orthodox-freudianischen Interpretation des gesamten Films *Casablanca* anzuschließen, die in ganz ähnlicher Weise im tapferen Gebaren der männlichen Figuren unverkennbare Hinweise auf Impotenz, Inversion und hilflose Wut entdeckt. Harvey Greenberg, praktizierender Psychotherapeut, hat ein Buch mit dem Titel *The Movies on Your Mind* verfaßt.[5] Er läßt das stumpfe Instrument seines Vulgärfreudianismus auf die auf Hochglanz polierten Oberflächen von Hollywood-Filmen niedersausen. Er deckt auf, daß sich unter der erhebenden und erbaulichen äußeren Handlung kaum unterdrückte ödipale Liebesaffären verbergen, die er als Beispiele für Kastrationsgelüste und paranoide Perversion hinstellt. Im Hochgefühl seines Triumphes formuliert er solche Sätze wie: »Andere vernünftige Interpretationen von *Casablanca* leiden, nach meiner offensichtlich voreingenommenen Einschätzung, immer noch daran, das Ödipus-Thema nicht zu berücksichtigen.«[6] Daß er diese unterschwelligen sexuellen Themen mit so großem Erfolg offenlegen kann, mag zum Teil auf seine Voreingenommenheit zurückzuführen sein, mit Sicherheit aber auch darauf, daß sie 1940, als *Casablanca* gedreht wurde, bewußt in die Filme eingearbeitet wurden. Die Regisseure und Drehbuchautoren von Hollywood hatten durchaus ein Gespür dafür, was auf intellektuellem Gebiet »modern« war, und sie kannten auch die in Umlauf gebrachte Interpretation der Erkenntnisse Freuds durch die amerikanische Ego-Psychologie; beim Drehen der Filme, die Greenberg untersucht, mag man durchaus Zuschauer wie ihn vor Augen gehabt haben.

Vielleicht ist es zu boshaft, die Tatsache, daß der Film Greenbergs Deutung in jedem Punkt zu bestätigen scheint, als Beweis für seine Fehlinterpretation zu werten – aber alles, was Greenberg sagt, ist einfach zu richtig, um wahr zu sein. Ein gravierender Fehler ist jedoch gewiß, daß er die Hauptfigur von *Casablanca,* Rick, so betrachtet, als ob dieser der Stellvertreter Humphrey Bogarts – des wirklichen Patienten – sei, dessen von Konflikten geprägte Sexualität der tatsächliche Untersuchungsgegenstand des Analytikers ist. Greenberg ist ein zu aufmerksamer Kritiker, als daß er übersehen haben könnte, wie Humphrey Bogart in dem Film die Gestalt des Rick Blaine gleich bei seinem ersten Auftritt »gegenzuzeichnen« scheint, und es entgeht ihm auch nicht, daß es noch andere verborgene Themen neben dem ödipalen gibt: *Casablanca* ist für ihn »die berauschendste Mischung patriotischer und sexueller Phantasien«, die es auf der Leinwand gibt.[7] Greenbergs Interpretation des Films muß hier nicht widerlegt werden, aber es gilt darauf hinzuweisen, daß durch die Vermischung des Politischen mit dem Sexuellen in Wirklichkeit viel mehr zum Ausdruck gebracht wird, als Greenberg erkennt. Das macht *Casablanca* auch zu einem der erfolgreichsten Werke politischer Propaganda, das Amerika während des Zweiten Weltkriegs hervorgebracht hat, in einer Zeit, in der auf beiden Seiten enorme künstlerische Ressourcen zu diesem Zweck aktiviert wurden. Wie bei fast jeder Art von Propaganda war es das Ziel, die politische Meinung der Leute im eigenen Land zu beeinflussen: Und das wichtigste Zeichen und Instrument, das eingesetzt wurde, um über das Sexuelle politische Botschaften zu vermitteln, war die Zigarette.

Greenberg bezieht die Zigarette natürlich überhaupt nicht in seine Analyse ein. Das ist ein Teil des Preises, den er dafür zahlt, nie die Prämissen darzulegen, auf die er seinen Anspruch gründet, das Unterbewußtsein von Filmhelden untersuchen zu können. Den Rest des Preises zahlt er, wenn er Sätze formuliert wie diesen zum Beispiel: »Ricks [unbewußte] mörderische Impulse gegenüber Laszlo [dem Résistance-Führer] finden in der Person Major Strassers [des Nazis] ein akzeptables Ersatzobjekt.«[8] Greenberg verleiht dem fiktiven Rick eine realmenschliche Dimension, macht ihn zu jemandem, der in seinem Unterbewußtsein eine moralische Entscheidung vollzieht, von einem ödipalen Trieb beherrscht wird und eine Vorstellung davon hat, was akzeptabel ist – nämlich Nazis zu erschießen. Dies läßt den Verdacht aufkommen, daß es sich um identifikatorische Projektionen des Autors handelt: Mit Hilfe solcher Projektionen kann der Psychotherapeut das Unterbewußtsein Rick Blaines erfinden, muß aber damit bezahlen, daß er der Welt unwillentlich die Träume Harvey Greenbergs offenbart. Greenbergs Identifikation mit dem Helden läßt ihn aber weniger Humphrey Bogart ähneln als vielmehr Woody Allen, dessen ödipales Remake der auf dem Flughafen spielenden Schlußszene von *Casablanca* in *Play It Again, Sam* schon die

Schlußfolgerungen des Psychotherapeuten vorwegnimmt. Greenberg selbst gibt dies in einem »Postskriptum« mehr oder weniger zu: Er zitiert dort den »amüsanten Kommentar« Allens, dessen »*Nebbich*-Held sein durchhängendes Ego wiederaufrichtet, indem er halluzinatorisch Humphrey Bogart als Mentor in Sachen Sex auf den Plan treten läßt«. Was die vom Standpunkt eines *Nebbich,* eines unbedeutenden Schwächlings aus vorgenommene Auseinandersetzung mit *Casablanca* außer Betracht läßt, sind die heroischen historischen Kämpfe, die der Film nicht nur heraufbeschwört, sondern auch mit Vehemenz zu einer Entscheidung zu bringen versucht.

Anders als die konventionellen Kritiker, die den Inhalt des Textes an seiner Oberfläche entdecken, das heißt in seinen offenkundigen Aussagen, graben Psychoanalytiker wie Greenberg ein bißchen tiefer und fördern latente Inhalte zu Tage – Homosexualität, Kastration, inzestuöser Mord –, die dann ihre ursprünglich verborgene Bedeutung offenbaren. Indem er das politische Drama, in dem es um Verlust, Verrat und Heldentum geht, in der Versenkung verschwinden läßt, interpretiert Greenberg die Handlung des Films dahingehend, daß in ihr Kastrationsängste, ödipales Scheitern und die Trauer, die durch das Verlassenwerden von einer geliebten Frau entsteht, sichtbar werden. Der Arzt maßt sich an, nachweisen zu können, daß sich hinter der äußeren Erscheinung des verführerischen harten Burschen, den Bogart verkörpert, eine latente Homosexualität verbirgt: »Die Vorstellung, daß Rick die ganze Zeit lang eine heimliche Schwuchtel gewesen ist, mag widersinnig erscheinen (und denen, die Bogart kultisch verehren, geradezu ketzerisch vorkommen). Aber sein Zurückweisen Ilsas zugunsten einer Freundschaft, die erst im Kampf und durch die Opfer, die dieser erfordert, richtig gedeiht, ist mit Sicherheit durch Ricks Angst vor Frauen und die sie begleitende Misogynie mitbestimmt.«[9] Der Psychiater müßte sich der Gemeinde der Irren (und Ketzer) zugesellen, wenn er allen Ernstes an seiner leicht verrückten Vorstellung festhalten wollte, Blaine-Bogart sei eine »heimliche Schwuchtel«. Greenberg behauptet, daß Ricks »Zurückweisen« Ilsas mit Sicherheit durch seine ödipalen Angst- und Haßgefühle »mitbestimmt« sei. Doch in dem Film wird überhaupt nicht »mit Sicherheit« zum Ausdruck gebracht, daß ihre Abreise auf ein Abgewiesenwerden zurückzuführen ist, gar auf eins, dem sexuelle Motive zugrunde liegen. Greenberg bleibt auch die Erklärung schuldig, *inwiefern* Ricks Entscheidung, Ilsa zugunsten »einer Freundschaft, die erst im Kampf und durch die Opfer, die dieser erfordert, richtig gedeiht«, zu verlassen, mit seiner »Angst vor Frauen« und der sie begleitenden Misogynie zusammenhängt. Welchen Wert schreibt er der Freundschaft zu und dem Opfer, das der Kampf erfordert? Verzichtet Blaine-Bogart auf Ilsa-Ingrid, weil es ihm um etwas Höheres geht – oder weil er Angst hat? Haben wir es mit Sublimierung oder mit Repression zu tun?

Am Ende des Films verzichtet Rick auf die Geliebte um einer Sache willen, die ihm wichtiger ist als er selbst, obwohl er im Lauf der Handlung immer wieder gesagt hat: »Ich halte meinen Kopf für niemanden hin.« Als »kultureller Held«, wie Freud ihn in *Der Moses des Michelangelo* beschreibt, opfert er seine Liebe und findet sich mit seiner »Kastration« ab, um sich für die höheren Ziele der Menschheit einzusetzen – in diesem Fall für den Kampf der Résistance gegen die Okkupation. Die Verbindung von Liebe und Opfer wird durch die zahllosen Zigaretten, die in dem Film geraucht werden, ins Bild gesetzt.

Zigaretten sind in *Casablanca* omnipräsent: Sie bilden das vorherrschende visuelle Kennzeichen von Rick's Café. Dieses Lokal ist eine Mikro-Polis, das politische Nervenzentrum der Stadt, in dem sich Flüchtlinge, Spione, Kriminelle und Glücksritter zusammendrängen, wo Prostitution und Korruption gedeihen. Eingefärbt ist das Ganze durch den Zynismus, den der ständige Anblick der Verzweiflung gebiert. Die Kamera ist nicht so sehr auf die Figur des Rick, beziehungsweise auf Humphrey Bogart, fokussiert als vielmehr auf das Lokal, das er besitzt und führt und dessen Name – das Schild auf dem Dach wird häufig eingeblendet – »Rick's Café Americain« ist.

Bevor Bogart in dem Film auftritt, zeigt die Kamera die Vorderfront der Bar, es ist Nacht, und das Schild scheint über dem Gebäude zu schweben. Die Leuchtschrift ist von einer Neonröhre in Form einer unregelmäßigen Blase umgeben: Es sieht beinahe so aus, als ob das Lokal sprechen könne – so wie die Figuren in Comics sprechen –, als ob es eine Person wäre, die Hauptperson des Films. Nachts ist das Café eine Art von Bordell, das von der kosmopolitischen Gesellschaft Casablancas auf ihrer Flucht vor der Realität aufgesucht wird. Wie in einem Bordell oder in einem Kino, sagt Ferrari, der Mann, der den Schwarzmarkt beherrscht, sind in Rick's Café »Menschen die Hauptware«. Eine lange, stumme Sequenz von Bildern führt uns in das Café hinein, so als ob wir zahlende Kunden wären (was wir ja auch sind); sie geleitet uns an dem Türsteher und dann an der langen Theke vorbei, bis wir das innerste Heiligtum betreten, wo sich die Rouletteräder drehen und an einem einsamen erhöhten Tisch der Boß sitzt: nachdenklich rauchend »as time goes by«, »während die Zeit verstreicht«. Zu Beginn dieser Sequenz betreten zwei gutgekleidete Paare das Lokal; Schnitt und Einblendung des Schilds »Rick's Café Americain«; Schwenk nach unten: Nach zwei amerikanischen Offizieren, die eine Frau begleiten, treten zwei Araber ein – ohne Begleitung (keine Frauen für die Araber). Dann, wenn die Kamera anfängt, langsam nach vorne zu fahren, sehen wir den Rücken einer eleganten Dame, die durch die Tür schreitet und der ein ganz in Weiß gekleideter Mann folgt; sein Anzug ähnelt einem anderen, den wir später zu sehen bekommen werden, dem prächtigen und ebenfalls blendend weißen nämlich, den Laszlo, der Held der Résistance, den ganzen Film hindurch trägt – dieser Anzug weist gleichsam auf das kurz darauf erfolgende gemeinsame Eintreffen Laszlos mit Ilsa voraus und steht in einem provozierenden Kontrast zu den schwarzen Uniformen der in dem Film auftretenden Nazis.

Als die Kamera durch die Tür hindurchfährt, wird sie von einem Türsteher mit Fez mit einem kurzen Kopfnicken begrüßt. Für einen Moment wird der Blick vom Arm eines vorübergehenden Kellners versperrt, der sich dann entfernt und die Sicht auf einen Mann freigibt, der seitlich an einem Tisch sitzt, eine Zigarette zum Mund führt und rasch einen Zug macht. Er stößt den Rauch schnell wieder aus, während die Kamera dem Paar folgt, das sich zu einem anderen Tisch begibt. Einen kurzen Augenblick lang verliert man es aus den Augen, da es hinter einem Wandschirm verschwindet. Währenddessen wird am rechten Rand des Bildes ein Kellner sichtbar, der ein kleines rundes Tablett mit zwei Champagnergläsern trägt. Die Kamera richtet sich auf ihn und folgt ihm, der mit einer Hand geschickt sein Tablett vor sich her balanciert und dabei immer wieder für kurze Zeit aus dem Bild verschwindet, durch den Raum. Als er hinter das schöne Paar tritt, für das der Champagner bestimmt ist, wird er wieder dem Blick des Zuschauers entzogen. Dieses Paar zeichnet sich im Profil dunkel vor dem hellen Hintergrund von Dunst und Rauch ab. Plötzlich züngelt eine Flamme auf, als der gutaussehende Soldat mit einer eleganten Bewegung seine Zigarette anzündet und sich seiner schönen dunkelhaarigen Begleiterin zukehrt. In diesem Augenblick wird der Kellner zwischen den beiden sichtbar und hält ihnen mit einer leichten Verbeugung das Tablett mit den Champagnergläsern hin. Der Soldat atmet den Rauch aus, und einen Augenblick lang, bevor die beiden zu ihrem Getränk greifen, ist die ganze Leinwand von den Champagnergläsern eingenommen, über denen eine perfekte kleine Wolke von grauem Rauch schwebt. Von den dunklen, schönen Profilen eingerahmt und ein wenig von unten aufgenommen, versammeln die rauchumwölkten Gläser das ganze Licht des Lokals auf sich – ein erhebender Moment von unbeschreiblicher Schönheit. »Jeder kommt zu Rick's«, um diese Epiphanie zu erfahren – es ist ein zum Erstarren gebrachter Augenblick, in einen Rahmen gebannt, aber vom Projektor bewegt. Dieser Augenblick stellt die ekstatische Aufhebung der Zeit dar; oder er ist das fiktive Abbild einer anderen Zeit, einer Zeit, in der kein Krieg herrscht. Die vielfältigen Vergnügungen, die Rick's Café bietet, machen vorübergehend solche Bilder möglich. Für Umberto Eco beschwört diese Bar eine Vielzahl von archetypischen Szenen herauf: Fremdenlegion, Grandhotel, Mississippi-Dampfer, ein Bordell in New Orleans, die Spielhöllen von Macao oder Singapur, Paradies der Schmuggler oder letzter Vorposten am Rand der Wüste.

Aber es ist auch der Ort, zu dem die Flüchtlinge kommen müssen, um sich ein Visum zu verschaffen, das es ihnen ermöglicht, von Casablanca nach Lissabon zu fliegen – und von dort aus weiter nach Amerika, in die Freiheit. Die Bar ist im Grunde die einzige »Botschaft« in der Stadt, die solche Dienste anbietet. Ihren überwältigenden Erfolg verdankt sie nicht nur Ricks Geschäftssinn, sondern auch seiner politischen Neutralität und seiner moralischen Ambivalenz. Mit den Vertretern der Vichy-Regierung geht er zwanglos-kameradschaftlich um, er überläßt ihnen sein Lokal für ihre oft brutalen Unternehmungen, besticht sie leichten Herzens und wahrt eine amüsiert-indifferente Einstellung gegenüber ihrer Hypokrisie: der vorgeblichen Unabhängigkeit von ihren Aufsehern, den Nazis. Ricks Politik unterscheidet sich in vielfacher Hinsicht kaum von jener, die der nordamerikanische Konsul in Nordafrika 1941 verfolgte: Seine neutrale Haltung gegenüber den erbitterten politischen Auseinandersetzungen der Vichy-Franzosen und der Nazis mit den freien, den »kämpfenden Franzosen« spiegelt die Position wider, welche die Roosevelt-Regierung einnahm. Zu diesen Parallelen gehört auch die Tatsache, daß Rick dem Führer der Widertandsbewegung mit Feindseligkeit begegnet. Franklin D. Roosevelt fühlte sich in ähnlicher Weise von der arroganten Starrsinnigkeit Charles de Gaulles angewidert, der damals den Widerstandskampf von London aus organisierte und den er, fälschlich, im Verdacht hatte, bonapartistische Ambitionen zu entwickeln und einen *coup d'état* vorzubereiten. Wir können uns eine Vorstellung von Roosevelts gereizter Reaktion auf de Gaulles salbungsvolle Art und Aufgeblasenheit aus einem kurzen Dialog zwischen Rick und Laszlo machen. Rick sagt: »Fragen Sie sich nicht manchmal, ob das alles dies wert ist? Ich meine das, wofür Sie kämpfen?« Und Laszlo-de-Gaulle antwortet, indem er das Schicksal der Welt vom Weiteratmen eines bestimmten Subjekts, sich selbst, abhängig macht; er spricht zwar in aller Bescheidenheit von mehreren Menschen, aber dieses »wir« hört sich verdächtig nach einem Pluralis majestatis an: »Wenn wir zu atmen aufhören, sterben wir; wenn wir aufhören, gegen unsere Feinde zu kämpfen, wird die ganze Welt sterben.« Man sieht es Rick nach, daß er Ilsa einmal gereizt anfährt: »Muß ich mir wieder anhören, was für ein großer Mann dein Gatte ist? Für welch eine wichtige Sache er kämpft?« In dem Film raucht Laszlo, so wie de Gaulle es im wirklichen Leben getan hat, Zigaretten, und zwar mit einer Art von würdevoller Ruhe; mit fast jedem Atemzug, den er in dem Film macht, inhaliert er Zigarettenrauch – das ist die Luft derer, die im politischen Kampf stehen.

Die Politik, die man in »Rick's Café Americain« verfolgt, jenem rauchgeschwängerten Ersatzort für das amerikanische Konsulat im Casablanca des Jahres 1942, spiegelt die Anerkennung der Vichy-Regierung durch die USA wider: eine Anerkennung, die lange bestehenblieb, obwohl immer mehr kritische Stimmen laut wurden. Die amerikanische Regierung wurde aufgefordert, ihre Diplomaten abzuziehen, wie England und Kanada es schon getan hatten, und diejenigen zu unterstützen, die unter dem Banner mit dem Lothringer Kreuz zum Kampf angetreten waren. In den einleitenden Szenen von *Casablanca* sieht man, wie Vichy-Polizisten einen Mann erschießen, der ein Bündel Papiere in der Hand hält, auf denen dieses Emblem der »Freien Franzosen« prangt. In dem Café tritt ein Mann an Laszlo und Ilsa heran und gibt vor, ihnen einen Ring verkaufen zu wollen. Dieser Mann ist Berger, ein Geheimagent der Résistance, der sich dem Widerstandsführer zur Verfügung stellen will und zu jedem Opfer bereit ist:

»Berger: Ihr seht wie ein Paar aus, das auf dem Weg nach Amerika ist. Dort werdet ihr einen Abnehmer für diesen Ring finden. Ich bin gezwungen, ihn zu verkaufen, obwohl es ein großes Opfer bedeutet. Dieser Ring ist wirklich einzigartig. (Er öffnet den Ring und zeigt das darin verborgene Lothringer Kreuz.)

Laszlo: Ich bin sehr interessiert.«

Die Handlung des Films, in deren Verlauf Bogart von einer ihn kompromittierenden Neutralität gegenüber der Vichy-Regierung zu einer Waffenbrüderschaft mit de Gaulle hinsteuert, scheint einen dringenden Wunsch vieler Filmproduzenten in Hollywood, vor allem jüdischer, in allegorischer Weise zu erfüllen: den Wunsch, daß die Amerikaner der Vichy-Regierung die politische Anerkennung entzögen. Eine solche Abkehr von der Vichy-Regierung findet am Ende des Films statt. Rick läßt sein Café in einem unbesetzten französischen Casablanca zurück, denn Captain Renaud, der bis dahin der Chef der örtlichen (Vichy-)Polizeitruppe war, wird in der Schlußszene zu einem »Patrioten«: Er entschießt sich, der Résistance beizutreten, und zerschmettert voller Ekel eine Flasche Vichy-Mineralwasser. Er und Rick, die vorher beide ausgeprägte Zyniker waren, beschließen, Casablanca gemeinsam zu verlassen und sich den Truppen des Freien Frankreich in Brazzaville anzuschließen, einer westafrikanischen Kolonie, die sich 1940 auf die Seite de Gaulles gestellt hatte, der von dort aus über Radio seine ersten Aufrufe zur Befreiung Frankreichs in die Welt schickte. »Louis«, sagt Rick am Ende, als ob er einen Angehörigen des bourbonischen Königshauses vor sich habe, »dies sieht wie der Anfang einer wunderbaren Freundschaft aus.«

Wie in einem Traum von Solidarität schreiten in der Schlußszene der Amerikaner und der jetzt zum Widerstandskämpfer gewordene Franzose Arm in Arm in den Dunst hinein, der über dem Flughafen hängt; sie werden von den Klängen der Marseillaise begleitet, die auch bei einigen der bewegendsten Szenen zu hören war. Den emotionalen Höhepunkt von *Casablanca* stellt der symbolische Sieg dar, den die Résistance über die Nazis erringt, als die Besucher der Bar nach und nach in die Marseillaise einstimmen und damit die Nazis übertönen, welche *Die Wacht am Rhein* singen. Greenberg gibt seinem Kapitel *Casablanca* den Titel: »Wenn es so schmalzig ist, warum weine ich dann?« (Was mir ein bißchen merkwürdig vorkommt, denn schmalzige Filme und Nationalhymnen bringen mich immer zum Weinen.) Der sentimentale Charakter des Films beruht zu einem großen Teil auf der suggestiven Wirkung der großen französischen Hymne, auf ihrer Macht, sogar in Amerikanern Träume von einem kollektiven Triumph über einen Tyrannen zu erwecken. In der allerersten Einstellung beschwört der Film den großen Traum von Amerika als Land der Freiheit herauf: Man sieht einen Globus, der zunächst die Neue Welt zeigt, sich dann dreht, bis die Alte Welt im Blick ist. Ein Sprecher trägt dazu folgenden Text vor:

»Mit dem Beginn des Zweiten Weltkriegs richteten sich die Augen vieler im versklavten Europa voller Hoffnung, oder voller Verzweiflung, auf das freie Amerika. Lissabon wurde der große Ausschiffungsort. Aber nicht jeder konnte auf direktem Weg nach Lissabon gelangen, und es bildete sich ein verschlungener, umständlicher Fluchtweg aus. Von Paris nach Marseille. Über das Mittelmeer nach Oran. Dann mit dem Zug oder dem Auto oder dem Schiff am Rand Afrikas entlang bis nach Casablanca in Französisch-Marokko. Hier vermochten sich die Glücklicheren durch Geld oder Einfluß ein Ausreise-Visum zu verschaffen, oder sie erhielten es durch die Gunst des Schicksals und konnten nach Lissabon zurückhasten und von Lissabon in die Neue Welt. Die anderen aber warten in Casablanca, und sie warten, warten, warten.«

In dem Film wird von Anfang an sorgfältig darauf geachtet, daß die in ihm zum Ausdruck kommende Feindseligkeit gegenüber der amerikanischen Außenpolitik über jeden Verdacht erhaben bleibt, einer antiamerikanischen Einstellung zu entspringen. Für den Fall, daß dies dem Betrachter zunächst entgehen sollte, wird eine Episode eingefügt, in der Carl, der fürsorgliche Kellner von Rick's Café, einem ältlichen, ganz eindeutig jüdischen Ehepaar den besten Cognac des Hauses bringt, um mit den beiden ihre bevorstehende Emigration zu feiern. Die drei erheben ihre Gläser und bringen nacheinander den Trinkspruch aus: »Auf Amerika«. Daß es sich bei *Casablanca* um eine politische Allegorie handelt, wird an keiner Stelle deutlicher als in jener Szene, in der Bogart-Blaine, nachdem er kräftig dem Alkohol zugesprochen hat, mit der Faust auf den Tisch schlägt, sich Sam zuwendet und fragt:

»Rick: Wenn es in Casablanca Dezember 1941 ist, wie spät ist es dann in New York?

Sam: Meine Uhr ist stehengeblieben.

Rick: Ich wette, in New York schlafen sie alle; ich wette, daß sie in ganz Amerika schlafen.«

Da Amerika jetzt noch schläft und vor dem Zynismus der amerikanischen Politik gegenüber den Vichy-Kollaborateuren die Augen verschließt, will der Film das Land aufwecken und allen Bürgern deutlich machen, wie sie sich in ihrem ureigenen Interesse verhalten sollten. Als propagandistisches Werk, das eine politische Botschaft durch eine sentimentale Story vermittelt, hatte *Casablanca* schon kurz nach seiner Fertigstellung einen bemerkenswerten Erfolg.

Am Silvesterabend des Jahres 1942 ließ Franklin D. Roosevelt den kurze Zeit zuvor in die Kinos gekommenen Film seinen Gästen vorführen – zu einem Zeitpunkt, da die amerikanische Politik gegenüber der Vichy-Regierung für ein Land, das sich mit deren wahren Herren im Krieg befand, von Tag zu Tag unerträglicher wurde. Die Vichy-Regierung, die de Gaulle in absentia zum Tode verurteilt hatte, wurde von den Vereinigten Staaten nicht nur anerkannt, sondern geradezu umschmeichelt: Der amerikanische Botschafter in Vichy-Frankreich war Roosevelts enger persönlicher Freund Admiral William Leahy. Im Januar 1943, zehn Tage nachdem er den Film gesehen hatte, flog Roosevelt zu einem historischen Treffen mit Winston Churchill nach Casablanca (womit er der erste amtierende Präsident der Vereinigten Staaten wurde, der eine Reise mit dem Flugzeug machte). Vorrangiges Ziel dieser Konferenz war es, das diplomatische Verhalten der Alliierten gegenüber den Vertretern Frankreichs in Nordafrika aufeinander abzustimmen. General Jean François Darlan, der bis zu seiner Ermordung im Dezember des Vorjahres der Oberbefehlshaber der Vichy-Truppen in Nordafrika gewesen war, hatte die Nazis unterstützt, bis die Alliierten 1942 in Nordafrika gelandet waren; daraufhin hatte er seine Truppen angewiesen, sich auf die andere Seite zu schlagen. Roosevelt verurteilte seine Ermordung – er bezeichnete sie als »Kapitalverbrechen«. Darlan wurde als Oberster Regierungsbeauftragter für Französisch-Afrika sofort durch General Henri Honoré Guiraud ersetzt, einen engen Freund von Marschall Pétain. De Gaulle, der von Churchill unterstützt in London lebte, begleitete den britischen Premier nach Casablanca und willigte widerstrebend ein, sich dabei photographieren zu lassen, wie er Guiraud die Hand schüttelte. Innerhalb von sechs Monaten gelang es ihm, Guirauds Einfluß auf die Streitkräfte des Freien Frankreich völlig zunichte zu machen. Von Churchill gedrängt, überwand Roosevelt in Casablanca endlich seinen Argwohn gegenüber de Gaulle: Er willigte ein, die Anerkennung der Vichy-Regierung zurückzuziehen und Guiraud nicht weiter zu unterstützen, und steuerte die amerikanische Politik in Richtung auf eine Zusammenarbeit mit de Gaulles »Freien Franzosen«. Dieses Umschwenken kulminierte im August des Jahres darin, daß die Vereinigten Staaten dem Französischen Nationalkomitee ihre volle Unterstützung zukommen ließen: eine Entscheidung, die Roosevelt und de Gaulle zu Verbündeten im Kampf gegen den Nationalsozialismus machte.

Der Anfang einer wunderbaren Freundschaft zwischen (F)Ri(n)ck(lin) und »Louis« am Ende von *Casablanca* wird von Greenberg als Hinwendung zur Homosexualität interpretiert. Die Notwendigkeit, ein Band zwischen französischen und amerikanischen Brüdern zu schmieden, ergibt sich natürlich nicht aus der psychologischen Logik der Handlung. Diese Logik verschleiert eher, daß der Film ein politisches Anliegen hat. Der Film war in jedem Fall ein Erfolg, und sein lobbyistisches Eintreten für die »Freien Franzosen« mag die Entwicklung von Roosevelts Außenpolitik und die Geschichte der amerikanisch-französischen Beziehungen tatsächlich entscheidend beeinflußt haben. Daß Roosevelt zehn Tage vor seinem Flug nach Casablanca den gerade fertiggestellten Film im Weißen Haus zeigen ließ, korrespondiert mit einer Episode des Films, und zwar jener, in welcher Blaine-Bogart seiner moralischen Neutralität abschwört und mit einem Kopfnicken die Band des Clubs anweist, die Marseillaise anzustimmen und damit die eine Nazi-Hymne singenden Soldaten zu übertönen. Roosevelt, der im Dunkel des Vorführraums im Weißen Haus geweint haben soll, mag genau bei dieser Szene eine Änderung der Außenpolitik zugunsten der »Freien Franzosen« beschlossen haben, welche dann durch die Konferenz in Casablanca in die Tat umgesetzt werden konnte. Humphrey Bogart muß gewußt haben, daß er Roosevelt verkörperte, indem er den Besitzer von Rick's Café spielte. Ob Roosevelt in Casablanca vielleicht der Verdacht gekommen ist, daß er das nachspielte, was Bogart ihm vorgespielt hatte?

Greenberg sagt nichts über die Zigaretten in *Casablanca.* Wenn er es getan hätte, hätte er sich vermutlich damit zufriedengegeben, ihren »phallischen« Charakter herauszustreichen; aber er klammert sie aus, vielleicht weil er spürt, daß sie seiner Deutung des Films als einem ödipalen Drama Widerstand entgegensetzen. Er läßt sich von dem Film zu dem Glauben verführen, dessen unterbewußte Botschaft entdeckt zu haben; und der Film nützt diese seine Befriedigung als Interpret aus, um ihm eine andere, eine ausgeprägt politische Botschaft zuzustecken. Greenberg hat nicht erkannt, daß die Zigarette als Sexualfetisch 1942 bereits ein abgegriffener Gemeinplatz war, der sogar in Hollywood-Filmen eingesetzt werden konnte, um andere, subtilere Aussagen zu vermitteln. Am Ende des Films sagt Bogart, so als ob er sich zu Greenbergs Idee von der ödipalen Liebesaffäre äußere: »Die Probleme von drei kleinen Leuten haben in dieser verrückten Welt noch nicht einmal soviel Bedeutung wie ein Häufchen Bohnen.«

In *Casablanca* sind die Zigaretten wohl auch Masken, hinter denen verängstigte Männer ihre Zweifel, ihre Feigheit, ihr Zaudern und ihre Impotenz verstecken. Die Zigarette ermöglicht es, Furcht mit einer aggressiven Pose zu kaschieren, eine Pose, die Verachtung für die Furcht und die Schwäche anderer ausdrückt. Die zwischen Daumen und Zeigefinger gehaltene »Humphrey-Bogart-Zigarette« gestattet es dem harten Burschen, zu rauchen und gleichzeitig seine – zum Zuschlagen bereiten – Knöchel zu zeigen. Immer wenn sich zwei Männer in einem Wettstreit miteinander befinden oder sich als Rivalen gegenüberstehen, ob es dabei um Sex oder Politik geht, achten sie darauf, einander die Rücken ihrer Hände zu zeigen, die dabei gewöhnlich zu Fäusten geballt sind. Diese Geste unterscheidet sich völlig von jener, mit der viele Frauen in Lartigues Buch ihre Zigarette rauchen: Sie halten sie zwischen zwei ausgestreckten Fingern und krümmen die übrigen Finger zur Handfläche hin. Ein wenig verführerisch verhüllt die Hand die Frau – so wie es auch der Rauch tut, der die Gestalt der Raucherin mit einem Schleier überzieht. Halb-defensiv deutet die Frau mit den gekrümmten Fingern eine Faust an, während sie gleichzeitig in der Handfläche ein Geheimnis birgt.

Peter Lorre verkörpert in dem Film eines der Hauptopfer. Nervös raucht er eine Zigarette nach der anderen; er hält die Zigarette nahe an seinem Körper, macht schnelle, kurze Züge, dreht die Zigarette dann zwischen den Fingern, als ob er durch sie seine Kastration ins Bild setzen wolle. Während das Deuten mit einer angezündeten Zigarette auf andere, wie auch das Blasen von Rauch in ihre Richtung, als Ausdruck von Aggressivität gedeutet werden kann, ist das Bergen der Zigarette in der hohlen Hand ein Zeichen für Selbstaufopferung, für Selbstaufgabe. Generell gilt, daß man desto mehr Selbstvertrauen und inneren Frieden ausdrückt, je weiter man die Zigarette von seinem Körper entfernt hält.

Claude Raines, der den Captain Renaud spielt, raucht ebenfalls unaufhörlich. Seine innere Verbindung mit Bogart spiegelt sich darin wider, wie seine Rauchgewohnheiten denen seines Rivalen, Gefährten und politischen Gesinnungsgenossen – wenn man Greenberg glaubt, dann ist er der von Bogart erwählte homosexuelle Partner – ähneln. Bei anderen Gelegenheiten zeigt die Kamera jedoch den Captain – der durch seine Position als Diener zweier Herren immer mehr unter Druck gerät und sich persönlich wie politisch von den Nazis abgestoßen fühlt –, wie er kurze, tiefe Züge aus seiner Zigarette macht und dann große Rauchwolken langsam in die Luft strömen läßt: eine sichtbare Manifestation seiner inneren Zerrissenheit. Zigarettenrauch ist eine der Substanzen in dieser Welt, die der Substanz von Gedanken am meisten ähneln. Sowohl der Résistance-Führer Laszlo als auch der Nazi-Kommandant Major Strasser rauchen ebenfalls ohne Pause. Zigaretten werden in diesem Film konsequent eingesetzt, um das deutlich zu machen, was sie nach dem Willen ihrer Raucher eigentlich kaschieren sollen. Laszlo hält die zahllosen Zigaretten, die er raucht, zwischen seinen ungewöhnlich langen, spitz zulaufenden Fingern, die er zusammenpreßt, und schirmt dabei mit der Handfläche sein Gesicht ab. Seine Hand dient nicht nur dazu, seine Intentionen zu verschleiern und die Geheimnisse, die von seinen Lippen kommen, vor der Welt zu schützen, sie wird auch zu einem Weihrauchgefäß, das dieser Polit-Papst voller Feierlichkeit schwenkt: ein Behältnis für höhere Werte und unerschütterliche Prinzipien. Der Nazi-Major legt dagegen eine Mischung aus Penibilität und Zwanghaftigkeit an den Tag: Er raucht seine Zigaretten bis zu kurzen Stummeln hinunter, an denen er saugt, wobei er sie in riskanter Weise am äußersten Ende hält.

Nachdem Annie Leclerc die in der »Humphrey-Bogart-Zigarette« zum Ausdruck kommende Phallokratie analysiert hat, überdenkt sie – nach einigem Zögern, wie es scheint – ihre Ergebnisse noch einmal und modifiziert ihr Urteil in elliptischer Weise zu Beginn des nachfolgenden Kapitels. Sie schreibt:

»Mir kommt der Gedanke, daß ich vielleicht zu grausam gegenüber der ›Humphrey-Bogart-Zigarette‹ war. Dieser kleine Kerl mit dem verwüsteten Aussehen braucht eine Zigarette, um wenigstens den Anschein aufrechterhalten zu können. Ich glaube, daß ich im Grunde sogar die Epauletten verstehen kann, die Polizistenmäntel mit dem aufgeschlagenen Kragen, oder auch alle die winzigen oder stumpfen Instrumente der Phallokratie. Es reicht anzuerkennen, daß die Bedrohung beträchtlich ist. Daß derjenige, der die Mechanismen in Gang setzt, Mann oder Frau, in erster Linie jemand ist, der Angst hat. Der vielleicht guten Grund hat, Angst zu haben.

Den anderen etwas vorzumachen ist nicht das Grundübel. Das Grundübel ist, daß man sich selbst etwas vormacht. Wenn keiner einem glaubte, würde man sich nicht so verpflichtet dazu fühlen.«[10]

Leclerc bricht ab, weil sie ihren Gedanken nicht zu Ende denken will oder kann. Sie scheint anzudeuten, daß sowohl Männer als auch Frauen phallokratische Zigaretten rauchen, um sich selbst Mut einzuflößen und die Furcht zu verbergen, die sie in Gefahrensituationen verspüren. Die Zigarette ist ein Werkzeug, das es einem ermöglicht, angesichts eines bedrohlichen Angriffs auf die eigene Integrität ein ruhiges, ausdrucksloses Äußeres zu bewahren. Leclerc ist so zögerlich, weil ihr bewußt wird, daß sie im Begriff ist, die Nützlichkeit der phallokratischen Maske zu verteidigen. Indem sie ihre Meinung revidiert, gibt sie an, daß es nicht unter allen Umständen schlecht sein muß, eine solche Maske zu tragen: Manchmal, angesichts einer wirklichen Gefahr, ist es für Männer wie für Frauen notwendig, arrogant zu wirken, hartgesotten, absolut furchtlos. Fragwürdig wird diese Taktik dann, wenn man beginnt, seine Maske mit sich selbst zu verwechseln.

Gegen Ende ihres Buches über Zigaretten ruft sich Annie Leclerc etwas in Erinnerung zurück, was sie zuvor vielleicht immer vergessen hat – die Luft des Rauchens:

»Ich hatte vergessen, vielleicht seit jeher vergessen, in der Nacht meiner Zeit, daß Nahrung nicht das einzige ist, was durch den Mund aufgenommen wird: ich hatte die Luft vergessen. Die Luft, die durch den Mund aufgenommen wird und die zarte Kehle hinuntergleitet. Luft. Die Luft des Atems, die Luft der Schreie und der Klage, die Luft des Gesangs und der Worte.

Luft […] Als ob das Wort selbst in Vergessenheit geraten sei. Merkwürdiges kleines Wort. Ein schwebendes Wort, von den anderen Wörtern abgekehrt. Ein frisches Wort, ein eröffnendes, unbeendetes, das sich zwischen Zunge und Gaumen auftut, ein Wort, das so leicht, so wenig folgen-schwer ist, daß es sich, kaum daß man es ausgesprochen hat, schon in der Luft befindet. Ein Wort wie eine Daune, ein Wort wie ein Vogel. Luft. […]

Habe ich vielleicht nicht auch geraucht, um gegen dieses Vergessen anzugehen, mich an die Luft zu erinnern, an die Kehle und die Lungen? Geraucht, damit sie durch mich hindurchzieht, zirkuliert und ausgetauscht wird? Es ist nicht sehr amüsant, immer nur man selbst zu sein. Allein zu sein, einzig und von den anderen abgetrennt. Ich muß geraucht haben, weil ich diese Hülle aufbrechen wollte, das zu schwere, lastende Behältnis voller Emotionen, voller Nahrung und Gedanken öffnen wollte. Ich muß geraucht haben, weil ich noch einmal versuchen wollte, aus diesem Gehäuse des Selbst herauszukommen, aus diesem Abfalleimer und Tabernakel.

Den Deckel von der erstickenden Wiederholung abzunehmen. Zu rauchen, um darüber hinaus zu gelangen. Und sogar jenseits des Atmens zu atmen.«[11]

Annie Leclerc raucht, um sich zu erinnern, um nicht zu vergessen... die Luft nicht zu vergessen. Um das Wort nicht zu vergessen, *Luft,* das, wie sie sagt, selbst luftig ist, beflügelt, ein Wort wie eine Daune, wie ein Vogel, kaum ausgesprochen und schon in die Luft aufgestiegen. Sie raucht, um nicht ihre Kehle und ihre Lungen und die Luft zu vergessen, um von etwas durchzogen zu werden, das zwischen dem Innen und dem Außen zirkuliert. Der Zug an der Zigarette ist Luft, die sie an die Luft erinnert, ein Atemzug, der über das Atmen hinausgeht und an die Tatsache erinnert, daß wir nicht nur innerhalb unserer selbst leben, sondern auch außerhalb – in und von der Luft, welche wir atmen. Das Zigarettenrauchen ermöglicht es uns, aus unserem öden, repetitiven, eingrenzenden, geheiligten und wertlosen kleinen Selbst herauszutreten, uns als Teil dessen zu erfahren, was wir nicht selbst sind, außerhalb unserer vertrauten »Interiorität«.

Luft, das sind nicht nur die Gase in dem uns umgebenden Raum und in uns: Es ist das Wort für den Zeit-Raum, in dem wir atmen, in dem wir jeden einzelnen Atemzug machen. Wir sind *in der Zeit,* so wie wir in der Luft sind, daher kennzeichnet *l'air du temps* wie ein Hauch von Parfüm die besondere Note eines Augenblicks im Raum und in der Zeit. Jeder Atemzug und jeder Zug aus einer Zigarette trägt den Geruch der Zeit, ihren Geschmack, ihre Stimmung, vermittelt ein Gefühl für ihr Verstreichen.

Die Zigaretten, die in *Casablanca* geraucht werden, sind die sichtbare Verkörperung des unvergeßlichsten Songs des Films: *As Time Goes By.* Die Stadt ist der Ort, an dem man »wartet, wartet, wartet« – eine trübe Zwischen-Zeit durchwartet –, bis man das Visum erhält, das es einem ermöglichen wird, diesen Ort zu verlassen, an dem man schon im Exil ist, aber noch nicht dort, wohin man will. Das Verstreichen der Zeit hat daher eine doppelte Bedeutung, auf die in den Anfangs- und Schlußstrophen des Titelsongs von *Casablanca* angespielt wird:

You must remember this,
A kiss is just a kiss,
A sigh is just a sigh.
The fundamental things apply,
As time goes by.

And when two lovers woo,
They still say I love you.
On this you can rely.
No matter what the future brings,
As time goes by.
[...]
It's still the same old story,
A fight for love and glory;
A case of do or die.
The world will always welcome lovers,
As time goes by.

Du mußt dich daran erinnern,
Ein Kuß ist nur ein Kuß,
Ein Seufzer nur ein Seufzer.
Die wesentlichen Dinge gelten immer noch,
Während die Zeit verstreicht.

Und wenn zwei Liebende umeinander werben,
Sagen sie immer noch »Ich liebe dich«.
Darauf kannst du dich verlassen,
Gleichgültig was die Zukunft bringt,
Während die Zeit verstreicht.
[...]

Es ist immer noch die gleiche alte Geschichte,
Ein Kampf um Liebe und Ruhm,
Ein Fall von Handeln oder Sterben.
Die Welt wird immer Liebende willkommen heißen,
Während die Zeit verstreicht.

Diesen Song kann man zum einen auf die sentimentale Liebesgeschichte von Rick und Ilsa beziehen, auf ihr schlechtes »Timing«, das die beiden sich genau an dem Tag ineinander verlieben ließ, an dem die Deutschen in Paris einmarschierten. Es geht um die Zeit, die sie seit jenem Zeit-Punkt – fünf Minuten vor fünf auf der Uhr der Gare de Lyon – verloren haben, als Ilsa es versäumte, zusammen mit Rick Paris zu verlassen, und die Zeit, die verstrichen ist, seitdem sie sich in Casablanca wiedergetroffen haben. Sam – der »Junge«, wie Ingrid Bergman ihn nennt – spielt in Ricks Bar Klavier. Er ist der treueste Gefolgsmann von seinem »Boß«, den er nahezu mütterlich umhegt und schützt. Als wir ihn zum ersten Mal zu Gesicht bekommen, singt er:

Cause my hair is curly, cause my teeth are pearly,
Just because I always wear a smile,
I'll see the weather in the latest style.

Weil meine Haare lockig sind, meine Zähne perlweiß,
Weil ich immer ein Lächeln auf den Lippen trage,
Sehe ich immer, wie das Wetter ist.

Sam ist die Seele des Unternehmens, seine Musik be-notet das moralische Klima der Handlungen und kommentiert die einzelnen Phasen der Handlung. Als Bogart die gestohlenen Transitpapiere in seinem Klavier versteckt, spielt er: *Who's Got Trouble?*, und als Ilsa die Bar zum ersten Mal betritt, an der Seite eines anderen Mannes, stimmt er *Love for Sale* an. Er ist der Bewahrer der Vergangenheit und im Besitz des Geheimnisses, wie man den Verlauf der Zeit umkehren kann. Als Ingrid-Ilsa sich bei seinem Klavier niederläßt, sagt er: »Ich hab nicht gedacht, Sie noch einmal wiederzusehen, Miss Ilsa. Es ist viel Wasser unter der Brücke durchgeflossen.« Sie bittet ihn, einen der »alten Songs« zu spielen. Er versucht zuerst, sie mit *Avalon* zufriedenzustellen; das ist aber nicht der Song, den sie hören will: »Spiel *As Time Goes By.*«

Sam Fuller bei Drehaufnahmen.

Ein polemisches Schlußwort

Dieses Buch hat deutlich zu machen versucht, daß die Kampagne gegen Zigaretten, die zur Zeit in den Vereinigten Staaten geführt wird und zunehmend auch Widerhall in anderen Ländern findet, nur einem die Freiheit einschränkenden Moralisieren Tür und Tor öffnet, das sich als Besorgtheit um die öffentliche Gesundheit tarnt. Präzedenzfälle lassen vermuten, daß der gegenwärtige heftige Ausbruch von Antitabakismus nur einen Moment in einem zyklischen Prozeß darstellt, der von der Unterdrückung zur Wiederkehr des Unterdrückten führt, und das Pendel unweigerlich wieder in die andere Richtung ausschlagen wird – vor allem dann, wenn sich durch politische oder wirtschaftliche Krisen hervorgerufene soziale Spannungen bemerkbar machen sollten. Dieser Richtungswechsel hat vielleicht sogar schon eingesetzt. Der mächtige Chor derer, die in hysterisch-übertriebener Weise gegen die Zigaretten gewettert haben, hat es geschafft, mit seinen schrillen Klängen die einzelnen Stimmen zu übertönen, die sich erhoben, um an die gesellschaftlichen und kulturellen Vorzüge von Zigaretten zu erinnern, an die geheimnisvolle Macht, mit der sie die Welt erobert haben, wie Cocteau es ausdrückte. Schließlich leben wir in einer Welt, in der seit fast einem Jahrhundert (mindestens) ein Drittel aller Erwachsenen jeden Tag Milliarden von Zigaretten in Rauch aufgehen läßt.

Im Jahr 1631 verbot das Parlament von Paris, durch Berichte von Ärzten über den Gesundheitszustand der Häftlinge in Alarm versetzt, das Rauchen in den Gefängnissen der Stadt; 1659 untersagten die Stadtväter von Colmar ihren Bürgern das Rauchen und stachelten die tugendhaften Einwohner dazu an, Gesetzesbrecher anzuzeigen.[1] Ob diese Erlasse befolgt wurden, darüber können wir nur Vermutungen anstellen. Welche Überzeugungskraft generell den damals gegen das Rauchen vorgebrachten Argumenten innewohnte, läßt sich vielleicht daran ermessen, daß Molière sich nicht scheute, gleich zu Anfang seines 1665 vor dem König aufgeführten *Don Juan* Sganarelle ein übertriebenes Loblied auf den Tabak vortragen zu lassen, in dem er sentenzenhaft verkündet: »Ein Leben ohne Tabak ist es nicht wert, gelebt zu werden.« Die Unterdrückung des Rauchens sorgt dafür, daß das Unterdrückte, wenn es wieder Einzug in die Gesellschaft hält, dies mit Vehemenz, in übersteigerter Form tut. Durch Dämonisierung wird Ungesundes unwiderstehlich, erhält es eine Verführungskraft, die dem Laster generell innewohnt. Es bekommt den Reiz, den alles das besitzt, was nicht ans Tageslicht kommen darf. Jede Zensur stachelt unausweichlich zur Ausübung der Praktiken an, die sie eigentlich verbieten will, und führt dazu, daß diese in gefährlicher Weise zwanghaft werden. Man braucht nur an Masturbation zu denken.

In seiner *Geschichte der Sexualität* unterscheidet Michel Foucault zwischen zwei Arten von Gesetzen, die zu Kontrolle der Lust erlassen wurden. Zum einen gibt es Verbote, wie zum Beispiel die mittelalterlichen gegen die Unzucht, die effektiv von der Ausübung dieser Praxis abhalten. Zum anderen gibt es aber solche, die als Anreiz wirken, wie zum Beispiel die Regeln und Vorschriften, die im neunzehnten Jahrhundert von Pädagogen, Ärzten, Priestern und Moralisten gegen die Selbstbefriedigung ins Feld geführt wurden. Indem man ein Laster aus ihr machte, trug man nicht zu ihrer Beseitigung bei: Im Gegenteil, plötzlich war alles masturbatorisch. Was früher als harmlos angesehen worden war, wurde jetzt zum Gegenstand moralisierender Verdächtigungen, die nur ausgesprochen werden mußten, um sich zu bewahrheiten. Wie dic Masturbation hat das, was man gemeinhin als Drogen bezeichnet, in alle Bereiche der Gesellschaft Einzug gehalten. Seit Jahren haben die Regierung und die Kirche einen Krieg gegen diese Drogen geführt, das Problem ist aber heute vielleicht größer als jemals zuvor. Zigaretten sind schon an sich tückisch genug: Sie brauchen nicht mehr dämonisiert zu werden. Wie im Falle der Masturbation macht man sich nicht nur um die Wahrheit, sondern auch um die öffentliche Gesundheit vielleicht eher verdient, wenn man dem Teufel wenigstens ein bißchen Sympathie entgegenbringt.

Spricht man im Zusammenhang mit dem Rauchen von »Zensur«, geht man davon aus, daß – wie auch dieses Buch zu beweisen versucht hat – das Rauchen von Zigaretten nicht nur ein physischer, sondern auch ein diskursiver Akt ist, eine stumme, aber beredte Art, sich auszudrücken. Es ist ein kodierter, rhetorisch komplexer, erzählerisch artikulierter Diskurs mit einem umfassenden Repertoire von in ihrer Bedeutung klar umrissenen Konventionen, die in der literarischen, philosophischen, kulturellen Geschichte des Rauchens niedergelegt sind. In dem gegenwärtigen Klima ist der diskursive Akt des Rauchens zu einer Art von obszöner Handlung geworden; und Obszönität wiederum ist ein Punkt in der allgemeinen Gesundheitsdebatte geworden. Natürlich geben Zensoren immer vor, im Interesse der moralischen und physischen Gesundheit des Staatskörpers zu handeln, den sie vor dem Schaden zu schützen suchen, der ihm angeblich aus dem indizierten Verhalten erwächst. Als stummer Akt ist Rauchen auch eine Ausdrucksform, die in höchstem Maße von der Unterdrückung durch die Zensoren bedroht ist, welche zunächst einmal zu zögern pflegen, bevor sie die freie Rede verbieten. Die vielen Attacken auf das Rauchen in den letzten Jahrzehnten könnten Vorboten für eine Welle von einschneidenden Zensurmaßnahmen sein, die über Amerika zusammenzuschlagen droht. Wie die Zigeunertänze, welche in Frankreich beim Karneval nicht mehr erlaubt sind, ist auch das Rauchen ein Akt geworden, der irrationale Ängste und repressive Impulse auslöst, die man nur als übertrieben bezeichnen kann, selbst wenn man zugesteht, daß das Rauchen öffentliche Mißbilligung verdient. Zigaretten sind schlecht für die Gesundheit – wie vieles andere, das man gewohnheitsmäßig zu sich nimmt –, vielleicht sind sie auch schädlicher als diese anderen Dinge. Aber die Geschichte zeigt, daß alle Gesetze, die erlassen wurden, um sie zu unterdrücken, das Gegenteil bewirkt haben. Das läßt den Verdacht aufkommen, daß dem Verbot von Zigaretten andere Gründe und Einstellungen zugrunde liegen als die offiziell proklamierten.

In den ersten Kapiteln dieses Buches sollte gezeigt werden, daß die dämonischen Züge, welche die Zigarette in den letzten zwanzig Jahren angenommen hat, sozusagen die in ihr Gegenteil verkehrten göttlichen Charakteristika sind, die man ihr zu anderen Zeiten zuschrieb. Ein Dämon ist ein alter Gott, dessen kultische Verehrung unterdrückt wird, dem aber immer noch die Macht innewohnt, seine Anhänger an sich zu fesseln – nur daß diese Macht jetzt unter anderen Vorzeichen gesehen wird: Was früher heilig-erhaben war, erscheint jetzt als schrecklich und in fataler Weise verlockend. In ihrem Kampf gegen den Teufel entdecken Hexenjäger das Böse überall, weil sie seine Züge ihren eigenen unterdrückten Impulsen verleihen. Unheilige Maßnahmen sind gewöhnlich erforderlich, um unheilige Praktiken niederzuhalten. Wie Religionskriege fördern auch die Kampagnen gegen das Rauchen das Aufkommen von grausamem Fanatismus und selbstgerechter Empörung. Das Rauchen ist in öffentlichen Gebäuden generell verboten, obwohl man in ihnen durchaus den Rauchern einen Platz vorbehalten könnte. Fanatische Verfolgung stärkt gewöhnlich den Kult, den sie auszurotten sucht; sie läßt geheime Zeremonien entstehen und Untergrundbewegungen, die einem eigenen perversen Gottesglauben anhängen. Dieses Buch will zur Remystifikation beitragen, indem es den Gott enthüllt, der sich hinter der Teufelsmaske verbirgt, die man den Zigaretten aufgesetzt hat, es will zeigen, wieso ihnen die Macht innewohnt, uns weiterhin in Besitz zu nehmen. Erst wenn die Gesellschaft die göttliche Aura hinter der abscheulichen Maske zu Gesicht bekommen haben wird, wird sie verstehen, was sie so fasziniert hat – und sie wird anfangen, sich neue Götter für eine neue Zeit zu ersinnen.

In den vorangegangenen Kapiteln haben wir untersucht, welche vielfältigen Vorzüge Zigaretten besitzen, welches Vergnügen sie spenden und welche Weisheit und Schönheit sich mit ihnen verbindet. Wir haben gesehen, daß Rauchen in zahlreichen literarischen und philosophischen Werken als exemplarischer Akt für den leidenschaftlichen Versuch des Menschen angesehen wird, sich die Welt symbolisch anzueignen. Es ruft bestimmte Formen ästhetischer Befriedigung und Zustände eines reflektiven Sich-Bewußtwerdens hervor, die zu den höchsten Erfahrungen künstlerischer und religiöser Art gehören. Zigaretten sind immer wieder mit dem Kampf um sexuelle und politische Freiheit in Beziehung gebracht worden. Sie sind Generationen von Männern und Frauen ein unersetzliches Mittel gewesen, mit dem sie ihre Ängste in den Griff bekommen und eindämmen konnten; gleichzeitig war das Rauchen auch eine Form des Gebets. In den Händen vieler Menschen stellen Zigaretten ein subtiles, aber effizientes Instrument dar, um ihre soziale Interaktion zu regulieren: Sie können wie eine Waffe gegen das Eindringen anderer Subjektivitäten eingesetzt werden, aber auch als Zauberstab dienen, mit dem man andere zum Eindringen verführt. Trotz ihres vielfältigen Nutzens und ihrer unbestreitbaren Schönheit beurteilt man Zigaretten heutzutage ausschließlich unter dem Aspekt ihrer gesundheitsgefährdenden Wirkungen: Als Argument für ihr Verbot reicht die Feststellung, daß sie sehr schlecht für die Gesundheit sind. Wir sollten uns aber fragen, welcher Wert der Gesundheit zugeschrieben wird, wenn sie zum einzigen Kriterium dafür werden kann, was gut und schön ist. Vielleicht kann man nicht einfach die Vorzüge von Zigaretten ihren Gefahren entgegenhalten, da es gerade ihre Schädlichkeit ist, die sie erhaben macht, weil niemand sie je geraucht hätte, wenn sie ungefährlich wären. Italo Svevo zufolge ist gute Gesundheit unvereinbar mit dem Fortschritt der Zivilisation, der von seiner Natur her eine größere Anfälligkeit des Menschen bewirkt. Das Leben selbst ist eine fortschreitende Krankheit, von der wir uns erst posthum erholen können; denn wenn Gesundheit Freisein von Krankheit bedeutet, dann ist sie nur durch den Tod zu erreichen. Zu leben bedeutet, seine Wahl zwischen den verschiedenen Giften zu treffen, die man schlucken muß. Der Held von Svevos Roman vermag sich von seinem lebenslangen Laster des Rauchens erst am Ende seines Lebens zu befreien, in dem Augenblick, in dem er sich von der hartnäckigen Illusion verabschiedet, daß er eines Tages endlich gesund sein wird.

In Amerika ist das Besorgtsein um die Gesundheit Bestandteil der vorherrschenden Ideologie geworden, und zwar aus Gründen, die einem wechselweise naiv und bedrohlich vorkommen. Sie dienen nämlich dazu, unsere Ausbeutung durch eine skrupellose Industrie zu maskieren und die Interessen eines bedeutenden Wirtschaftszweigs unmittelbar zu fördern. Die Gesundheitsmanie hat es uns unmöglich gemacht, uns unvoreingenommen mit unserer eigenen Biologie und mit dem Verhältnis zwischen Leben und Überleben zu beschäftigen. Sie hat eine Form der Hypokrisie entstehen lassen, die im Ausland leichter zu durchschauen ist als in den Vereinigten Staaten selbst und deren Folgen für die Lebensqualität und die gesellschaftliche Freiheit in diesem Land überall manifest werden.

1990 sagte Louis W. Sullivan, der Staatssekretär für das Sozial- und Gesundheitswesen, in einer an der University of Pennsylvania gehaltenen Rede dem Rauchen den Krieg an. Er machte dabei rhetorische Anleihen bei Papst Paul VI. beziehungsweise bei der Rede, mit der dieser 1965 vor den Vereinten Nationen ein Ende des Krieges gefordert hatte: »Möge dies nur der Anfang umfassender Bemühungen sein, den Versuchen der Tabakindustrie Einhalt zu gebieten, auf Kosten der Gesundheit und des Wohlergehens unserer armen und einer Minderheit angehörenden Bürger Profit zu machen. Dieses Eintauschen von Gesundheit gegen Profit muß aufhören. Genug! Schluß damit!«[2]

Am selben Tag berichtete die *New York Times,* daß der *chief of staff* des Weißen Hauses mit dem Mehrheitsführer des Senats Verhandlungen führe, um den Kongreß zu einem Verzicht auf seine Ergänzungsvorschläge zu dem vom Präsidenten vorgelegten Gesetz zur Reinhaltung der Luft zu bewegen. Indem es Profit gegen Gesundheit eintauschte, widersetzte sich das Weiße Haus hartnäckig einer – von Umweltschützern vehement unterstützten – Forderung. Es ging um eine Maßnahme, die nach dem 1970 verabschiedeten Gesetz zur Reinhaltung der Luft vorgesehen gewesen war. Ursprünglich war eine erneute Überprüfung der Autoabgase im Jahr 2003 geplant gewesen – nach der ersten Kontrollerhebung 1993. Dies sollte jetzt aus der neuen Gesetzesvorlage ausgeklammert werden. Das Weiße Haus sprach sich auch gegen die Verabschiedung von Verordnungen aus, mit denen die Emission von toxischen Chemikalien kontrolliert und eine effizientere Ausnutzung von Kraftfahrzeug-Treibstoffen erreicht werden sollte, um den Ausstoß von Kohlendioxid zu verringern, der vermutlichen Ursache für den sogenannten Treibhauseffekt. Das gleiche Schicksal erlitten Bemühungen, die Emission von Schwefeldioxid und von Stickstoffoxid zu verringern, den beiden Hauptschadstoffen, die im »sauren Regen« enthalten sind. In diesen Fällen prangerte das Weiße Haus nicht die Geschäftsleute an, die auf »Kosten der Gesundheit und des Wohlergehens unserer armen und einer Minderheit angehörenden Bürger« Gewinne machten. Im Gegenteil, es setzte sich hartnäckig für merkantile Interessen ein und nahm dabei – wie Umweltschützer meinten – ausgesprochen wenig Rücksicht auf das Wohlergehen der Bevölkerung.

Vielleicht ist die Unterstellung zu zynisch, die Verwaltung des Weißen Hauses habe sich bewußt heuchlerisch verhalten, indem sie Zigaretten anprangerte, während sie sich gleichzeitig dafür einsetzte, daß die größten Luftverschmutzer weiterhin maximale Gewinne machen konnten. Aus der *Times* erfahren wir, daß Dr. Sullivan, der erste afroamerikanische Staatssekretär für das Gesundheitswesen, nicht im Verlauf einer politischen Sitzung dazu angeregt wurde, seine Rede gegen Zigaretten und R. J. Reynolds zu halten, sondern auf der Rückreise von einer Konferenz, »als er für den langen Flug von Rom nach Washington Platz nahm«. In seinen Sitz erster Klasse sinkend, muß Sullivan sich voller Wohlwollen an die »armen und einer Minderheit angehörenden Bürger« erinnert haben, die nicht so hoch aufgestiegen waren wie er, und mit – vielleicht berufsbedingter – Verärgerung bemerkt haben, daß auf internationalen Flügen das Rauchen immer noch erlaubt war. Im Ton seiner Rede klingt noch etwas von der Empörung nach, die er verspürte, als er seine Zeitung aufschlug und den Bericht über

Reynolds' Plan las, den Absatz seiner *Uptown*-Zigarette ganz gezielt in Kreisen der schwarzen Bevölkerung zu steigern: »In einer Zeit, in der es dringend erforderlich ist, unseren Leuten die Botschaft zu vermitteln, daß man sich um seine Gesundheit kümmern muß, bedeutet die Botschaft der *Uptown*-Zigaretten nur mehr Krankheit, mehr Leiden und höhere Sterblichkeit für eine soziale Gruppe, die bereits mehr als ihren Anteil an durch Rauchen bedingten Krankheits- und Todesfällen trägt.«[3] Spontan muß er sich dazu entschlossen haben, diese erste größere Initiative seit seinem Amtsantritt ins Leben zu rufen: einen kostspieligen, aber effektiven Kreuzzug zur Rettung jener, deren Leiden er aus eigener Erfahrung kannte.

Wenn Sullivan, der einer Administration angehört, die gemeinhin nicht dafür bekannt ist, sich die Nöte von Minoritäten zu Herzen zu nehmen, seinen Leuten die Botschaft verkaufen will, »daß man sich um seine Gesundheit kümmern muß«, dann imitiert er nur in negativer (oder positiver) Weise die Methoden der Tabakindustrie. Obwohl dies aus seiner Rede deutlich hervorgeht, ist ihm selber zweifelsohne gar nicht bewußt, daß »Gesundheit« eine Handelsware geworden ist, für die Reklame gemacht wird und deren Erfolg auf einem heftig umkämpften Markt von solcher Promotion abhängt. Er hat auch kein Gespür für die Ironie, die seinem Hinweis auf die Opfer der »durch das Rauchen« bedingten Krankheiten innewohnt – denn unfreiwillig scheint er damit auf die Luftverschmutzung durch das »Rauchen« der Industrie anzuspielen. In einer Zeit, in der die Lebensbedingungen in den Städten immer elender werden, sind Krankheit und Tod infolge des unkontrollierten Ausstoßes von »Rauch« durch die Industrie für Dr. Sullivan offensichtlich keine vorrangigen Themen. Als Angehöriger einer Administration, die beschuldigt worden ist, sich nicht energisch genug um die Probleme der Innenstädte gekümmert zu haben, versucht der oberste Gesundheitsbeauftragte Stimmung gegen den einzigen Luxus zu machen, den sich die Armen traditionellerweise leisten können: gegen das einzige Trostmittel, das denen zur Verfügung steht, die kaum etwas besitzen und von diesem wenigen noch viel opfern. Wie mit einem Lotterielos erkaufen sich die Armen mit einer Schachtel Zigaretten die Möglichkeit zu träumen. Deswegen lassen sich *Viceroy, Old Gold, Elites* und *High Society* auch in den Elendsquartieren auf der ganzen Welt verkaufen.

Vielleicht hat Dr. Sullivan ganz vage begriffen, daß ein scharfer Angriff auf die Zigarettenhersteller nützlich sein könnte, um der Kritik entgegenzuwirken, mit der seine Administration aufgrund einer Aktion des US-Handelsbevollmächtigten von der Presse bedacht worden war: Man hatte nämlich Thailand Repressalien für den Fall angedroht, daß das Verbot, Zigaretten zu importieren und Werbung für Zigaretten zu machen, rechtskräftig gemacht werden sollte. Als er um eine Stellungnahme dazu gebeten wurde, gab Sullivan zu, daß der Versuch, den Absatz amerikanischer Zigaretten in Thailand zu fördern, nicht ganz unproblematisch sei:

»›Ich weiß, daß dies einer von den problematischen Punkten ist‹, sagte Dr. Sullivan. ›Meine Aufgabe als oberster Gesundheitsbeauftragter der USA ist es, meine Verantwortung ist es [...]‹ Er stockte. ›Aber was den Export betrifft, das fällt in den Verantwortlichkeitsbereich anderer‹, womit er auf das amerikanische Außenhandelsamt anspielte.

Da sich das wohl seiner eigenen Meinung nach nicht sehr befriedigend anhörte, fuhr Dr. Sullivan fort: ›Lassen sie mich an diesem Punkt nur das eine sagen, ich möchte mich auf die gravierenden Probleme konzentrieren, die wir hier, in den Vereinigten Staaten, haben.‹«[4]

Dr. Sullivans Wunsch, seine administrative Verantwortung von jener des Außenhandelsamts abgrenzen zu können, erlaubt es ihm, die Widersprüche durch einen patriotischen Appell zu überspielen. Amerika darf also ruhig seine Zigaretten exportieren und die dritte Welt vergiften, solange es nicht die Gesundheit und das Wohlergehen seiner armen und einer Minderheit angehörenden Bürger aufs Spiel setzt. Daß eine Regierung den Absatz von Waren fördert, die sie gleichzeitig aktiv bekämpft, ist aber nur scheinbar ein Paradox; dahinter verbirgt sich eine tiefere Logik.

Ein Leitartikel in der *New York Times* macht deutlich, was zunächst absurd an dieser Logik anmutet. Zu Beginn des »Export von Zigaretten« überschriebenen Artikels wird – mit unverhohlener Zustimmung – die wütende Reaktion des Surgeon General Koop auf die Bemühungen der US-Regierung, die Barrieren gegen die Ausfuhr amerikanischer Tabakwaren abzubauen, zitiert: »Ich bin der Meinung, daß wir als Bürger dieses Landes nicht weiterhin Krankheit, Siechtum und Tod exportieren können.«[5] Tatsächlich exportiert Amerika diese »Waren« weiterhin in großem Umfang, denn Tabak ist eines der wenigen Produkte des Landes, an dem der Rest der Welt noch interessiert ist – wie schon seit dreihundert Jahren. Im Jahr 1992 haben die Vereinigten Staaten Tabak im Wert von 3,7 Milliarden Dollar ins Ausland verkauft, eine Summe, die für die Handelsbilanz des Landes nicht unerheblich ist. Bereits 1988 hatte die *Times* geschrieben: »In einem Jahrzehnt, in dem amerikanische Erzeugnisse – von Mais bis hin zu Stereokomponenten oder Halbleitern – in Asien immer mehr Boden verlieren, sind Zigaretten immer noch einer der wenigen Artikel, die Erfolg haben, und dieser Erfolg wird hartnäckig verteidigt. Die Tabakexporte in asiatische Länder sind allein im letzten Jahr um 76 Prozent angestiegen.«[6]

Die asiatischen Staaten, die zusammen den größten neuen

Absatzmarkt bilden, sind begeisterte Abnehmer amerikanischer Zigaretten, denen man den Vorzug vor den minderwertigeren lokalen Erzeugnissen gibt. Die Einwohner dieser Staaten würden zweifelsohne weiterhin amerikanische Zigaretten kaufen, wenn ihre jeweiligen Regierungen den Import und die Werbung für diese Produkte genehmigen würden. Da sie noch nicht – wie zum Beispiel Opium – als illegal angesehen werden, meint die *Times*, steht es Zigaretten zu, vor solchen Handelsbeschränkungen geschützt zu werden. Der Verfasser des Artikels fragt sich jedoch: »Tragen die USA nicht auch die moralische Verantwortung für die Risiken, die sich aus dem Konsum ihrer Produkte ergeben?« In dem von ihm gefundenen Ausweg aus diesem Dilemma spiegelt sich ein spezifisch amerikanischer Optimismus wider, der Glaube nämlich, durch selbstgerechtes Nörgeln und Kritisieren das Eintreten für krasse wirtschaftliche Interessen entschuldigen zu können. Der Autor schreibt: »Ein besserer Weg, um diesen Widerspruch zu lösen, würde darin bestehen, diese Märkte auch für aus Amerika stammende Informationen zu öffnen. Das heißt: Überall da, wo der amerikanische Handelsvertreter einen neuen Markt eröffnet, sollte ihm der oberste Gesundheitsbeauftragte auf dem Fuße folgen, seinen jährlichen Bericht über das Rauchen vorlegen und die ausländischen Regierungen in gleicher Weise kritisieren und rügen wie die amerikanische Regierung.«[7]

Diese merkwürdige Strategie wurde schon früher durch Jimmy Carter zur Anwendung gebracht: 1978 hielt der damalige Präsident in North Carolina eine Rede vor Farmern und versprach ihnen – mit Tränen in den Augen –, daß er sich für eine staatliche Subventionierung des Tabakanbaus einsetzen werde. Am selben Tag ließ er aber seinen Staatssekretär für das Gesundheitswesen, Joseph Califano, eine fünfzig Millionen Dollar verschlingende Diffamierungskampagne gegen das Rauchen eröffnen – es war dies die kostspieligste Nörgelei, die es jemals in der Geschichte des Landes gegeben hat. Es handelt sich aber nur scheinbar um ein Paradox: Wir haben schon gesehen, daß Rauchen zu einer sublimen Erfahrung wird, gerade weil man sich seiner Gefahren bewußt ist. Je vehementer die Regierung die Gefährlichkeit von Zigaretten anprangert, desto mehr verlockt sie ihre Bürger dazu, weiterhin zu rauchen oder damit anzufangen. Dem Verfasser des Leitartikels in der *New York Times* scheint zu dämmern, welcher Zynismus der Strategie der Regierung innewohnt. Da er aber die Kategorie des Erhabenen außer acht läßt, versteht er nicht ganz die Notwendigkeit, den Verkauf von Tabak mit Warnungen vor seinen Gefähren zu verbinden: Das negative ästhetische Vergnügen, das mit der Erfahrung des Erhabenen einhergeht, ist zwangsläufig auf das Gefühl der Bedrohung angewiesen. Je deutlicher der Reisende den Abgrund zu seinen Füßen sieht, desto größer ist seine Befriedigung darüber, daß er mit dem Tod gespielt hat, und desto intensiver das Vergnügen, der vor ihm liegenden Negativität Trotz geboten zu haben. Daraus folgt, daß die Warnung des obersten Gesundheitsbeauftragten auf jeder Schachtel amerikanischer Zigaretten tatsächlich dazu beiträgt, ihre Anziehungskraft zu steigern und den Konsum zu fördern. Die Wirksamkeit dieser Strategie erschöpft sich jedoch bald, denn der Raucher stumpft schnell gegenüber den immer gleichen Warnungen vor den Gefahren des Rauchens ab; das Risiko muß dementsprechend ständig hinaufgesetzt werden. Dies erklärt vielleicht, warum auf Regierungsseite die Tendenz besteht, die Aufdrucke auf den Schachteln immer ausführlicher zu gestalten und sie auch immer alarmierender zu formulieren, während gleichzeitig der Handelsbeauftragte weiterhin Druck auf asiatische Regierungen ausübt, ihren Bürgern den Konsum von amerikanischem Tabak zu gestatten.

Vor kurzem hat eine Kommission der Europäischen Gemeinschaft eine Erhebung über das Rauchverhalten in den zwölf Mitgliedsländern durchgeführt.[8] Aus dieser Erhebung geht hervor, daß Dänemark das Land mit dem höchsten Prozentsatz an Raucherinnen ist. Dänemark führt in dieser Kategorie vor Holland und Großbritannien, während Griechenland und Portugal die Schlußlichter bilden. Frage: In welchem dieser Länder würden Sie Ihre Tochter lieber aufwachsen sehen, vorausgesetzt, Sie erhoffen sich, daß sie eine unabhängige und autonome Frau wird? Paradoxerweise findet man den höchsten Prozentsatz an rauchenden Frauen in Ländern, in denen Zigaretten am teuersten sind. In Dänemark rauchen 45 Prozent der Frauen, in Holland 37 und in Großbritannien 32 Prozent. Soziokulturelle Faktoren scheinen also in jedem Fall schwerer zu wiegen als wirtschaftliche. »Ist die Zigarette ein Symbol für die Gleichberechtigung von Mann und Frau?« fragt der Experte der Europäischen Gemeinschaft. Am Ende dieses Buches angelangt, dürfen wir dies wohl als eine rhetorische Frage betrachten.

Die Ergebnisse der Untersuchung geben auch Aufschluß über das unterschiedliche Rauchverhalten junger und sehr junger Menschen. In Griechenland sind 59 Prozent der Einwohner zwischen fünfzehn und vierundzwanzig Jahren nikotinabhängig. In Spanien und Frankreich beträgt die Rate 51 Prozent. Sogar in Portugal, dem Land mit dem höchsten Anteil an Nichtrauchern, ist unter jungen Menschen eine starke Zunahme des Rauchens zu verzeichnen – dort greifen schon über 52 Prozent der Jugendlichen regelmäßig zur Zigarette; und es werden immer mehr, obwohl in Portugal keinerlei Werbung für Zigaretten gemacht werden darf.

Schließlich: Die Befragung von Ärzten und Lehrern – Menschen also, von denen man beispielgebendes Verhalten erwartet – hat ergeben, daß es in Spanien, Italien und Portugal am wenigsten Ärzte gibt, die das moralische Recht dazu haben, ihren Patienten Vorträge über die Gefahren des Rauchens zu halten. In dieser Berufsgruppe findet man prozentual gesehen weit mehr Raucher als in den anderen Kreisen der Bevölkerung. Kann ein Arzt, der selbst raucht, ein seriöser Vertreter seines Berufes sein? Die von dem amerikanischen Gesundheitsbeauftragten Koop angeschlagenen Töne müssen eigentlich zu dem Schluß führen, daß ein rauchender Arzt gegen den Eid des Hippokrates verstößt, weil er durch sein Beispiel »Krankheit, Siechtum und Tod« verbreitet. Vielleicht wollte Dr. Koop durch seine harschen Worte gar nicht erst den Gedanken aufkommen lassen, daß Ärzte in anderen Ländern die für die allgemeine Gesundheit erforderlichen Maßnahmen möglicherweise nach anderen Kriterien beurteilen als jenen, welche in Amerika von offizieller Seite aus propagiert und zu kommerziellen Zwecken ausgenutzt werden. Fettleibigkeit, ein in Amerika weitverbreitetes Leiden, ist in anderen Ländern, wo man das Recht zu rauchen für etwas Selbstverständliches hält, kaum bekannt.

»Slow food« ist eine Bewegung, die in Frankreich, Italien, Deutschland, Brasilien, Kalifornien, in der Schweiz und sogar in Japan Anhänger hat. Ihr Ziel ist es, durch Erziehung und beispielhaftes Verhalten das Eindringen von amerikanischem »Fast food« in Kulturen mit traditionellen eigenen Ernährungsgewohnheiten, die gesünder sind und seltener zu Übergewicht führen, zu stoppen. Einer der ersten, die diese Bewegung unterstützt haben, ist der französische Historiker Jacques Le Goff. Er schrieb: »Fast food ist ein absolutes Unheil, wenn man es mit der traditionellen Eßkultur in den Mittelmeerländern vergleicht. Sein Erfolg hat mich zutiefst beunruhigt.«[9] Le Goffs Bemerkung macht deutlich, in welchem Maß eine Reaktion wie diejenige Koops auf den Verkauf von amerikanischen Zigaretten im Ausland kulturell determiniert ist. Vermutlich käme Koop die Möglichkeit gar nicht in den Sinn, eine Kultur könne einen Hamburger von McDonald's für etwas Böses halten, während Le Goff, dessen Gesellschaft seit Jahrhunderten begierig amerikanische Zigaretten importiert hat, sich nicht vorstellen kann, daß jemand ein Päckchen *Marlboro* für ein Teufelswerk hält.

In elf Ländern weist die Berufsgruppe der Lehrer weniger Raucher auf als die Gruppe der Ärzte und liegt auch unter dem Landesdurchschnitt. Lehrer scheinen also ein besseres Vorbild abzugeben als Ärzte, aber ihr beispielhaftes Verhalten bringt offenbar immer mehr ihrer Schüler dazu zu rauchen. In Portugal, wo nur 21 Prozent der Lehrer rauchen (aber 39 Prozent der Ärzte), ist die Zahl der jungen Menschen unter den Rauchern beträchtlich angewachsen. Diese Tatsache zeigt vielleicht, daß Unterricht und moralische Erziehung in einem konträren Verhältnis zueinander stehen. *Gaveat magister:* Das beste Beispiel ist das schlechteste Beispiel. Der niedrige Prozentsatz von rauchenden Lehrern weist auf die klerikale Rolle hin, die sie in immer größerem Ausmaß übernommen haben. Dies wiederum erklärt die Überstürztheit, mit der amerikanische Schulen und Universitäten – vorgeblich aus gesundheitlichen Gründen – das Rauchen auf ihrem Gelände verboten haben. Die Schüler und Studenten lassen sich jedoch nicht täuschen: Sie hören aus den Ermahnungen der Lehrer, die ihren Körper betreffen, immer das Knistern der Soutane heraus.

Moralisten haben Zigaretten immer als etwas uneingeschränkt Positives oder uneingeschränkt Negatives einstufen wollen. Die Realität zwingt uns zu der Erkenntnis, daß sie von beidem etwas an sich haben. Keiner Gesellschaft ist es gelungen, ohne Tabak auszukommen, was die Annahme rechtfertigt, daß das Rauchen auch die derzeitige Welle des Antitabakismus wohl überleben wird. Wie im Fall aller anderen Drogen sollte man jener Art von Intoleranz Widerstand entgegensetzen, welche diese Substanzen auf ihren chemischen Wirkstoff reduziert. Champagner und Bier, Whiskey und Wodka, Sake und Soma unterscheiden sich aus der Sicht des Abstinenzlers nicht – aber die Umstände, unter denen sie normalerweise konsumiert werden, die Bedeutung ihrer gesellschaftlichen Verwendung und die Lustgefühle, die sie hervorrufen, sind äußerst unterschiedlich. Ganz ähnlich kann Tabak in seinen verschiedenen Erscheinungsformen und können vor allem Zigaretten nicht einzig auf der Grundlage der Wirkung von Nikotin und Teer beurteilt werden. Andererseits sollte man aber auch nicht glauben, daß sich die schädlichen Substanzen in den Zigaretten irgendwie von dem Nutzen, den sie bringen, separieren ließen. Zigaretten sind gesundheitsschädlich, wie alle anderen Drogen – und genau dies ist es, was sie für ihre Konsumenten so wertvoll macht. Kein Süchtiger kann sich seine Droge ohne das Unbehagen und die Unannehmlichkeiten vorstellen, die ihre Begleiterscheinungen sind.

Wenn Zigaretten nicht auch guttun würden, hätten nicht so viele Menschen einen guten Teil ihres Lebens mit Rauchen verbracht. Man denke nur an die vielen bedeutenden Männer und Frauen, die vor der Zeit gestorben sind, weil sie zuviel geraucht haben. Man täte ihnen unrecht, wenn man nicht davon ausginge, daß ihre Größe bis zu einem gewissen Grad auch von der Weisheit, dem Vergnügen und dem spirituellen Nutzen abhängig war, die ihnen eine Sucht vermittelte, welche sie nicht aufzugeben vermochten. Und das gilt auch für andere. In Amerika haben die Anhänger des Gesundheitskults versucht, Langlebigkeit zum Hauptkriterium für ein »gutes« Leben zu machen: Zu überleben bedeutet, einen Grad von moralischer Überlegenheit zu erreichen. Aus einer anderen Sicht aber, der eines Dandys zum Beispiel, erhält das Leben im Unterschied zum Überleben seinen Wert erst durch die Risiken und Opfer, welche die Lebensspanne verkürzen und rascher zum Tod führen.

Die große puritanische Unterdrückung begann damit, daß

man sich des Wortes *Droge* bemächtigte und seine Bedeutung verfälschte: Man faßte sie ganz eng und übertrug sie gleichzeitig auf eine Vielzahl verschiedenster Substanzen. Da die zwanghafte Verwendung von Drogen ein Kennzeichen der Zivilisation ist, gibt es Gründe, anzunehmen, daß diese Gewohnheit nicht eliminiert werden kann oder sollte. Die Geschichte der Menschheit insgesamt und die persönliche Geschichte eines jeden Einzelnen zeigt, daß der Gebrauch von Drogen – wenn diese frei verfügbar sind – einem Zyklus folgt, der zwischen Exzeß und Enthaltsamkeit pendelt. Drogen mögen für das Überleben der Zivilisation, vielleicht sogar der Spezies Mensch, generell notwendig sein; völlig unentbehrlich sind sie in Perioden einer gesellschaftlichen oder auch persönlichen Krise. Wahrscheinlich ist dies den Kritikern der Zigarette dunkel bewußt. Wenn ihr Interesse nicht am Ende darin besteht, auf verstohlene Weise das zu fördern, was sie nach außen hin verabscheuen, dann ist es ihr Ziel, die Überwachungsbefugnis auszuweiten, die Reglementierung des einzelnen zu verschärfen und immer größere Bereiche des täglichen Lebens einer Einflußnahme von oben zu unterwerfen. Die Gründe für das Rauchen von Zigaretten sind nicht immer, wahrscheinlich sogar selten, lebenswichtige Gründe. Für jede Zigarette mag es aber, wie Annie Leclerc meint, einen geheimen Grund geben, eine eigene besondere Erklärung. Ich kann mir eine Zigarette anzünden, um den Tag beginnen zu lassen, sagt sie, oder um ihn zu beenden, um einen bestimmten Ausdruck zu finden, um den Darm entleeren zu können, damit mir mein Kaffee schmeckt, damit die Zeit vergeht, weil ich mich entspannen will oder mich konzentrieren muß, über etwas Bestimmtes nachsinnen oder an etwas ganz anderes denken will: »Haufen kleiner möglicher Gründe lassen sich für die Haufen von Zigaretten finden, die wir rauchen.«[10]

Am Ende bleibt von allen diesen unseren Gründen nur

Asche zurück, die flüchtige Spur von Motiven, die vorübergehend Gestalt annehmen, dann aber wie die Zigaretten dem Vergessen anheimfallen – und der dauerhaftere Stummel, das winzige Überbleibsel einer Zigarette, das nur weggeworfen werden kann. Dieses Wegwerfen des Stummels zerstört die zarte Stimmung, in welche die Zigarette versetzt, und holt wieder in die Realität zurück.

Stummel sind das letzte Wort oder der Schlußpunkt, der das Ende der Parenthese bezeichnet, welche die Zigarette eröffnet hat. Aber es gibt gute Stummel und schlechte. In Frankreich kennen die Clochards, die zu den erfahrensten Sammlern weggeworfener Zigaretten gehören, eine Vielzahl von Ausdrücken für einen solchen *mégot.* Wenn er zu kurz ist, um geraucht zu werden, dann ist er beispielsweise ein *orphelin,* eine Waise. Ein guter hingegen ist ein *boni:* ein Wort, dessen Existenz seit dem sechzehnten Jahrhundert nachgewiesen ist und das nicht etwa die Pluralform von *bonus* darstellt, was eine Prämie oder Zugabe bezeichnet, sondern von dem Lateinischen *aliquid boni* abgeleitet ist: »etwas Gutes«. Wenn der Stummel nicht bedeutet, daß das Rauchen zu Ende ist, sondern daß es neu beginnt, dann ist er unendlich wertvoll: Man hat etwas umsonst bekommen, eine Gratismahlzeit. Ein guter Stummel, der sich rauchen läßt, schafft die Illusion, daß man weiterhin den Traum des Rauchens, den rauchenden Traum, konsumieren kann – ohne jeden Rückstand. Aber diese Illusion verschleiert die grausame Tatsache, daß von jedem Stummel, der geraucht wird, ein Stummel zurückbleibt, den man wegwerfen muß. Am Ende wird der Traum ausgedrückt.

Anmerkung

Einleitung

1 Gregory Batesons Essay »The Cybernetics of ›Self‹: A Theory of Alcoholism«, in: *Steps to an Ecology of the Mind,* ist von entscheidender Bedeutung für das Verständnis jener in zwölf Stufen ablaufenden Mechanismen, welche die »Anonymen Alkoholiker« in Gang zu setzen versuchen, um eine Heilung von der Sucht zu bewirken.

2 Jean Cocteau, Vorwort zu *Le tabac dans l'art, l'histoire et la vie,* Paris 1961. Cocteau zündete sich eine Zigarette offensichtlich nicht mit Streichhölzern, sondern mit einem Feuerzeug an, das eine präzisere, weniger flackernde Flamme hervorbringt. Ein Feuerzeug wirkt überdies technologisch fortschrittlicher und moderner. Eine fast unsichtbare Bewegung des Daumens scheint die Flamme aus dem Metall hervorspringen zu lassen, als ob der prometheische Besitzer dies auf telepathischem Weg erzielt habe.

3 Prosper Mérimée, *Carmen.* Übersetzt von Helmut Bartuschek. Frankfurt/Main 1993, S. 49.

4 Zitiert bei Marc Alyn, *Célébration du tabac.* Au Jas du Revest-Saint-Martin. Haute Provence 1962, S. 86.

5 Pierre Louÿs, zitiert bei Alyn, a.a.O., S.54.

6 Ned Rival, *Tabac, miroir du temps.* Paris 1981, S. 210.

7 *International Herald Tribune,* 8. August 1989.

8 Zitiert bei Rival, a.a.O., S. 11.

9 Rival, a.a.O., S. 36.

10 Jakob (James) I., *Misocapnus sive De abusu tobacci.* London 1604, S. 27.

11 Sir J. M. Barrie, der Schöpfer des Peter Pan, war ein großer Bewunderer Raleighs. In *My Lady Nicotine* (1905) schrieb er: »Als Raleigh, dem zu Ehren England seinen Namen geändert haben sollte, den Tabak in dieses Land einführte, begann das glorreiche Elisabethanische Zeitalter... Ich weiß, ich fühle, daß England durch die Einführung des Tabaks aus einem langen Schlaf erwachte. Plötzlich war dem Leben

ein neuer Elan verliehen worden. Das Wunderbare der Existenz wurde etwas, über das man zu sprechen begann. Männer, die sich bis dahin nur mit unbedeutenden häuslichen Dingen beschäftigt hatten, schoben sich eine Pfeife in den Mund und wurden Philosophen. Dichter und Dramatiker rauchten, bis alle unedlen Ideen aus ihren Köpfen gewichen und dafür solch erhabene Gedanken in sie hineingeströmt waren, wie die Welt sie zuvor nicht gekannt hatte. Kleinliche Eifersuchtsgefühle vermochten keine Macht mehr über Staatsmänner auszuüben, die rauchten und übereinkamen, um des öffentlichen Wohlergehens willen zusammenzuarbeiten. Soldaten und Matrosen hatten, wenn sie einem Feind gegenüberstanden, das Gefühl, für ihre Pfeifen zu kämpfen. Das ganze Land wurde von dem Verlangen ergriffen, dem Tabak gerecht zu werden. Kurz gesagt: Jedermann hatte nun ein hochfliegendes Ideal vor sich schweben.« (J. M. Barnie, My *Lady Nicotine. A Study in Smoke.* Boston 1905, S. 104–106.)

12 Blair, zitiert bei Rival, a.a.O., S.33.

13 Zitiert bei Rival, a.a.O., S.188.

14 Annie Leclerc, *Au feu du jour.* Paris 1979, S. 49.

15 Italo Svevo, *Zeno Cosini.* Übersetzt von Piero Rismondo. Reinbek 1993, S. 31.

16 Friedrich Nietzsche, *Der Fall Wagner.* Kritische Studienausgabe. Hg. von G. Colli und M. Montinari. München 1980, Bd. 6, S. 13.

Erstes Kapitel

1 *Le Monde,* 17. Dezember 1987. Das Photo tragt den Titel: *Autoportrait, Boulevard St. Jacques, 1931–32.*

2 Jean-Paul Sartre, *Das Sein und das Nichts.* Übersetzt von Hans Schöneberg und Traugott König. Reinbek 1962, S. 21 f.

3 Sartre, a.a.O., S. 1012.

4 Sartre, a.a.O., S. 1013.

5 Stéphane Mallarmé, *Œuvres complètes.* Paris 1945, S. 275.

6 Sartre, a.a.O., S. 103.

7 Sartre, a.a.O., S. 990.

8 Sartre, a.a.O., S. 363.

9 Sartre, a.a.O., S. 753.

10 Sartre, a.a.O., S. 1021 f.

11 Simone de Beauvoir, *Adieux: A Farewell to Sartre.* Übersetzt von Patrick O'Brian. New York 1984, S. 9.

12 Simone de Beauvoir, a.a.O., S. 101 f.

13 Théodore de Banville, *L'âme de Paris, nouveaux souvenirs.* Paris 1890. Diese Passage sowie die nachfolgenden Zitate aus dem Buch finden sich dort auf den Seiten 234–239.

14 Rival, a.a.O., S. 171.

15 Rival, a.a.O , S. 170f.
16 Zitiert bei Rival, a.a.O., S. 171.

Zweites Kapitel

1 Zitiert bei Joseph Knight, *Pipe and Pouch: The Smoker's Own Book of Poetry.* Boston 1895, S. 77.
2 Alfred Cochrane, *Leviore Plecto.* London 1896, S. 29f.
3 Théodore Burette, *La physiologie du fumeur.* Brüssel 1840, S. 43.
4 Jules Laforgue, *Poésies complètes.* Paris 1970, S. 333.
5 Um deutlich zu machen, daß Laforgue Baudelaire parodiert, sei hier der Text von Baudelaires *Correspondances* wiedergegeben:

Correspondances
La nature est un temple où de vivants piliers
Laissent parfois sortir de confuses paroles;
L'homme y passe à travers un forêt de symboles
Qui l'observent avec des regards familiers.

Comme de longs échos qui de loin se confondent
Dans une ténébreuse et profonde unité,
Vaste comme la nuit et comme la clarté,
Les parfums, les couleurs et les sons se répondent.

Il est des parfums frais comme des chairs d'enfants,
Doux comme les hautbois, verts comme les prairies,
– et d'autres, corrumpus, riches et triomphants,

Ayants l'expansion des choses infinies,
Comme l'ambre, le musc, le benjoin et l'encens,
Qui chantent les transports de l'esprit et des sens.

(Charles Baudelaire, *Œuvres complètes.* Paris 1975, Bd. 1, S. 11.)

6 Zitiert bei Rival, a.a.O., S. 211.
7 Charles Baudelaire, *Sämtliche Werke. Briefe.* Hg. von Friedhelm Kemp und Claude Pichois in Zusammenarbeit mit Wolfgang Drost. München 1986, Bd. 3, S. 68. Übersetzung von Friedhelm Kemp.
8 Byron gebührt das Verdienst, das besondere ästhetische Vergnügen, welches Zigaretten spenden, mit den im achtzehnten Jahrhundert entwickelten Lehren des »Erhabenen« in Zusammenhang gebracht zu haben. In *The Island* (1823) ist folgende Passage enthalten:

Sublime Tobacco! which from east to west
Cheers the Tar's labor or the Turkman's rest;
Which on the Moslem's ottoman divides

His hours, and rivals opium and his brides;
Magnificent in Stambul, but less grand,
Though not less loved, in Wapping on the Strand;
Divine in hookahs, glorious in a pipe,
When tipped with amber, mellow, rich, and ripe;
Like other charmers, wooing the caress
More dazzlingly when daring in full dress;
Yet thy true lovers more admire, by far,
Thy naked beauties – Give me a cigar!

Erhabner Tabak, du in West und Ost
Des Seemanns Labe wie des Türken Kost!
Der du des Moslems Ruhestunden teilst,
Beim Opium, beim Liebesspiele weilst,
In Stambul prächtig, minder groß am Strand,
Obwohl man auch dich wunderlieblich fand,
Im Meerschaum göttlich, herrlich in der Pfeife,
Durch Bernstein eingeschlürft und schmucke Reife,
Scheinst du, gleich anderen Reizen, in dem Prangen
Des vollen Schmucks noch mächtger zu befangen,
Doch die dich wahrhaft lieben, die verharren
Bei deinem nackten Reiz – heda! Cigarren!
(Nach der Übersetzung von Ad. Böttger)

9 Immanuel Kant, *Kritik der Urteilskraft.* Hg. von Wilhelm Weischedel. Frankfurt/Main 1974, S. 165.
10 Stéphane Mallarmé, *Œuvres complètes.* Paris 1945, S. 73.
11 Arthur Conan Doyle, *The Sign of Four.* Leipzig 1891, *S. 15.*
12 Pierre Louÿs, Œuvres complètes: Contes. Paris 1930, S. 65f.

Drittes Kapitel

1 Italo Svevo, *Écrits intimes, essais et lettres.* Hg. und übersetzt von Mario Fusco. Paris 1973, S. 235.
2 Svevo, a.a.O., S. 73–78.
3 Italo Svevo, *Zeno Cosini.* Übersetzt von Piero Rismondo. Reinbek 1993, S. 578f. Die Übersetzung würde an einigen Stellen überarbeitet.
4 Svevo, a.a.O., S. 534.
5 Svevo, a.a.O., S. 31. Diese Stelle sowie die nachfolgenden Zitate aus *Zeno Cosini* finden sich im ersten Kapitel des Romans, S. 31–59 der deutschen Ausgabe.
6 Zitiert bei Richard Ellman, *James Joyce.* New York 1983, S. 636.
7 Zitiert bei Rival, a.a.O., S. 166.

8 Sartre, a.a.O., S. 97.
9 Zitiert nach Bruce Bohle (Hg.), *The Home Book of American Quotations.* New York 1967, S. 412.
10 Svevo, a.a.O., S. 575.
11 Svevo, a.a.O., S. 577.
12 Svevo, a.a.O., S. 578.
13 Svevo, a.a.O., S. 579.

Viertes Kapitel

1 Prosper Mérimée, *Carmen.* Übersetzt von Helmut Bartuschek. Frankfurt/Main 1993, S. 68. Alle folgenden Zitate aus Mérimées Novelle nach dieser Ausgabe: Die Übersetzung wurde an einigen Stellen überarbeitet.
2 Rival, a.a.O., S. 170.
3 Zitiert bei Rival, a.a.O., S. 171.
4 Mérimée, a.a.O., S. 126f.
5 Sartre, a.a.O., S. 991f.
6 Prosper Mérimée, *Les Sorcières espagnoles,* in: *Lettres adressées d'Espagne.* Brüssel 1989, S. 418.
7 Anna Guaita, *Com'è trasgressivo, fuma,* in: *Il Messaggero,* 5. Dezember 1989, S. 20.
8 Charles Baudelaire, *Sämtliche Werke. Briefe.* Hg. von Friedhelm Kemp und Claude Pichois in Zusammenarbeit mit Wolfgang Drost. Bd. 5: *Aufsätze zur Literatur und Kunst.* München 1989, S. 254.
9 Rival, a.a.O., S. 171.
10 Georges Bizet, *Carmen.* Übersetzt und mit einer Einleitung von Ellen H. Bleiler. New York 1970, S. 11.
11 Zitiert bei Rival, a.a.O., S. 171.
12 Kant, a.a.O., S. 185.
13 Nietzsche, a.a.O., S. 15.
14 *Anthologia Graeca.* Hg. von Hermann Beckby. München 1967, 11, Nr. 381.
15 François Mauriac, *Die Tat der Thérèse Desqueyroux.* Übersetzt von Maria Dessauer. Frankfurt/Main 1980, S. 8. Alle folgenden Zitate aus Mauriacs Erzählung nach dieser Ausgabe: Die Übersetzung wurde an einigen Stellen überarbeitet.

Fünftes Kapitel

1 Zitiert bei Rival, a.a.O., S. 227.
2 Ebd.
3 Rival, a.a.O., S. 219.
4 Zitiert bei Rival, a.a.O., S. 223.

5 Sigmund Freud, *Gesammelte Werke.* Hg. von Anna Freud u. a., Frankfurt/Main 1964, Bd. 14, S. 385.
6 Zitiert bei Rival, a.a.O., S. 205.
7 Evrard de Limburg Stirum, *Adieu au tabac, ou du bon usage de la tentation.* Paris 1988, S. 98.
8 Annie Leclerc, a.a.O., S. 49.
9 Marc Alyn, a.a.O., S. 89.
10 Zitiert bei Alyn, aa.O., S. 87.
11 Leclerc, a.a.O., S. 16.
12 Martin Heidegger, *Sein und Zeit.* Tübingen 1953, S. 186.
13 Heidegger, a.a.O., S. 254.
14 Erich Maria Remarque, *Im Westen nichts Neues.* Köln 1990, S. 7.
15 Remarque, a.a.O., S. 13.
16 William Styron, *The Long March.* London 1962, S. 61.
17 Norman Mailer, *The Naked and the Dead.* London 1949, S. 27.
18 Mailer, a.a.O., S. 389.
19 Remarque, a.a.O., S. 83.
20 Mailer, a.a.O., S. 88.
21 Dale A. Dye, *Platoon.* London 1986, S. 158.
22 Mailer, a.a.O., S. 187.
23 Ernest Hemingway, *Wem die Stunde schlägt.* Übersetzt von Paul Baudisch. In: E. H., *Gesammelte Werke,* Bd. 3, Reinbek 1977, S. 416.
24 Dye, a.a.O., S. 119.
25 Hemingway, a.a.O., S. 54.
26 Hemingway, a.a.O., S. 55.
27 Hemingway, a.a.O., S. 27.
28 Tom Clancy, *The Cardinal of the Kremlin.* New York 1988, S. 173.
29 Remarque, a.a.O., S. 18.
30 Remarque, a.a.O., S. 70.
31 Remarque, a.a.O., S. 42.
32 Remarque, a.a.O., S. 73f.
33 Dye, a.a.O., S. 208f.
34 Remarque, a.a.O., S. 110f.
35 Dye, a.a.O., S. 92.
36 Dye, a.a.O., S. 74–76.
37 Dye, a.a.O., S. 96f.

Sechstes Kapitel

1 Roland Barthes, *Die helle Kammer. Bemerkung zur Photographie.* Übersetzt von Dietrich Leube. Frankfurt/Main 1986, S. 43.
2 Barthes, a.a.O., S. 35f.
3 Barthes, a.a.O., S. 88.
4 Leclerc, a.a.O., S. 108.

5 Harvey Greenberg, *The Movies on Your Mind.* New York 1975.
6 Greenberg, a.a.O., S. 104.
7 Greenberg, a.a.O., S. 81.
8 Greenberg, a.a.O., S. 120.
9 Greenberg, a.a.O., S. 103.
10 Leclerc, a.a.O., S. 115.
11 Leclerc, a.a.O., S. 123.

Ein polemisches Schlußwort

1 Marc und Muriel Vigié, *L'herbe à Nicot: Amateurs du tabac, fermiers généraux, et contrebandiers sous l'Ancien Régime.* Paris 1989, S. 58.
2 *New York Times,* 7. November 1990.
3 *New York Times,* 19. Januar 1990.
4 *New York Times,* 19. März 1990.
5 *New York Times,* zitiert in *International Herald Tribune,* 8. August 1989.
6 *New York Times,* 10. Juli 1988.
7 *New York Times,* zitiert in *International Herald Tribune,* 8. August 1989.
8 Einige Resultate dieser Erhebung sind in der untenstehenden Tabelle zusammengefaßt.

	Prozentsatz an Rauchern			
	Männer	Frauen	Ärzte	Lehrer
Belgien	44	28	29	18
Dänemark	46	45	38	34
Deutschland	43	27	25	21
Griechenland	61	26	39	30
Spanien	53	28	45	34
Frankreich	44	29	31	16
Irland	38	31	20	14
Italien	39	26	41	26
Holland	47	37	29	24
Portugal	46	12	39	21
Großbritannien	40	32	10	13

Aus: *Il Messaggero,* 24. September 1989.

9 *La Repubblica,* 18. November 1989.
10 Leclerc, a.a.O., S. 54.

Dank

Im Vergleich zu vielen meiner Kollegen an der Universität bin ich recht alt für jemanden, der seine erste Buchpublikation vorlegt. Da ich dem Ende meiner Karriere näher stehe als ihrem Anfang, ist eine solche Veröffentlichung schon lange überfällig. Um an der Universität bleiben und die angenehme Position erlangen zu können, die ich jetzt innehabe, war ich auf die Unterstützung vieler Kollegen und Freunde angewiesen, die mehr als einmal in die unangenehme Situation gerieten, jemanden empfehlen zu müssen, der noch nicht einmal das erbracht hatte, was heutzutage überall als Mindestvoraussetzung für einen akademischen Aufstieg angesehen wird. Und dennoch verfaßten sie im Laufe der Jahre nicht nur lange erklärende Briefe, sondern waren des öfteren genötigt, auf der Basis sehr dürftigen Beweismaterials ihr Vertrauen in meinen Wert für die Institution zu verteidigen. Es ist mir unmöglich, ihnen dafür angemessen zu danken. Und ich fürchte, dieses Buch bereitet ihnen eher Verlegenheit, als daß es ihnen das Gefühl vermittelt, ihr Vertrauen in mich sei gerechtfertigt gewesen. Trotzdem möchte ich mich auf diesem Weg bei Philip Lewis, Jonathan Culler und Neil Hertz für ihre großzügige Hilfe und für ihre unerschütterliche Freundschaft erkenntlich zeigen. Des weiteren bin ich folgenden Freunden und Kollegen in Cornell und andernorts zu großem Dank verpflichtet: Emoretta Yang, Cynthia Chase, Catherine Porter, Anne Berger, Jim Siegel, Pietro Pucci. Naomi Schor und Eve Sedgwick haben dieses Buch gefördert, Anne Dubuisson und Tamara Parker haben sich unendlich viel Mühe mit ihm gegeben. Ich möchte Magnum Photos und insbesondere Melissa Dehnke für ihren Beistand danken. Wie viel ich Jacques Derrida schulde, seinem Werk und seiner Freundschaft, wird auf den vorangehenden Seiten überall deutlich. Muriel verdanke ich mein Leben – nicht nur eine Zigarre. Judith schenkte mir Geschmack, Ellen Witz. Mein Überleben verdanke ich Billie-Jean, meine Höhenflüge Michelle; dieses Buch Marie-Anne.

Literaturverzeichnis

Marc, Alyn, *Célébration du tabac.* Au Jas du Revest-Saint-Martin. Haute Provence: Éditions Robert-Mord, 1962.

Anthologia Graeca. Griechisch-deutsch. Hg. von Hermann Beckby. München: Heimeran, 1967.

Apollinaire, Guillaume, *Alcools.* Paris: Gallimard, 1920.

Banville, Théodore de, *L'âme de Paris, nouveaux souvenirs.* Paris: G. Charpentier, 1980.

Barrie, J. M., *My Lady Nicotine. A Study in Smoke.* Boston: H. M. Caldwell, 1905.

Barthes, Roland, *La chambre claire, notes sur la photographie.* Paris: Éditions de l'Étoile, 1980 [dt: *Die helle Kammer. Bemerkung zur Photographie.* Übers. von Dietrich Leube. Frankfurt/Main: Suhrkamp, 1986].

Bateson, Gregory, »The Cybernetics of ›Self‹: A Theory of Al- coholism.« In: *Steps to an Ecology of the Mind.* New York: Chandler, 1972; S. 309–337.

Baudelaire, Charles, *Œuvres complètes. Hg.* von Claude Pichois. 2 Bde. Paris: Gallimard, 1975.

–, *Sämtliche Werke. Briefe.* Hg. von Friedhelm Kemp und Claude Pichois in Zusammenarbeit mit Wolfgang Drost. München: Carl Hanser, 1986.

Beauvoir, Simone de, *Adieux: A Farewell to Sartre.* Übers. von Patrick O'Brian. New York: Pantheon, 1984.

Bizet, Georges, *Carmen.* Übers. von Ellen H. Bleiler. New York 1970.

Bohle, Bruce (Hg.), *The Home Book of America Quotations:* New York: Dodd, Mead, and Co., 1967.

Burette, Théodore, *La physiologie du fumeur.* Brüssel: Dépot Central pour la Belgique, 1840.

Byron, George Gordon, »The Island«, Canto II, XIX. In: *The Poetical Works of Byron.* Boston: Houghton Mifflin Co., 1975.

Clancy, Tom, *The Cardinal of the Kremlin.* New York: Berkley, 1988.

–, *Patriot Games.* New York: Berkley, 1988.

Cochrane, Alfred, *Leviore Plecto.* London: Longmans, Green, and Co., 1896.
Cocteau, Jean, Vorwort zu *Le tabac dans l'art, l'histoire et la vie.* Paris: Confrérie des Compagnons de Jean Nicot, 1961.
Doyle, Arthur Conan, *The Sign of Four.* Leipzig: Bernhard Tauchintz, 1891
Dye, Dale A., *Platoon.* London: Grafton, 1986.
Eco, Umberto, »Cult Movies and Intertextual Collage«. In: *Substance: A Review of Theory and Literary Criticism* 14 (1985), S. 3–12.
Ellman, Richard, *James Joyce.* New York: Oxford University Press, 1983 [dt.: *James Joyce.* Erweiterte und revidierte Ausgabe. Übers. von Fritz Senn. Frankfurt/Main: Suhrkamp, 1994.]
Freud, Sigmund, *Gesammelte Werke.* Hg. von Anna Freud u. a. Frankfurt/Main: S. Fischer, 1964.
Gautier, Théophile, *Travels in Spain.* Übers. und hg. von F. C. de Sumichrast. New York: Sproul, 1901.
Greenberg, Harvey, *The Movies on Your Mind.* New York: Saturday Review Press, 1975.
Heidegger, Martin, *Sein und Zeit.* Tübingen: Max Niemeyer, 1953.
Hemingway, Ernest, *Wem die Stunde schlägt.* Übers. von Paul Baudisch. In: E. H., *Gesammelte Werke,* Bd. 3. Reinbek: Rowohlt, 1977.
Jakob (James) 1., *Misocapnus sive De abusu tobacci.* London: R. B., 1604.
Kant, Immanuel, *Kritik der Urteilskraft.* Hg. von Wilhelm Weischedel. Frankfurt/Main: Suhrkamp, 1974.
Knight, Joseph, *Pipe and Pouch: The Smoker's Own Book of Poetry.* Boston: Joseph Knight Co, 1895.
Koch, Howard, *Casablanca. Script and Legend.* Woodstock, N.Y.: Overlook Press, 1973.
Laforgue, Jules, *Poésies complètes.* Paris: Gallimard, 1970.
Lartigue, Jacques-Henri, *Les femmes aux cigarettes.* New York: Viking Press, 1980.
Leclerc, Annie, *Au feu du jour.* Paris: Grasset, 1979.
Limburg Stirum, Evrard de, *Adieu au tabac, ou du bon usage de la tentation.* Paris: Strand, 1988.
Louÿs, Pierre, *Œuvres complètes: Contes.* Paris: Montaigne, 1930.
Mailer, Norman, *The Naked and the Dead.* London: Allan Wingate, 1949.
Mallarmé, Stéphane, *Œuvres complètes.* Paris: Gallimard, 1945.
Mauriac, François, *Thérèse Desqueyroux.* Paris: Grasset, 1927 [dt.: *Die Tat der Thérèse Desqueyroux.* Übers. von Maria Dessauer. Frankfurt/Main: Suhrkamp, 1980].
Mérimée, Prosper, *Romans et nouvelles.* Vol. 2. Paris: Garnier, 1967.
–, *Carmen.* Übers. von Helmut Bartuschek. Frankfurt/Main: Insel, 1993.
–, »Les Sorcières espagnoles«. In: *Lettres adressés d'Espagne.* Brüssel: Complexe, 1989.

Nietzsche, Friedrich, *Sämtliche Werke. Kritische Studienausgabe.* Hg. von Giorgio Colli und Mazzino Montinan. München: de Gruyter / Deutscher Taschenbuch Verlag, 1980.

–, *Sämtliche Briefe. Kritische Studienausgabe.* Hg. von Giorgio Colli und Mazzino Montinari. München: de Gruyter / Deutscher Taschenbuch Verlag, 1986.

Pauwels, Louis, *Louange de tabac.* Paris: M. Trinckvel, 1972.

Remarque, Erich Maria, *Im Westen nichts Neues.* Köln: Kiepenheuer und Witsch, 1990.

Rival, Ned, *Tabac, miroir du temps.* Paris: Librairie Académique Perrin, 1981.

Sartre, Jean-Paul, *L'être et le néant.* Paris: Gallimard, 1943 [dt.: *Das Sein und das Nichts.* Übers. von Hans Schöneberg und Traugott König. Reinbek: Rowohlt, 1994].

Styron, William, *The Long March.* London: Hamish Hamilton, 1962.

Svevo, Italo, *La coscienza di Zeno.* Rom: Arnoldo Mondadori, 1988 [dt.: *Zeno Cosini.* Übers. von Piero Rismondo. Reinbek: Rowohlt, 1993].

–, *Écrits intimes, essais et lettres.* Hg. und übers. von Mario Fusco. Paris: Gallimard, 1973.

Vigié, Marc und Muriel, *L'herbe à Nicot: Amateurs du tabac, fermiers généraux, et contrebandiers sous l'Ancien Régime.* Paris: Fayard, 1989.

Bildnachweis

Namenregister